铁蹄下的江南名城

口述日军暴行

沈秋农 ◎ 主编

中国社会科学出版社

图书在版编目（CIP）数据

铁蹄下的江南名城：常熟老人口述日军暴行/沈秋农主编 . —北京：中国社会科学出版社，2017.10
　ISBN 978-7-5203-1416-9

　Ⅰ.①铁…　Ⅱ.①沈…　Ⅲ.①侵华日军—战争罪行—史料—常熟　Ⅳ.①K265.606

中国版本图书馆 CIP 数据核字（2017）第 269514 号

出 版 人	赵剑英
责任编辑	郭晓鸿
特约编辑	席建海
责任校对	郝阳洋
责任印制	戴　宽

出　　版	中国社会科学出版社
社　　址	北京鼓楼西大街甲 158 号
邮　　编	100720
网　　址	http://www.csspw.cn
发 行 部	010-84083685
门 市 部	010-84029450
经　　销	新华书店及其他书店

印　　刷	北京明恒达印务有限公司
装　　订	廊坊市广阳区广增装订厂
版　　次	2017 年 10 月第 1 版
印　　次	2017 年 10 月第 1 次印刷

开　　本	710×1000　1/16
印　　张	23.75
插　　页	2
字　　数	285 千字
定　　价	78.00 元

凡购买中国社会科学出版社图书，如有质量问题请与本社营销中心联系调换
电话：010-84083683
版权所有　侵权必究

编辑说明

《铁蹄下的江南名城——常熟老人口述日军暴行》收录口述史一百多篇，由于口述者绝大多数为常熟本地百姓，为体现口述史料的原汁原味，记录整理时对首次出现以方言所述的亲属的称谓或相关词语时，即在该词语之后加括注说明，如"老子（父亲）""宝婆、宝娘（外婆、外祖母）""嗨外（许多）""交交关关（许许多多）""汏浴（洗澡）""夜快（傍晚）"，以便读者理解，在其他各篇重复出现时不再加注。

口述者在讲述时对日本侵略者按当时习惯称呼为"日本人""东洋人""日本兵""东洋兵"，又如在常熟方言中"丑炸弹"和"掼炸弹"都是轰炸的意思，故在整理时未作统一，只是如实记录，相信读者自会理解。

全书篇目排列基本以当年日军进犯常熟各乡镇时间先后为序，在各乡镇中再按口述者出生年月先后排序。

目　录

记录日军暴行的警示教材（序）……………………戴逸　1

铁证如山

　　——对日军侵华暴行的悲愤控诉（前言）……………1

[东　张]

郑耀民：一路灾难一路恨……………………………………1
曹宝生：日机两炸东张镇……………………………………6
柯新民：禽兽蹂躏横塘市……………………………………9
王坚民：拉夫烧房绑木桩……………………………………13
瞿永沂：父亲抗日遭毁尸……………………………………17

[吴　市]

高华媛：宝公兄弟遭枪杀……………………………………21
何彩莲：壕沟里面死人多……………………………………24
孟东明：六千里路血和泪……………………………………26
王永元：身刺七刀祖父死……………………………………31

[徐 市]

包咲姐：东躲西藏避日寇 …………………………………… 33

王关林：冤魂血染蒋湾村 …………………………………… 36

马文华：徐市家园遭蹂躏 …………………………………… 38

归之春：劫难处处凄凉景 …………………………………… 41

钱康元：昼伏夜藏避凶祸 …………………………………… 48

姚桂英：家破人亡话逃难 …………………………………… 50

王康元：断臂留下终身恨 …………………………………… 54

姚凤笙：外公娘舅遭枪杀 …………………………………… 57

[何 市]

蔡瑞荣：何市南桥受害烈 …………………………………… 59

王友成：亲历日军过陈泾 …………………………………… 62

殷妹金：阿伯沉河满腹恨 …………………………………… 65

俞庆：苦难冤魂长相忆 ……………………………………… 67

徐坤元：赶虾冲鱼遭关押 …………………………………… 70

符大帅：惊魂枪炮铭记心 …………………………………… 73

端木莲芬：阿伯惨死锱水池 ………………………………… 77

宋二保：父亲被抓孩儿苦 …………………………………… 80

邹惠元：日寇烧杀寻常事 …………………………………… 83

陆丙元：炮轰何市百姓亡 …………………………………… 85

刘根兴：无辜杀戮寻常事 …………………………………… 87

盛振麟：巷中房子全烧光 …………………………………… 90

徐质田：关押审问我爹娘 …………………………………… 92

[支　塘]

陈涵树：轰炸烧杀罪恶多 …………………………………… 96

[白　茆]

陆和生：杀人强奸不堪忆 …………………………………… 100

陆瑞英：奸杀妇女随处见 …………………………………… 103

[碧　溪]

王溥季：彩阿姐受辱惨死 …………………………………… 106

殷增兴：殷家宅基血泪仇 …………………………………… 109

陈浩兴：祖父刺伤爬回家 …………………………………… 113

[浒　浦]

戴祥生：姐夫惨死炸弹下 …………………………………… 116

季月英：胞弟二人遭夺命 …………………………………… 117

樊菊芬：家产悉数化灰烬 …………………………………… 119

王瑞良：颠沛流离逃难苦 …………………………………… 121

[梅　李]

马洪元：梅李商家损失重 …………………………………… 125

王鸿生：杀我亲人恨记心 …………………………………… 127

任春嘉：抗日亲属遭杀戮 …………………………………… 131

[董　浜]

李瑞英：杀父之仇铭记心 …………………………………… 134

陆根林：烧杀抢奸罪难赦 …………………………………… 136

[珍 门]

何耀文：轰炸烧杀沈家市 …………………………………… 139

[周 行]

薛伟良：薛家宅基惨象多 …………………………………… 142

邵翠云：少年不忘日军仇 …………………………………… 145

王治平：冲锋队非奸即杀 …………………………………… 147

[王 市]

曹敬元：放火烧房夫妻死 …………………………………… 150

[赵 市]

陆顺泰：惨绝人寰大屠杀 …………………………………… 153

[福 山]

陆永魁：福山镇成兵灾地 …………………………………… 156

缪洪祥：穆老福救牛丧命 …………………………………… 159

支根涛：金家湾屠杀幸存 …………………………………… 161

[港 口]

祁龙威：丁丑避难惨状多 …………………………………… 163

[大 义]

罗珍唔：恶毒折磨我婆婆 …………………………………… 166

崔斌：逃难在外家焚毁 ……………………………………… 168

陶保根：老爹枪杀在秆稞 …………………………………… 172

顾达元：老父亲死里逃生 …………………………………… 174

[城　郊]

应小林：万丰桥畔杀人多 …………………………………… 177

吴虎宝：拒交银圆被戳杀 …………………………………… 180

[兴　隆]

徐虎生：三死一伤岂能忘 …………………………………… 183

[虞　山]

姚根金：琐琐屑屑苦和恨 …………………………………… 187

张彩芳：藏匿坟窠避凶魔 …………………………………… 189

周龙兴：瓶庐毁灭罪昭彰 …………………………………… 191

徐月娥：东洋兵是杀人狂 …………………………………… 194

姚美保：联珠洞里杀难民 …………………………………… 197

[谢　桥]

顾纯学：终生不忘逃难苦 …………………………………… 199

[冶　塘]

陆根保：滥杀无辜血债重 …………………………………… 203

[练　塘]

平金保：西湖遗尸密层层 …………………………………… 208

王杏宝：烧杀淫掠仇恨深 ………………………………… 212

吴锦行：祖父尸骨暴荒野 ………………………………… 217

[杨　园]

毛同生：乱世岁月苦难多 ………………………………… 223

[张　桥]

陶友山：没有"三要"就"三光" ………………………… 225

[唐　市]

钱翠娥：百姓泪送徐青萍 ………………………………… 228

[藕　渠]

钱全嘤：血腥"清乡"关打杀 …………………………… 232

钱妙林：屠杀发生在庙堂 ………………………………… 234

钱永根：一枪毙命四五人 ………………………………… 236

[城　区]

顾锦珊：家产痛失居无定 ………………………………… 238

毛德新：布庄百家劫毁多 ………………………………… 240

吕恩：亲友被杀悲和仇 …………………………………… 242

陈森元：欺行霸市征军粮 ………………………………… 244

顾定宇：虎口逃生入"民抗" …………………………… 247

程民：辗转逃难苦与泪 …………………………………… 250

徐家骥：日机疯狂掼炸弹 ………………………………… 252

俞炳夏：千里逃难幸与祸 ………………………………… 254

宋以天：至今难忘大搜捕 ………………………………… 257
庞炳汉：石狮子庞家蒙难 ………………………………… 261
缪毓清：女扮男装心惶恐 ………………………………… 266
戴逸：宪兵队长搜我家 …………………………………… 268
韩惠英：亲人无辜遭枪杀 ………………………………… 272
马金保：杀人拉夫烧稻萝 ………………………………… 278
时文：南泾堂开慰安所 …………………………………… 282
朱淑英：积善庵成作恶地 ………………………………… 285
尹元贞：鞠躬留下羞辱印 ………………………………… 289
蒋曼美：损失惨重逃难苦 ………………………………… 291
苏禹：逃难碰到好心人 …………………………………… 294
王菊生：最是惨痛重阳节 ………………………………… 299
程佩庄：夺命炸弹五人亡 ………………………………… 303
屈虞生：百姓枪杀在酱缸 ………………………………… 306
杜伟根：住房被炸逃难苦 ………………………………… 310
陆文灏：逃难客死在他乡 ………………………………… 312
王惠珍：日寇枪杀我好婆 ………………………………… 314
杨增麒：兵灾降临常熟城 ………………………………… 317
殷惠芬：六人逃难五人亡 ………………………………… 320
李绪龙：家父抗日终殉难 ………………………………… 323
沈惠英：炸死一家十二人 ………………………………… 328
钱文辉：小日本兵初中生 ………………………………… 331

[常　州]

吴忠林：我险遭日军杀死 ………………………………… 333

后　记 ……………………………………………………… 336

记录日军暴行的警示教材

（序）

　　十年前，我读过由沈秋农同志主持采编的《警钟长鸣——侵华日军常熟暴行口述档案》，里面收录了由三十多位有心人士采写的近九十位老人对日军暴行的口述档案，翻看那本书的目录，一下子就吸引了我，也勾起我的回忆。因为，我的花季年华就是在日本侵略军的刺刀与铁蹄下度过的，深感屈辱和愤怒。

　　十年后，秋农同志的又一部新著《铁蹄下的江南名城——常熟老人口述日军暴行》即将出版，由他倾一己之力，完成采访和整理了一百多位老人的悲愤回忆，从而完成了一本难得的记录和控诉日军侵华暴行的警示教材。对此，我要向他表示感谢，因为这是一件功德无量的好事。

　　我认识秋农同志有二十多年了，当时他还在常熟史志办公室工作。十多年前，他调常熟档案馆工作后，多次来北京看望我。因为他有长期从事史志工作的历练，所以我们交流起来很投缘。他多次采访我，其中就有对我所经历的日军暴行的回忆，每次提及都会促使我想起一些新的内容。去年十二月下旬，他又一次采访我，我就想起了当年日军宪兵队长到我家里搜查新四军的情节，提供给他后，他就补充到采访的稿子中去了。所以，搞口述档案征集不是一蹴而就的容易事，要相互沟通才能勾起回忆，由粗浅到深入，由点滴到全面。

在秋农同志的新著中，我读到了徐家骥、程佩庄、顾定宇、祁龙威、缪毓清等老人的回忆，徐家骥、程佩庄和我都住在东门大街，徐家骥就住在我家马路对门，至今我还与他保持着通信或电话联系。顾定宇住在泰安桥头，和东门大街隔座桥，相距很近，他们的回忆使我对家乡的沦陷情况又有了新的了解。祁龙威、缪毓清都是我的同学。祁龙威的表兄杨无恙是当年很有名的读书人。日军到他家后，翻箱倒柜，藏书狼藉满地，甚至作大便纸撕用，令人不胜唏嘘。祁龙威夫人缪毓清同学为逃避魔爪，不得已女扮男装，随母亲东躲西藏，那些流离失所、居无宁日的悲惨遭遇，对我而言自是感同身受，难以忘怀。

虽然我的家乡对编史修志有着历史传承，但作为一地之史、一方之志，不可能将如此多的历史资料全部纳入其中。这部记录日军暴行的口述史专著，史料价值真实、丰富、详尽。虽然每个人、每户家庭的遭遇不尽相同，但汇集起来就是一幅在日军铁蹄下惨象环生的流民图，满纸血和泪的控诉书，是我们国家饱受外敌入侵与踩躏的缩影，可以补史志记载之不足。同时，每篇口述史料都有具体的历史场景，日军所到之处，烧杀淫掠，暴行累累，触目所见，充耳所闻，无论平民百姓，还是富裕之家，也无论常熟城厢，还是四乡八镇，都是哀鸿遍野、满目疮痍的残酷景象，这些在书中都有翔实记录。此外，书中多篇文章记录了中国军队为抵抗日军侵略付出的重大牺牲。

我以为，该书原汁原味记录了具体的历史场景，体现了真实性、权威性、鲜活性。因为这是许多老百姓的亲身经历，因此，这也为了解和研究日本帝国主义全面入侵中国时的政治、军事、经济、社会、民生提供了丰富的第一手资料,具有鲜明的时代特色和地域特色。每个人、每户家庭的痛苦经历对当代中国人而言都有历史的警示作用。

从这个意义来说,秋农同志的这部专著就是一部爱国主义的生动教材,我相信,随着岁序渐进,这本书的史料价值也会愈加彰显。

是为序。

戴 逸

2017年3月25日于北京

(作者系国家清史编纂委员会主任,中国史学会原会长)

铁证如山

——对日军侵华暴行的悲愤控诉

（前言）

常熟是座国家历史文化名城。提到常熟，人们总会想起这是一座文化厚重，教育发达，书香润德，才俊辈出的儒雅之城；是历史悠久，山水锦绣，土壤膏沃，经济富庶的鱼米之乡；是滨江近海，交通便利，处于上海、苏州、无锡等大中城市怀抱之中的军事重镇。以此三点，常熟就成了世人皆晓的江南名城，自然也是外敌觊觎之地。

早在明嘉靖年间，倭寇袭扰频甚，杀人越货，嚣张一时，县令王铁身先士卒，勇斗倭寇，不幸捐躯保国而被百姓留葬虞山，万民敬仰。至今常熟沿江乡镇仍有"备倭寨""退寇桥""倭子墩"等传说和遗迹存史入志。因此，常熟也是座英雄的城市，面对外来侵略，从无却让。

民国以来，无论1915年五九国耻、1919年五四运动，还是1925年五卅运动、1928年五三惨案，都由日本政府侵我主权，占我国土，夺我资源，辱我百姓的侵略行径所引发，常熟人民为捍卫公理正义，或集会游行，作醒狮怒吼；或抵制日货，激发爱国觉悟；或募捐钱物，援助受灾难民，所有这些，都与全国各地风起云涌的斗争热潮互为呼应。

1931年九一八事变和1932年一·二八事变相继爆发，日本政府先是强占东北三省，疯狂掠夺各种资源，继而又发动淞沪战役，妄图霸占上海，实现其大规模侵占中国的狼子野心。在此国难深重、民族存亡之际，常熟地方政府与爱国社团一方面全民动员，捐款捐物甚至蒸馒头、炒米、缝制棉背心，送往淞沪前线；另一方面由红十字会常熟分会联合地方自卫会、医学会，建办伤兵医院和难民收容所，建立救护队。为防止日军深入进犯，国民党第五军和第四十七师还在常熟积极备战，常熟百姓帮助掘战壕，送干粮，军民一心，同仇敌忾。据统计，在两个月左右时间里，总计救治伤员269人，治愈257人，诊疗难民1641人（次）。

常熟人民的急公好义，获得国民政府主席林森、军事委员会主席蒋介石、第十九路军军长蔡廷锴、第五军军长张治中的高度好评，他们为《中国红十字会常熟分会民国二十一年纪念册》分别题词："同心急难""惠彼伤残""惠及军民""救国之道，各尽所能，勇猛行动，博爱精神"。无疑，这些褒奖是对常熟人民爱国精神与抗战业绩的充分肯定。1937年，日本政府发动全面侵华战争，七七卢沟桥事变爆发不足一月，日军就肆无忌惮地将战火再次延烧到上海。8月17日，常熟首次遭受日机轰炸，在此后三个月内，常熟就有近三十次轰炸，城厢乡野，生灵涂炭，损失惨巨。11月13日，大批日军在常熟沿江多个口岸相继登陆，与从沪宜公路进犯的日军一起水陆并进，已成疲惫之师的中国军队虽作英勇抗击，但无论人马数量，还是装备质量，与装备精良、凶焰炽盛的日军相比均难于抗衡，在顽强抵抗一周后奉命西撤，从此常熟人民在铁蹄蹂躏下饱受磨难，历史悠久的江南名城顿成人间地狱。

据日军管属下的"南满洲"铁道株式会社上海事务所于1939年六七月间在常熟所作调查显示，侵华战争全面爆发后，无论县级行政机构、各项产业和事关民生的社会事业均"完全遭到破坏""相当程度破坏"或"大部分遭破坏"。尽管距常熟沦陷已有一年半，但中小学校"已经开学的尚不过以前的三分之一"，"以致教员失业，并引起其生活的不安定"，县立图书馆的藏书"在此前的事变中散失颇多，目前古籍珍本已很少"。在各项损失中，最大的损失莫过于"因事变而引起人口激减的事实。以事变为最大原因，加上其他种种因素，人口因此减少了约14万……以其男女人口减少情况观之，男子减少约6万，女子减少约8万"①。从上述所引录文字中可看到，常熟这座铁蹄下的江南名城，在侵华战争初期就遭受了生命与财产的重大损失，社会动荡，经济重创，民生凋敝，哀鸿遍野。

笔者长期从事地方史志、档案工作，从2002年起就着手对侵华战争受害者对日军暴行口述史料的征集采访并对一百多篇口述史资料作了概要分析，现就日军主要暴行和民众所蒙受的灾难酌加梳理，希冀能为研究日本侵华史者提供帮助。与此同时，从这些口述史料还可了解到常熟百姓在抗战初期就已表现出来的患难与共、侠肝义胆的英雄壮举，中国军队与抗日志士为抗击日军所作出的艰苦抵抗和英勇牺牲。

一　轰炸、焚烧造成生命与财产的重大损失

从空中轰炸、扫射，从停泊于长江中的军舰上炮轰，日军在进犯常熟途中随心所欲地放火焚烧，使各种民居、厂房、店铺、市场、学校、

---

① 满铁上海事务所调查室：《江苏省常熟县农村实态调查报告书》，中共党史出版社2006年版，第30、9、11、26页。

寺、庵，家庭财物及农民将已收割稻子堆成的稻箩均毁于一旦，造成人民生命财产的惨重损失，许多人家从此家破人亡，流离失所，许多工厂、店铺从此消失或难于复业。虽时隔久远，但对那场战争的亲历者、受害者来说，日本侵华战争给常熟人民造成的巨大痛苦与灾难依旧刻骨铭心、历历在目。

城区毛德新说，1937年夏，日机第一次轰炸常熟，炸弹落在益勤布厂，距他家仅隔一条前辛巷，以后又轰炸过几次。两周后，日机大肆轰炸谢桥集镇，待日机轰炸毕，镇容镇貌已面目全非，苦心经营的毛元记绸布号也不复存在。李硕年建办在南门外四丈湾的立丰染织厂，在抗战初期被烧毁厂房三十余间，脚踏织布机一百台，损失布匹纱线等共约六万余元法币，折合棉纱三百件左右，致使工厂无力复工。吴鸿范是绸布业同业公会理事长，他在南门大街开办有协茂盛棉布批发庄。所有这些绸布业、布庄均随着日机轰炸、日军进犯而损失殆尽。

梅李马洪元说，清末民初，他祖父在梅李市镇中心开办协成森南货店，发展到日军进犯常熟前，已成为梅李本帮人开办的四大南货店之一，店内从经理到学徒有十多个人。就是这样一家凝聚着两代人心血、有着相当影响的南货店，在民国二十六年（1937）农历十月十一被日机完全炸毁。此外，他家在东街的住宅有四进楼两进平屋（总长54米），也被日军先抢后烧，夷为平地。住宅楼底层存放的60包棉花也被劫掠一空。梅李镇被炸毁的商号还有金元兴土布庄、慎余南货店（其资金在协成森的十倍左右），时升、裕通两家典当及恒裕鸿烟纸店、恒昌绸布店、天来福银楼、裕泰祥茶食店、日新成绸布店等。梅李东街、西街长达一千余米，被烧成一片火海。裕泰祥茶食店老板全家避难至万渡桥秆稞垛内，结果遭日军机枪扫射，全家十多口当场遇难。

城区戴逸回忆，八月底的某天，他从森泉回城看望父母，走到离城约五里时，突然传来了尖利的空袭警报声，抬头望去，只见六架日本飞机从远方飞来，霎时飞临县城上空，稍作盘旋，即俯冲投弹。顿时，呼啸声、爆炸声混成一片。扫射的机枪子弹，啪啪地打在离他不远的田野里。城里的人群像潮水一样涌出城外，争先恐后，惊惶失措。这次日机空袭，除了轰炸南门外热闹的市场外，还炸了南宋方塔附近的民房、学校，南门外市场炸死了很多人，还炸了一座尼姑庵，炸死一位老尼。

当年家住城郊泄水陆桥的顾达元回忆说，他父亲顾四根曾两次亲历日机轰炸，第一次是在八月里，父亲和女儿去常熟城里卖砻糠，三架日机先是在辛峰亭一带盘旋，接着一个俯冲扑向西门湾菱塘，这时顾四根正从菱塘岸边将船撑出来，一看飞机俯冲下来，就急忙跳到河里，等钻到甸桥底下站定，回头一看，船已炸成两段，站在船尾的女儿被炸弹爆炸的冲击波掀到岸上，人吓得发痉。第二次是重阳节那天，顾四根去南门缪家湾老虎灶人家收砻糠钱，看到飞机过来，急忙躲到路边人家里，人刚奔进去，炸弹已掼下来了，墙门间坍下来，将他压在下面，后经人抢救脱险。

在同一时刻，家住缪家湾的王菊生家及其叔父家、祖父母家，连同两个学生一共十四人在这次轰炸中竟有七人遇难，给他带来巨大的心灵创痛，至今未愈。在轰炸中罹难较多的还有在东门大街建有常熟第一座洋房的程元鼎家，在八九月里的一天，因日机轰炸，正在程元鼎家大厅中的五位帮工全部成了日机轰炸常熟的殉难者。还有比这更惨烈的，据城区沈惠英说，她家在往谢桥逃难途中和另外一家十二人在北门外竹园里为躲避日机轰炸相遇。那十二人因急于赶路而在日机轰炸后便匆匆离开，谁知刚刚跑过两条田埂，日机再次窜回，在机枪扫射下，十二个人无一幸存，最小的还只是个婴儿。

　　东张地处常熟东北地区，北枕长江，东与太仓县毗邻，境内有白茆口。据郑耀明、曹宝生回忆，日机两次轰炸东张镇，其中九月初三早晨的轰炸，因炸弹落在早市的人群里，当场死伤五十余人。第二次轰炸中，曹宝生家的小楼房被炸成废墟，从此只能租房居住。王坚民回忆，日本兵舰在长江里停了几个月，经常打炮，岸上百姓一直提心吊胆。1937年11月13日，日本兵舰先是炮轰，然后在白茆口起岸，日军一路烧杀，把北新闸的店铺、民房全部烧光。他父亲等六位村上百姓被日军强行拉夫，从此一去无回，抛下一群孤儿寡妇。吴市高华媛回忆，逃难到小市街上时，东洋兵的飞机拼命掼炸弹，住何家巷的薛启南当时还在吃奶，他娘抱了他逃难，结果他娘被炸死在小市街中段石桥头，小启南还趴在娘身上吃奶。

　　徐市马文华回忆，全镇被烧毁的房屋几百间，西街、市镇西南角、香弄、校前街等处被烧毁房屋最多，有的地方直至解放还是废墟，一些人只能租房居住。智林寺被炸毁，高等小学被烧毁。董浜陆根林回忆，应家角有十五户人家，共一百三十多间房子，日军来时烧剩两家半。当时应传传好公应连连，一只脚有点毛病，当时躲在家里，日本兵放火烧屋后又去烧隔壁人家的屋，这时应连连从家中逃出，不料被日本兵转身看到后，又把他推进屋内活活烧死！珍门沈家市何耀文回忆，11月13日上午，沈家市"吃"了三颗炸弹，分别炸了沈市小学、张家厅和开肉庄、酒店的沈小六家。支塘陈涵树回忆，1937年11月12日，日军在支塘投下第一颗炸弹，掼在支浏路1号桥，当场炸死炸伤三四个人。第二天，有九架日机轰炸支塘，循环往复。我家隔壁陆家的房子被炸毁了，还有五六家房子被掼着炸弹。镇上裕泰纱厂在熊熊燃烧。梅李任春嘉回忆，日本鬼子在常熟起岸那天早上，对梅李狂轰滥炸，到处墙坍壁倒，烟火缭绕。老百姓从睡梦中惊醒，纷纷弃家逃难。当小船行至兴隆附近，回头望望梅李上空，只见日机还在疯狂轰炸，市镇上空依然火光冲天，硝烟弥漫，飞机俯冲时的怪叫声，炸弹的爆炸声惊心动魄。很快，日机已经飞到我俚头顶上轰炸了，炸弹一颗接着一颗，大家人心惶惶。王市曹敬元回忆，王市镇北街到东街被东洋兵烧成一片瓦砾场，计有三十一户人家一百六十七间房子被烧光。东洋兵经过王市小泾岸时，村民章普安家四亩稻谷被烧毁。路过张巷时，将村民已收割的近百亩水稻约三万斤铺在地上践踏并烧光。

二 学校寺庙古迹名居成为侵华战争牺牲品

学校、寺庙、庵堂、人文古迹、名人故居，这些都体现了一个地方对教育的重视，对崇德向善理念的传播和历史文化的悠久，久而久之，这些地方就成了广大百姓的情感寄托和精神向往，或是生命的庇护场所，但在侵华战争的烽火中，这些地方成了日军作恶造孽的兵灾之地。

虞城西郊周龙兴回忆，属两代帝师翁同龢家族的瓶隐庐占地十亩，有大厅、船楼、大楼，两座楼里都是红木家具，书多得不得了，另有假山亭池、花木果树，日本人冲过来经过瓶隐庐时，看见大门上写有八十八师驻地，就用机关枪朝里扫射，引爆了放在屋里的弹药，随即火光冲天。大火烧了一整天，最后烧剩下几间附屋，其他楼房、家具及屋里的东西都烧得一无所剩，各种树木花草也都被烧煞。看护瓶隐庐的周根根（周龙兴祖父）被日军当场戮杀。

据港口祁龙威回忆，他的表兄杨无恙是常熟清末民初的文化名人，家住北郊港口镇（现属张家港市）。日军进犯时，祁龙威一家和杨无恙家结伴避难至溧阳。战火稍远，才重返家园，发现无恙表兄家里的藏书狼藉满地，有的已被日军当大便纸用，污秽不堪。字画均被日军将画芯掠走，把装裱的头尾撕下，也是狼藉满地。无独有偶，何市蔡瑞荣回忆，何市开明士绅徐翰青家里被劫去珍贵字轴一幅、画轴三幅，均是何市乡贤明万历十九年（1591）辛卯科乡试中第二名举人管一德及清光绪三年（1877）丁丑科进士管高福所遗真迹。城区杨增麒回忆，逃难回来时发现，家中挂的祖宗画像也被日本人当作好东西，把画像撕走，把轴头甩在地上。

　　城区俞炳夏回忆，学前小学连同设在学校里的国民党部队的第十六伤兵医院被炸。在乡区的学校也未能幸免，徐市归之春回忆了智林小学被炸的情况。他说，日军登陆前的一两天，他和母亲刚经过智林寺，飞机俯冲下来，他回头看到两颗炸弹掼在智林寺旁边的智林小学高级部位置，砖石木料飞到半空，烟尘满天。徐质田回忆，日军在何市陈泾小学搜查时，在课桌里发现了抗日教材，即将教室里的课桌、椅拖到一起叠起来放了一把火，要烧毁学校。尽管日军走远后，大家忙着浇水救火，但房子已经烧得差不多了。

　　1938年7月1日，日军扶持下的常熟县公署成立，开始了所谓"从破坏到建设的强有力的一步"①。为安抚人心，1939年，县立初级中学招生开学。当王菊生于1943年进县中读书时，他清楚记得"校门口门房间隔壁有一间监视室，里面有个穿便衣的日本人在那里监视进出的师生，从无笑颜，也不和人说话。同学们看见他像看见瘟神一

---

　　①　满铁上海事务所调查室：《江苏省常熟县农村实态调查报告书》，中共党史出版社2006年版，第6页。

样，很害怕。有一天放学时，校门紧闭，同学们聚在门口，心里充满恐惧，不知什么时候能回家。隔了好长时间，终于开门了。大家紧张的心情才得以放松，赶紧跑出校门。第二天才知道，昨天关闭校门是因为有日本人在学校里盘查师生，看他们有没有抗日倾向"。可见，日军除将学校作为轰炸目标外，更注重从思想上控制学校师生。为开展奴化教育，许多老人回忆，从小学四五年级到初中都要开展日文教学，虽然不少老师属于应付性教学，但也有老师十分严厉，背不出日语课文，要以打手心作为惩罚。

寺庙庵堂是历古至今民众消灾避难、祈福平安的吉祥圣地，每有战乱发生，就会有百姓将此作为避难场所。但侵华日军的野蛮行径将常熟百姓的向善理念作了颠覆性践踏。兴福联珠庵与联珠洞前后相连，日军进犯常熟时，不少百姓避难于此，家住兴福寺附近的姚美保回忆，日本人的冲锋队冲到联珠洞，将躲在里面的老百姓一齐赶到大殿上绑起来。隔了一歇，听见"乓乓"的枪声，原来洞里还有从其他地方逃难来的一对夫妻带个小孩没有随人群一起出来，就被日本人开枪杀死在洞里。南门马金保回忆，在永济桥附近资福寺的放生池里也有好几个死人。

由于学校、寺、庵有较多房子和空间，在日军于1941年7月实行的残酷"清乡"期间，这些地方就成了他们驻扎的地方，同时也是囚禁被抓捕来的新四军和地方抗日人士的场所，这在瞿永沂、曹宝生、柯新民、归之春、王鸿生、徐虎生、杨增麒等人的口述档案中均有反映。

三 日军凶残杀戮在常熟土地上犯下累累暴行

侵华日军在常熟犯下累累暴行是不可饶恕的，尤其是在全面侵华战争爆发以后，在进犯常熟期间大开杀戒，而屠杀的主要对象就是手无寸铁、惊恐不安的平民百姓。许多老人回忆，日军在沿江起岸后是见人杀人、见房烧房、见女就奸、见物就抢，杀人如麻、陈尸遍野。除在进犯路上一个一个地杀戮外，还有将几人、十几人、几十人围在一起的集体屠杀，百姓称为"兵灾"。

徐市姚桂英说，从北新闸起岸的日军冲到徐市邱家巷后，见人就枪杀，死人成了堆。在家的老人被拉到邱家巷用绳扎住，戳杀在粪坑里，再用石头压住。日军过后，从里面捞起来十三具尸体，都是被枪杀的当地百姓。梅李陆顺泰回忆，梅李师德村王家小桥河边有一片秆稞，有二十二个老百姓躲在这里，日本兵烧房子时，有个张老伯听见竹节爆裂声就站起来看自家房子有没有被烧掉，被日本兵发现后用机枪一阵扫射，顷刻间二十二个百姓全部殉难，最小的只有三岁！有十几个被拉夫的吴市农民，从常熟城区返回，当时有一张回乡证明，途经梅李师德村石井头时，遭到一队日本兵盘问，这些农民因心里有火，回答时声音响了点，就被认为是游击队，当即全部杀害。据陆顺泰留意调查，了解到日军经过梅李那几天，至少有一百七十九人被无辜杀害。福山支根涛回忆，农历十月十三日本兵起岸后，福山塘东面支家宕有十廿个老百姓拖儿带女逃难到了金家村金家湾的竹园里，不料被日本兵发现后，一个个拉到场上用机枪扫射而死，有个六七岁叫支惠惠的小男孩躲在哥哥支惠祥的长衫里，听日本兵喊"预备"时，就先扑倒在地，等枪声响过其他人倒下来就将他压在下面。日本兵机枪扫射过后，还用刺刀在死人堆里戳，将他耳朵旁边一块头皮戳掉了。事后，日本兵还将稻柴盖在死人身上焚尸灭迹。支惠惠听日本兵走后才从死人堆里爬出来，成为这次屠杀的唯一幸存者。

日军不仅在沿江乡镇大肆屠杀，在远离沿江口岸的常熟等乡也毫无收敛，依旧以杀人为乐。冶塘陆根保回忆，冶塘西面东水庵村有秆稞编织的帘子（平时用来盖在砖坯上）斜靠在墙上，里面刚好可以躲人，被日军掀起来一看有一排老百姓躲在里面，就把他们喊出来排队，然后开枪，一枪穿过去要打死几个人，一共打死三十二个人，有一个四五十岁的包小弟因没有伤及要害而装死倒在死人堆里，捡回一条命。练塘平金保说，日本兵打来时，俞家坟堂的老百姓躲在颜巷西面两千米的徐家坟堂内，他们在这里住了几天后，带来的米吃完了，就有人摇船乘了六个妇女回家取米。半途，有日本兵招手，摇船者不敢靠岸，只管摇，日本兵就开枪，情急中摇船的跳水逃命，而船上六个妇女均被打死，其中两个是孕妇。船回到俞家坟堂，只见半船死人、半船血水！平金保还回忆，距他所在村两公里的洙泾村丁家湖滩，有个老伯伯喝了酒，将一个下乡掳掠的日本兵打死后藏了起来。第二天，二三十个日本兵下来报仇，结果跑错了地方，到了陈家湖滩，当时正是午饭时分，日本兵不管男女老幼，见一个杀一个，共杀了十个左右。藕渠钱全唡回忆，日本人到厍上，将当地百姓排成队，用机关枪一齐摇（扫射）杀，共死了二三十个人。

另据殷惠芬回忆，她的舅母的父亲带领全家共六个人一起乘船逃难。在一个不知名的乡间，有日军将他们驱赶上岸排好队，然后朝他们开枪。等舅母的妹妹张林林醒来，见家人都倒在地上，只有她和嫂嫂还活着，过了一会儿，嫂嫂也倒地而死，一家六人瞬间死了五人，最小的还在吃奶。数十年过去了，张林林只要一想起就哭，一提起就哭。可见，血海深仇，永世难忘。

这些只是所采访到的口述者的回忆与控诉，相信类似的集体屠杀还有许多，但这些已足以证明侵华日军的凶残本性。他们用滴血的武器随意剥夺普通百姓的生命和自由,还妄称侵略中国是为了"东亚共荣",这种谎言在成百上千、成千上万的被无辜杀害的亡灵前,在成百上千、成千上万家破人亡的事实前,还能欺骗多少人呢?一个也没有!

四 对妇女儿童奸淫残害的暴行令人发指

妇女儿童是日本侵华战争中受害最为残酷的弱势人群,一边是全副武装、强悍凶暴,另一边是手无寸铁、柔弱力薄,后者受到了前者的强暴凌辱。在许多人的回忆中,都讲到日军每到一地就是强抢东西和强奸妇女。也有的说,日军每到一地,男女青壮年凡落入敌手者,"男的挑物品,女的打水炮",话语不同,意思一样。吴市高华媛回忆,逃难回家后,东洋兵经常要来捉鸡、捉鸭,把搜出来的麦喂马,还要找大姑娘,女人们用灶墨拓黑了面孔东躲西藏,来不及跑掉的就被拉去惨遭污辱,年纪大的也要。有的被强奸后,还被东洋兵用舂麦榔柱活活钉死。徐市姚桂英口述,徐市蒋家湾有个叫瞿长长的孕妇,就要临盆生产了,行动不便,就躲在灶前的柴堆中,因为腹痛难忍,人在柴堆里颤动,被日本兵发现后把人拉出来,用农家织布用的经布桩,从阴门直刺进去,顿时血流满地,母子两人同时丧命。在张家巷,有几个妇女来不及逃难,被日本兵抓住后,胁迫她们脱得一丝不挂在地上爬行,谁要爬得慢就用军刀在屁股上打。

城区缪毓清说,1937 年时她十一岁,母亲带着她逃难到王市外公家,由于日军到处找"花姑娘",为防不测,母亲就要她头上戴一顶毡笠帽,腰间系了一条围裙,装扮成男孩。但是也不能一天到晚在船上,有时就躲到家后竹园里。有一次,日军来了,她随三四位妇女躲在竹园里,只听见日军用刺刀往竹园里捅的声音,大家吓得气都不敢喘。等日军走远了,大家从竹园出来,真有劫后余生之感。当时有人传告,说某人家媳妇躲避不及,被日军在肚子上捅了一刀,将胎儿都挑了出来,母子俱亡,惨不忍睹。这一幕,她至今依旧心有余悸!

苏禹回忆,迎春桥弄有个十八岁的叶姓姑娘,一天晚上,她在经过迎春桥时被一个日军拦住,拉到竹行街的厕所里奸污。第二天,那姑娘就上吊自杀了。陆根保口述,有一对姓魏的夫妻从城里西门大街逃难到冶塘后陆街,男的五十多岁,叫魏伯,女的四十五岁,叫魏英,魏伯看到日本人经常下乡来强奸妇女,就对女的说,你如果被日本兵拉住强奸,我不会责怪你的。女的说,我宁愿死,也不会被强奸。一天,日本人下来,看见魏英就追,魏英就拼命逃,逃到葫芦潭底里眼看要被追牢了,她就跳到河里自杀了,日本人看她跳河,就"哈哈哈"大笑。

王溥季口述,日军登陆后,叔父的女儿王季彩(当时二十二岁左右,王溥季称呼她彩阿姐)就惨遭轮奸,以后叔父就带着她外出逃难。一天,让日军看到后,又要抓彩阿姐,她失魂落魄地拼命跑,但还是跑不过日本人,眼看又要落入魔爪,彩阿姐就毅然跳进路边粪坑中,但还是被日本兵一枪打死。避难在城郊北积善庵的朱淑英回忆,日军多次在李家桥北积善庵内强奸抓来的民女,有个二十多岁的女的被强奸后还不许她离开,以后每天有十几个日军到此轮奸,直到部队开拔才得以脱身。还有两个百姓在此被枪杀。白茆陆瑞英回忆,她娘的妹妹张安银,十九岁,还没嫁人。一天看见日本人来,她拔腿就跑,日本人追到牛车盘里要强奸,她不肯,被一枪打在心口,当场打死。

日军强奸妇女的罪行在常熟沦陷初期每天都会发生,可说是不分长幼,不分场合,不分时间,由此引发不从枪杀、奸后被杀、受辱自杀者不在少数,为躲避凌辱之灾而东躲西藏者更是比比皆是。一些不愿为日军带路寻找青年姑娘的当地百姓被日军随意枪杀。除此之外，还有更为令人发指之事发生。城区庞炳汉回忆，有个姓邹的大户人家和他家是亲戚，日本人打进来时，家中只有四十多岁的主妇和三个刚成年的女儿，年龄在十七八岁到二十岁。母女四人不但遭到日军奸淫，还被掳到三峰寺长期霸占。有一次，日军到一大户人家，将家中男女老幼全部集中起来，逼他们裸身而立，并胁迫男佣人和女主人交合，还让男主人在边上看。当年家住花园浜高丘上的韩惠英回忆，1937年农历十月底的一天，宅基上有四五个五六十岁的老太在一起孵（晒）太阳，被下乡的日本兵看到了，就胁迫她们脱光了站在一起，观看裸体取乐。

关于对儿童的伤害，甚至残杀，也时有发生。徐市包咲姐口述："东洋人一路烧杀，连小孩也不放过。我就看到严家小桥有个五六岁的小孩被东洋人刺死在路边，也不知是谁家的小孩。东洋人看到老百姓逃难时走失的两三岁、三四岁的小孩，就将他装在棉花袋里，然后挂在屋檐下的扎钩上打转转取乐，小孩子吓得哇哇直哭，日本人在边上哈哈大笑。"浒浦季月英口述："我有两个弟弟，一个虚岁十岁，一个七八岁，在1937年11月底，两个弟弟藏在浒东小居家河边秆稞里，日本兵经过时看到秆稞叶在动，举枪就打，我两个弟弟被当场打死。母亲得悉后，哭得昏了过去。"钱妙林口述，藕渠街上有座庙，里面躲了二十多人，被日本人杀干净，有些小孩子小了呀，只有三四岁、五六岁，也被杀掉。有个十四岁的男小人同日本人讲："先生，甮杀我。"日本人讲："不可以。打！"把这个男小人打了一顿又杀掉，总共杀了二十多人，作孽呀！徐市王康元回忆，当年他才八岁，他和父亲逃难途中被日军一枪将其右手臂打断，血流不止。由于兵荒马乱，无处求医，三天后伤口发炎腐烂，只能将断臂活生生拉下来，造成终身残疾。凡此种种，不忍卒读。

五　急公好义与患难见真情的常熟百姓

常熟人民是英勇不屈的人民，面对强敌入侵的种种暴行，虽然大多数百姓为避敌于水火，不得不离乡背井四处逃难，但也有人于危急时刻救人于虎口狼爪，铁骨铮铮。更多的是对逃难百姓解囊相助，于为难之处搭手相救，体现了患难与共、雪中送炭的美德。

何市宋二宝回忆，他父亲被日本人抓去后，让他看管被抓来的妇女，而日本人又出去抓别的大姑娘。他趁日本人不在，就把所看管的妇女全部放掉了，结果他还来不及跑，日本人回来一看被抓的妇女不见了，就把他打死了。城区戴逸回忆，1941年盛夏，正值日伪大"清乡"时期，森泉有个姓殷的新四军负伤后逃到他家，他就让其躲在他家门楼上。平时基本不下来，由他给伤员送水、送饭有一个多月。戴逸上学后由其他人送。日本宪兵队长带了宪兵和翻译来搜查，幸得戴逸沉着应付，使那位新四军得到保护。少年戴逸和全家人的勇敢保护就体现了中华民族忠肝义胆的爱国主义精神。何市徐质田回忆，1941年7月底，在他父亲徐凤书（爱国士绅，前清秀才，抗日民主政府何市区区长）被日军抓走后的第二天，太仓县的抗日干部金秉义来到他们家中，为躲避日军抓捕，要求隐蔽两天，母亲何茂月就将金秉义隐匿在邻居家中，并帮助改名，编好理由，以便应付敌人搜查盘问。次日，日军冲到何茂月家中，将其捆绑后吊打审问，何茂月临危不惧，矢口否认，从而保护了金秉义。一个农村妇女能如此深知民族大义，临危不惧，称其巾帼英杰是恰如其分的。

当日军大举进犯常熟的时候，曾有"不杀不威，不烧不怕"的血腥狂言，冲锋队更是奸淫烧杀抢，无恶不作，以至于扶老携幼的逃难人群川流不息，但就是在这样一种危急情势下，还是能感受到常熟百姓的向善情怀。屈虞生回忆，日军进犯常熟那几天，他随父母逃难到兴福寺往北一个叫天庭心的地方，那里有个五十多岁的女坟客，原想去歇歇脚再走，不料女主人看到他们就说："不要跑了，就在这里住下来吧，我三亩田的稻刚收，等吃完了再说。"这位女主人除挽留屈虞生一家外，还留住了笪姓母女二人。就在他们避难期间，女主人的儿子遭到日军无辜枪杀。在此家庭蒙受极大痛苦之际，女主人强忍悲痛，依旧行善济难。这种不计私利的仁慈美德，无疑展现了女主人的博大胸怀。苏禹回忆说，他家一路逃难，一路得到好心人关照，乘船逃难，摇船人不收船钱；到了冶塘张家坝村，有位姓蒋的老人招留他们住下来，给他们稻草打地铺，还借给他们行灶烧饭；时间久了，逃难带的钱已所剩无几，又有个叫毛生生的农民给了他家米和菜，帮助他们度过了那段艰苦的逃难日子。支塘陈涵树回忆，日机轰炸支塘那天早上，他们匆忙逃难，隔夜准备的东西啥都没拿，当他们来到杨泾口一个周姓农民家里，"周家和我俚虽然非亲非故，也不认识，但很热情，招待我俚住下来，以后我俚还攀了亲眷"。冶塘陆平保回忆："颜巷后面郭家尖、宴泾塘的五六十个百姓逃到我俚东浜。大家都是穷人，娘、老子体谅逃难人的苦，就把一只八十来斤的猪杀了，烧好后端到他们睡觉的垄坊里，请几十个人一起吃。"兴福姚根金回忆："日本人来时，我俚逃难在联珠洞，躲在联珠洞的有四五十人。联珠洞前筑有观音殿，有三四个和尚，由兴福寺监管。日本人的冲锋队来后把躲在这里的大人全部绑起来关在观音殿里。有个四五十岁的和尚写字给他们看，告诉他们这里都是老百姓，要他们放人。当时有个国民党兵也躲在这里，身边还带根长枪，是和尚帮助他将穿的军装换成老百姓衣裳，救了这个兵，也救了洞里的老百姓。"

国难见忠贞，患难见真情。在侵华炮火中的常熟百姓尽管饱受惊恐，度日如年，但行善积德、珍爱生命之心不变，危急时刻能帮一把就帮一把的分忧解难思想成为他们的坚定信念。历古至今，每逢国有大难、民族存亡的关键时刻，这种责任担当显得尤为鲜明而突出。

六 中国军队与抗日志士的英勇抵抗和重大牺牲

抗战爆发，常熟沿江口岸就有国民党军队布防，据当地老人回忆，当时军队调防比较频繁，有的武器装备精良，有的就不行，连军装都是破旧的，但面对强敌入侵，都能以守土有责之决心与敌作战。徐市钱康元口述，国民党军队在徐市渡船桥、蒋家湾与公路之间，与日军打了一仗，从上午九点多一直打到下午三点许，打得相当激烈。日军被打退了几里路，败退到徐市南渡桥一带，等日军援军到后，才重新反扑，一直打到支塘。国民党军队有一两百人在利泰纱厂抵抗，最后被日军四面包围，全部战死。蒋家湾一仗死了许多人，有中国军人，也有当地百姓，事后，在当地一个露天粪坑内就发现有七具尸体。王康元说，当时国民党守军和日军打得很厉害，眼看敌人快要败下阵去的时候，日本飞机来了，飞得很低，只比树梢高一点，从飞机上吊下来一箱箱子弹，敌人有了支援才又凶猛起来。董浜陆根林回忆，当年11月14日下午两点钟，日军登陆后冲到董浜时，与国民党军队广西兵有过激战。日军飞机飞得很低，只比树梢高一点，但国民党军队不去打飞机。为啥？因为没有打飞机的炮！

日军对被俘的中国兵的处置极为野蛮，毫无人道可言。碧溪王溥季在沈家市避难半个月后在回碧溪途中，"看到河里有好多五花大绑后扔在河里淹死的中国兵的尸体"。

周龙兴回忆，日本人还在沿江野猫口打仗时，国民党的第八十八师已经来了，指挥部设在瓶隐庐，门口有人站岗，中国兵在半里路外开壕沟，有大壕沟、小壕沟，总要开坏四五丘田，准备同日本兵打仗。等到周龙兴避难回来时，一路看到好多战死的中国兵，有不少是靠在树上被打死的。以后有土工匠将这些尸体抬到翁家坟西面的台地安葬。家住练塘颜巷的平金保回忆，在颜巷吴家郎打仗的中国兵死了一百多人，还死了几十只军马。西湖里被大西北风吹下来的中国兵的尸体总有几百人，重重叠叠，密密麻麻。第二年春天，他摇船出去卖砖头，到湖桥口，仍有交关（许多）尸体没有烂尽，枪支不见了，但腰里还是缠满子弹，还有一捆捆的手榴弹。他家离顾家港半里路，那里也有交关中国兵的尸体，肉都被鱼吃了，骨头沉在湖底里。冶塘陆根保回忆，11月里，日本人打到冶塘时，有一两百个穿青布衣服国民党军队奉命抵抗，但壕沟里都是水，根本没办法打，牺牲了四五十人后就撤退了。练塘王杏宝回忆，靠近练塘街上有两座石桥，叫前坟桥、后坟桥，这里是大户人家的坟堂。日本人来时这里打过仗，过后有不少尸体，在汽车路边上的多数。大多是国民党士兵的，也有老百姓的。到开春，才有人喊附近农民在荒野里开只大灰潭，另外有人用草席将尸体一卷，两头一扎，埋在大灰潭里，都是些无名尸体。

从上述口述档案中，虽然没有国民党军队如何抵抗的具体描述，但从战前备战及战后惨状来看，国民党军队确实做了英勇抗击并付出重大牺牲。这些为保卫国家而英勇捐躯、客死异乡，又姓名难觅，甚至尸骨无存的国民党官兵理应获得国家和人民的敬仰与纪念。

日军统治常熟期间，对抗日分子一概予以残酷镇压，其镇压的手段多种多样，尤其在叶飞、谭震林先后率领新四军部队东进常熟并在此建立抗日游击根据地，各项抗日事业得以蓬勃发展，对日伪统治构成严重威胁时，日军的镇压也愈加残酷。东张瞿永沂口述："1939年五六月里，'江抗'（中国共产党领导下的'江南抗日义勇军'的简称）部队到了东张，我父亲瞿同元就参加'江抗'部队，任征粮员，为部队筹粮。1940年农历二月里的一天，父亲不幸被日军抓捕，天天严刑拷打，因坚强不屈而于三月初八被枪杀，并被抛入硝镪水池中毁尸灭迹，牺牲时虚岁二十九。"何市端木莲芬口述，她的姑妈端木瑞投身抗日工作后任中共太仓县三五区区委委员，1940年6月4日被日军大隆部队抓获，不但严刑拷打，还把铁丝戳在她的奶头上，用火烤，备受折磨。由于端木瑞始终不屈服，日军于6月29日将她杀害后抛在硝镪水池中，尸骨全无。唐市钱翠娥口述，她叔父徐青萍在唐市搞抗日地下工作是蛮出名的。1941年在"清乡"中不幸被捕，徐青萍大义凛然，宁死不降，农历八月初六被日军五花大绑，游街示众，最后被杀害在唐市小学后面的空场上并洒上硝镪水，牺牲时年仅二十九岁。

藕渠钱全唔口述，1941年7月，他作为抗日青年被日军抓到藕渠镇上关在"清乡"队队部，先打了一夜天，把他往地上掼"沙包"。在这里，他看到还有十几个人被关押于此，有的被掼"沙包"，有的被灌水。何礼福承认自己是自卫队大队长，被押解到苏州枪毙了。他本人后来又被关到古里、白茆，一共关了十六天才放出来。东张王坚民口述，日本兵还在白茆塘边的河滩上打了四五根木桩，把抓来的抗日分子绑在木桩上，等白茆塘涨潮时，把他们活活淹死，被日军用这种残酷手段杀害的中国人有好几十人。梅李王鸿生回忆，由于他姑妈是"民抗"（常熟人民抗日自卫队，是中共常熟县委组建并领导的第一支人民抗日武装）司令任天石的妻子，日军抓不到任天石而多次到他们家搜捕，先后将任天石妻兄夫妇和嫂嫂抓去关押，最后将任天石的妻兄王二喝、岳父王福先后杀害。白茆陆和生回忆，他十一二岁时在白茆中心小学读二年级，有两个教师教他们，一个姓王，一个姓陈，都是三十岁教了一个月不到，就被日本兵捉到支塘镇上枪杀了，说他们是新四军。他还回忆，"清乡"时，日军就住在他所在村的一个大户人家，日军把俘虏的两个女新四军关在屋里，不许她们穿衣裳，任其轮奸，后来那两个女的都死了。

日军对抗日力量的镇压并不局限于"清乡"这一特定时期，而是长期的，一贯的，且不以"抗日分子"这一罪名抓捕，因为这样做过于暴露自己的狰狞面貌，所以往往以"不良分子"的罪名进行抓捕。据宋以天回忆，县警察局督察长顾本因私放两名女新四军，被汪伪特工队盯住不放。在1942年春夏之交的一天夜里，日军搞大搜捕，抓了三十一个"不良分子"，顾本也在其中。不久，又抓过两次所谓的"不良分子"，三次共计四十六人。这些人被带到外地后惨遭残害，一个都没回来。

以上对日军暴行的分类和梳理自觉尚欠精细、全面，如百姓外出逃难的艰辛艰险；日军强行拉夫造成的家破人亡；日军滥杀无辜的凶残兽行和对家禽家畜无休止的抢掠；对中小学生实行奴化教育；在城乡建办慰安所；等等。又如，新四军开展的各项抗日活动；日军统治下的民生社情；为抗日牺牲的忠勇志士；日军暴行亲历者、受害者在时隔七八十年后的想法、看法尚未列举细说，好在只要通读全书，即可有完整了解。因为每篇文章都记载了当年的历史信息，从口述者对轰炸、焚烧、杀戮、奸淫、拉夫、劫掠、殴打、逃难的悲愤回忆中，可以真切感受到常熟百姓所亲身经历的苦难、屈辱、损失、惊恐、忧愁、悲伤、坎坷、仇恨，这一切都发生在铁蹄下的江南名城常熟，是掩藏在心灵深处的深创剧痛。

几乎每一篇文章都提到讲述着亲人、亲戚、友人惨遭杀戮的情节，都提到逃难的经历和家庭财产的损失，有不少口述者还讲述了中国军队的抵抗和牺牲，通过日军对抗日志士的屠杀，可以间接看到常熟人民对侵略者的英勇斗争。

笔者以为这些口述档案大多有着对细致情节与具体场景的详细诉说，具有相当价值的真实性、史料性、可信性。多位老人在忆述时哽咽垂泪甚至痛哭失声，他（她）们的感情是真挚的，无论是对侵略者的憎恨还是对遇害亲人的思念。他们无须造假作伪，因为他们的口述绝不是为了谋取个人名利，如将他们的口述档案与当年常熟报纸上的报道，与专门机构编纂的史志书籍，与档案馆保存的历史档案对照，他们的回忆凡关联重大事件的，大多可找到历史踪影，而且亲历者的回忆更翔实、更鲜活，可作史志记载之补充和印证。千千万万个家庭之灾难，千千万万个个体生命之痛苦，汇集起来就是我们民族的灾难，就是全体中国人的痛苦。因此，这一百多篇口述档案不仅属于常熟人民，同样属于江苏人民，属于全国人民，这是中华民族血和泪的记忆。

今昔相比，许多老人在安度幸福晚年的时候，回想当年兵荒马乱、颠沛流离的痛苦经历，无不有着"不堪回首"的感慨，有着"天壤之别"的深切感受，每位老人都衷心祝福祖国永远富强，再不受外敌侵略与蹂躏。

可以说，这些口述档案既是对日本帝国主义者侵华暴行的悲愤控诉，又是常熟作为铁蹄下的江南名城所经历的屈辱史、血泪史的有力见证，更是对年青一代开展爱国主义教育的生动教材。

[东　张]

郑耀民：一路灾难一路恨

郑耀民，东张市镇人。1919年9月8日（农历己未年闰七月十五）生，属羊。1936年毕业于无锡师范。以教书为业，1983年退休。现住虞山镇湖苑五区。

1936年，我自无锡师范毕业后，在常熟支塘小学教六年级教书，我父亲郑士杓也是教师。1937年11月10日左右，学校派我到城里县教育局领取拖欠了三个月的工资，工资领回来后，因口袋里有了钱，就回到东张老家去看望父母。回到东张后，发现东张街上已经基本没有人了。为啥呢？因为停在长江里的日本军舰经常向岸上无目的地打炮，虽然炮弹落在田里，也闹得人心惶惶，尤其是还有日机轰炸，有两次炸弹落在早市的人群里，死了不少人，老百姓就不敢在街上住了，开始四处逃难。这两次轰炸，一次是在九月初三早晨，炸弹落在上早市的人群里，死伤五十多人，有个母亲抱着吃奶的孩子站在街上屋旁的柴萝边上，炸弹炸开来，母亲被弹片击中身亡，小孩子幸免一死。还有一次轰炸是在十月初三早晨，当时我在支塘学校里看到日军飞机飞过，不一会儿就传来"轰隆轰隆"的爆炸声，之后传来消息，说东张市镇上遭到轰炸。这样两次一炸，老百姓就不敢再在街上住了，纷纷逃难。我俚家也不例外，在徐市与董浜之间的雪沟塘附近，向当地农民租了房子，暂时住在那里。住了几天，因为要过节，又回到东张老家。我也在那时回到家中。当时我家中有十二人，父亲郑士杓，属狗，刚好四十岁，在东张镇上教书；母亲郑吴氏，属猴，四十二岁；太婆（父亲的祖母）八十六岁；祖母六十六岁；我有两个弟弟，郑耀平，小我三岁，当时在梅李学中医，后在1944年病故；还有个弟弟叫郑耀文，属猴，小我十三岁。此外，由于叔父早亡，所以婶娘一家（婶娘和三个堂弟，一个堂妹，共五人）由我父亲帮助照顾。回到东张刚住两三天，到了农历十月十一日早上，听到"轰隆轰隆"的打炮声，声音响而密集，一刻不停，我俚（我们）顺着炮声，向东张的西北方向望去，只见徐六泾口和野猫口方向火光冲天，还有飞机轰炸，父亲赶紧把大家都叫起来，开始逃难，目标就是往董浜租我俚房子的农民家跑。因祖母和大堂弟刚好在姑母家，就和他们一起逃难了，而大弟耀平则在梅李跟随老师一家逃难，所以我俚一行为九人。当时太婆已经八十六岁，走了一阵就走不动了，我俚就先在路边上的农民家里躲了半天，想看看形势再说。吃过中饭，看到中国军队的伤员不断从门口路上被抬过，还有难民成群结队向南逃，知道情况危急，还是逃难吧，问题是太婆走不动路，大家急得一筹莫展。这时看见有只逃难船从南港桥方向过来，往归市方向去，我俚就向船上人招呼能不能搭乘个老太，那船主嘴里答应"好格好格（好的好的）"，但就是不停，只管摇。我就驮着太婆，与父亲、二堂弟追那只船，没有追上。太婆是经过太平天国战乱的人，当年也逃过难，饱受逃难之苦。她知道我俚都在为她忙，就说："你们快点跑吧，不要管我哉。"我俚听了都很伤心，真是生离死别，心如刀割，父亲和我商量了一下，决定暂先这样办，等找着了落脚点，就来接她。这样，我俚就把太婆留在路边这家农民家里，含着眼泪继续前进。当时，母亲和弟弟，还有婶娘、堂弟、堂妹一起另外跑。我俚三个人来到一个叫"文泾"的地方，过了座小桥，看到有家农民人家的两个老夫妻还留在家中，就走进去歇歇脚。那对老夫妻很热情，忙着烧水烧饭，还留我俚住下来，我俚都非常感激，他们说大家都在患难里，不必客气。落脚以后，我俚就急着回去接太婆。我俚知道太婆耳朵不好，就在她留下来的那一家地方大声喊，四处找，没有找到，又到河边去看，去找，害怕她投河自尽，还是没找到。我俚三个人就又回到文泾的农民家中，心里想着太婆的安危，夜里无论如何都睡不着。第二天天不亮，我俚又去找。这次主要往河里找，结果在一处柴萝堆旁边找到了，就赶紧把她背到我俚落脚的地方。太婆到那里一看，认识那个农民。原来，那个农民年轻时是学做泥水匠的，我家在光绪年间起房子时，他帮师傅搅泥、搬砖，做做小工，我太婆那时年纪轻，也帮着做做小工，因此是熟悉的。以后，几十年没有联系，想不到会在这么一种危急的情况下见面。那对老夫妻非常客气，留太婆住下。父亲就让我堂弟陪太婆在此住下，也好有个照顾。父亲和我就回去寻找母亲和婶娘她们，没有找到，又转向往董浜方向跑，当时漫天大雾，看都看不清，结果在徐市附近与日军部队迎面相遇，被他们一把抓住，要我俚帮他们背行李，再一看队伍中有许多东张人，被拉夫的东张人比这一队日本人都多，都背着东西。我俚两人被抓住后，父亲随着队伍在前头跑，我戴的眼镜和身上藏着太婆头上戴的首饰，都被日军争着抢去后，落在队伍最后跑。因为我不戴眼镜，根本无法走路，那个要我背东西的日军就去向抢眼镜的同伙去讨回来还给我。队伍零零落落地来到董浜镇上后，日军要我俚在路边阶沿石上坐下来，他们则去砸店门，看见香烟、枣子等好吃好带的东西拿了就走，然后又往店铺和居民家的大门上泼洒汽油，点火烧房。顿时火光熊熊，四处都是大门、家具着火的"噼啪"之声。这时，父亲过来小声对我说："不知要到哪里，不要管我，乘机逃命吧。跑得掉，到周家桥见面。"说完，他回到原处，不久，他就溜进一条小巷走了。我对董浜不熟，没有跑成。隔了一会儿，日军开始整队，全副武装，东西都由他们自己背了，然后用刺刀在地上划字给我俚看："打倒蒋介石，出发！"就往苏家尖方向打国民党部队去了。我俚民夫大多留了下来，幸免于难，这时我才感到肚子饿得咕咕叫，看看董浜镇上，十室九空，连汤罐水也喝不到。我赶紧上路朝周家桥方向走去。

父亲和我终于大难不死，在到周家桥的路上就碰到了，母亲和婶娘也找到了，到徐市与吴市中间周家桥的姑母家中住了下来，这里离开大路有一段距离，我从农民院子里的竹篱笆眼中望出去，只见日军大部队正在不远处沿贵泾塘向董浜方向跑。

自日军大部队到达常熟城区后，东张、吴市、徐市、董浜就成为后方了，只留少量日军驻守。这些日军天天出来骚扰，找大姑娘、捉鸡、抢东西，无恶不作。我在周家桥亲眼看到，有个大姑娘不甘受辱，跳到河里，但还是被日军硬拖起来，拉到一家人家屋里做坏事。为了防止日军骚扰，宅基上的老百姓自发组织起来，天天有人在路口望风，看到有日军过来就赶紧报信，大家就四处逃避。到了12月中下旬，局势安定一些了，有人告诉我俚，东张市镇上小店也开了，我想先回去看看。不料，回到镇上附近时，日本兵正在老百姓家中捉鸡，我不知道，走过去后就被日本兵抓住了，逼着我和已经抓到的当地老百姓把鸡送到东张镇上日本兵住的地方，还要帮他杀鸡、拣好，再放我俚走。回到家一看，里里外外一片狼藉，房子山墙上有几个洞，窗户上的玻璃都碎掉了，书桌上的铜拉手也被撬掉了，书橱里的书撒了一地。院子西边有一口井，看上去是中了炮弹，青石井栏圈被炸裂了，估计炮弹钻到井里去了。不久，我俚从周家桥搬到东张附近的徐家巷住下，太婆、父亲则先回去，看到各家陆续回去后，母亲等也随后回家。在外流浪两个来月，惊心动魄的日子终于过去了，一家人又团聚在一起。

采访于 2009 年 5 月 25 日上午

曹宝生：日机两炸东张镇

曹宝生，原名曹保生，东张市镇人。1927年9月19日（农历丁卯年八月廿四）生，属兔。小学文化。担任过农村基层干部，1991年在乡镇企业退休。现住碧溪新区东张管理区江枫苑三区。

1937年时，我家里五个人，父亲曹进福（原姓徐）是入赘女婿，母亲曹桂生。父母亲共生了八个儿女，我是第一个；第二个是妹妹曹保芬；第三个是妹妹曹保英，她从小就送给人家了；第四个妹妹，出生不到十天，名字还未起就夭折了；第五个是弟弟曹保林，当时已经四岁；曹保林下面还有三个弟弟，是日本人来了之后生的，最小的生于1945年。

1937年九月初三早上，日本人从飞机上向东张镇掼炸弹，蛮多几颗，刚好是农民上市辰光，有两颗炸弹就掼在闹市里的唐家茶馆，据说目标是要炸王义庄，当时王义庄是国民党的驻军司令部，结果炸偏了。那次轰炸，上市的老百姓及店铺的营业人员死伤了几十个人。我家就在东张镇上南街的十字街口，一上一下的小楼房，日本人掼炸弹时，我还在床上，被老子（父亲）从床上拖起来就逃，一直逃到东张镇南面的二里湾姚家。我第二个妹妹曹保英三岁时送到这里了。我俚就在这里住了几天。九月初七上午十点钟，日本人在飞机上第二次掼炸弹，当时市头已经过哉，老百姓基本没有伤亡，但我家的小楼房就在这次轰炸中被炸成废墟。之后，我家就在东张镇东街租了一所房子，一直住到新中国成立。

日本人选择在东张白茆口登陆是有目的的，一是在东张镇东侧有一条从北新闸到支塘镇的简易公路，这条公路刚造好，路面压实后还没铺石子，桥造好了还没装栏杆；二是有一条白茆塘，从白茆口一直通往常熟。日本人在这里可以水陆并进，由于东张镇地处要冲，因此受灾也最严重。日本人登陆那几天，刚好连续下雨，简易公路不好行走，日本人就把老百姓家的门板卸下来铺在公路上，便于炮车行军，沿公路和白茆塘两岸的房子被一齐烧干净。

农历十月十一早上听见轰隆轰隆的炮声，炮弹飞到东张镇市梢，沿江火烧的竹叶灰随着炮声一直飘到东张街上，老百姓纷纷逃难。早上七八点钟，早饭还没吃，我俚一家门就逃难哉。老子挑副担头，一头是被头铺盖，另一头是我弟弟曹保林，我也帮着拿点小东西，先朝南逃了一段，因为日本人也是朝南跑，想想危险，就朝东跑，往娘的娘家老宅基跑。娘的娘家在太仓王秀乡（现属太仓璜泾镇）杨漕村曹家老宅基，我俚到老宅基上住在老伯伯家里，一直住到阴历年底回转。回转路上看到白茆塘里的死人多得不得了，潮来佘进来，潮退佘出去，有的搁浅在岸上，当地老百姓就帮忙掘个坑埋起来。

东张有日本人驻军是在1941年"清乡"时才有的，北新闸、东张镇上、横塘市都有驻军。东张镇上的日军驻扎在王采南、王颂贤（吴市区伪区长）家里，有十廿个日本人，其余是"和平军"。有一天，我还在睡觉，日本兵闯到家里，用刺刀枪挑开蚊帐，要我俚集中到东张小学校长郑士杓家东半部的空场上，排好队，从场上出发往王义庄方向跑，半途要路过祝小福开的豆腐店，墙上有一个窗洞，经过的人到那里都要停一停，实际是给里面的叛徒认一认，结果有十几个人被喊住后抓了起来，这些人被绑在自行车后座押到驻扎在支塘的日军队部，被抓去的人中有参加新四军的郑国俊、蔡三等。

陈震寰是东张人，抗战开始他就组织地方抗日武装，后任"江抗"（由中国共产党领导的"江南抗日义勇军"，简称"江抗"）二路副司令。1941年"清乡"期间，他被抓住后，被日本人戳杀在徐市有石人石马的地方，尸体运回东张时我去看过。

我父亲有几个弟兄，其中三伯伯未曾生育，而我父亲生了好几个儿子，因此，在我十四岁时就过继给住在横塘市的三伯伯，第二年（1941）三月，我经人介绍到昆山县石牌镇漕坊学生意，专门卖酒和酱，做了七年，直到1948年才回到横塘市。

采访于2016年10月4日下午

柯新民：禽兽蹂躏横塘市

柯新民，东张横塘市人。1929年7月30日（农历己巳年六月廿四）生，属蛇。私塾文化。1988年从常熟农业银行退休。现住虞山镇五星四区。

1937年时，我俚全家住在横塘市，家中三个大人，两个小囡。大人有好公柯念劬，五十多岁，父亲柯树声在常熟城里寺前街开一爿（家）鸿太丰纸店（卖迷信品），娘柯根姐，是城里莲灯浜人，嫁到横塘市。父母亲生育五个儿女，我是老大，老二柯祥熙，属猴，1932年出生，现年八十五岁；老三柯永官，1938年初逃难回来后出生，后过继给杨家；第四个是女儿，柯丽珍；第五个也是女儿，乳名小八妹，后过继太仓鹿河吴姓，名叫吴瑞珍，现在苏州，是桃花坞小学的退休教师。日本人登陆前，对常熟城乡狂轰滥炸，父亲在纸店被烧毁后回到横塘市。

日本人从白茆口起岸后，虽然未到横塘市，但人心惶惶，老百姓都在逃难。我俚家除好公留家外，父母亲带着我和弟弟也雇了条船逃难，当时船上除我俚家两大两小外，还有一个叫李先的梅李人，他身无分文，父亲行好事，带了他一道逃难。父亲说有福同享、有难同当、有饭大家吃，还有四个人是张家夫妻两人带两个女儿，另外有两个船上人，一个摇船，一个背纤、撑船，共十一个人。逃难时带一点钞票，缝在我和弟弟的棉袄里，大人身上勿敢放，生怕强盗抢。果然，船过太湖时，遭到土匪抢劫，所带财物被全部被抢光。我俚逃到宜兴善卷洞附近，当地有个张保长蛮有同情心，借一间房子给我俚，没有床，大家睡地铺，烧饭就在庭心里的砖头搭搭，上面架只镬子，连镬盖都没有。到宜兴后，我俚时常关心常熟的情况，不知常熟怎么样了。后来传来消息说，到1月10号逃难的老百姓可以回城哉。我俚就雇了条船，回到常熟小东门，再乘船回到横塘市。我俚回到小东门时，好公专门出来接。在日本人轰炸常熟城时，父亲租住的粉皮街十号的房子、母亲娘家在莲灯浜的房子都已烧光，呒没（没有）地方住，所以我俚当天就回了横塘市。

当时横塘市有两百多户人家、千把人，有点心店、面店三家、茶馆十家，各种小商店很多，比较热闹，当地百姓称为"小上海"。从日本人白茆口起岸到1941年大"清乡"前，横塘市从未驻过日军，一直到大"清乡"时才有日军驻扎。驻横塘市的日军有八十多人，他们住在恒茂花行，是横塘市最大的轧花厂，另外有汪精卫的"和平军"一个连，住在太平庙旁边的陈家木行。日军领头的叫大田队长，看上去蛮有文化的。我八岁开始读私塾，读了五年，以后读的是横塘小学，学校虽然只有三个班级，学生倒有两百多人，因为呒没地方念书，所以人多，每个班级有六七十人。日军驻横塘市后，由大田队长教我俚日语，还教唱日文歌和画图画，日语是从拼音学起。教了半年，大田队长走了以后就没人教了。

  1940年农历二三月里的一天半夜里，我随好公睡在街上南货店里，突然有日本人、伪军来到横塘市（当时横塘市归驻太仓璜泾的日本人统治），在镇的东横头、北横头都派人封锁，大弄小弄都有人站岗，然后一家家碰门，将老百姓全部喊起来关在横塘市北市梢的太平庙里，家家户户空无一人，任凭日本人、伪军进去搜仓刮底。记得当时日本人捉了几个人去，有瞿同元、倪士民，日本人去柯耀德家碰门时，柯耀德从家里后门出去泗河逃生。倪士民父亲是日本人的乡长。当时正是穿夹衣的季节，倪士民穿件毛货长衫，日本人看他不三不四，有点怀疑，就把他抓到璜泾去。后由倪士民的父亲找了翻译，花了钱当天就把他保了出来。瞿同元、柯耀德都是参加抗日工作的，所以抓了去，关在太仓璜泾队部。瞿同元的娘当时已经年纪大哉，她也到璜泾去看望过儿子，但没有钞票去保，被日本人枪杀后抛在镪水池中毁尸灭迹。

  当天其他老百姓都关在太平庙中，不要说早饭没吃，就连中饭也没吃。日本人到家家户户中翻箱倒柜，搞得一塌糊涂，凡值点钞票的东西统统装船运到璜泾，我挂在床横头的绒线衫都拿了去。太平庙是清代咸丰年间建造的古庙，有庙楼、大雄宝殿，规模蛮大。

  日本人冲到横塘市不是一次两次，有好几次，把老百姓赶到太平庙也有好几次。记得有这么两件事，住横塘市南市梢的顾连生的阿姐顾大妹，当时有十七八岁，听见日本人碰门，她就去开门，刚开门，就被日本兵的刺刀尖戳在眼角上，当场鲜血直流，还好戳得不深，没大的影响。

  还有是，横塘市塘湾村有个农民挑了菜到璜泾镇上去卖菜，经过横塘市时，看见日本兵正从对面跑过来，他一吓，放下菜担转身就逃，被日本兵一枪打死在路上。横塘市到太仓璜泾有十二里路，当时横塘市农民都有去璜泾卖菜的习惯。

采访于2016年11月9日下午

王坚民：拉夫烧房绑木桩

王坚民，原名童安生，九岁时被王姓领养后易姓改名为王祖元，1949年初参加太仓县武工队时改为现名。东张北新闸人。1931年4月19日（农历辛未年三月初二）生，属羊。长期从事金融工作，1982年7月离休。现住支塘镇何市环镇路。

小时候，我家住在东张北新闸，离白茆口有两三里路，白茆口有座龙王庙。北新闸是个有二三十家店铺的乡村小集市。白茆塘涨潮时大约有一百米开阔，常年有条摆渡船，把两边连在一起。我父母在北新闸开个小茶馆，在塘东种几亩租田，有几间草屋老宅基。生活虽然贫苦，倒也安居乐业。日军登陆前，我家兄弟姐妹共八人，父亲童仲山是常熟西徐市（现属张家港）人，到我母亲家做上门女婿；母亲童莲官，当年四十岁；大哥童子文，十八岁，在上海电池厂当学徒，上海沦陷后，他失业回到家里；二哥童子才，十六岁，原在太仓岳王市中药店当学徒，东洋人起岸后，回家和我俚一起逃难。我上面还有两个阿姐，大阿姐，大我十三岁；小阿姐大我三岁，从小领给人家做童养媳。我是第五个，当时七岁。我下面还有两个弟弟，一个妹妹。一个弟弟叫童兴保，当时五岁；另一个弟弟因养不起，被送到东张镇上的养婴堂，后由刘家领养，起名刘怡生，现年八十三岁；一个妹妹刚生下来还是个血泡泡就送给邻村曹家，现年八十岁。

  日本人的兵舰在长江里停了几个月，它经常打炮，岸上百姓一直提心吊胆。我俚也搬到塘东老宅基居住了。1937年11月13日（农历十月十一），日本兵舰向岸上炮轰，然后在白茆口起岸，一上岸就把北新闸的店铺、民房全部烧光。当时国民党军队利用民船在白茆塘里搭了座浮桥，结果撤退时还没来得及拆除，就被日本人利用了从塘西冲到塘东。他们端着上了刺刀的枪，横冲直撞，奸淫掳掠，到处抓人。我俚童家桥是个只有十廿户人家的小村庄，一下子被抓去六人，其中有我父亲童仲山，还有张金福、周二、陈福、张连官、张炳庆。当时日本兵抓人说是替他们挑运弹药，哪晓得我父亲他们被抓后一去未回，也不知道在啥地方被杀害了，尸骨未还乡。好端端的六个家庭，突然之间被日军夺去了家中的顶梁柱，抛下一群可怜的孤儿寡母。

  日本人发起进攻时海、陆、空一齐出动，兵舰轰，陆上冲，飞机炸。我家有棵老榆树，日本飞机就在树梢顶上飞，飞机上的日本鬼子和飞机上涂的太阳旗都能看得清清楚楚。鬼子在飞机上不断向地面扫机枪，我俚吓得躲在桌子底下，动都不敢动。他们在村里折腾了大半天，临走时放了一把火，把我俚的房子全烧了。

  当时我母亲生孩子不久，身体十分虚弱，但父亲被抓走了，母亲只能带着大阿姐、小阿哥、兴保和我一起逃难。我回头看到村里的熊熊大火，头顶上又有子弹呼啸，害怕极了。我俚大约跑了十多里路，才逃到太仓横泾伍胥庙附近我母亲的妹妹家里，我称她姨母。我俚在姨母家里住了一两个月，感到风声平静一些才敢回家。虽然回家了，可几间草屋早已化为灰烬，家中连一只碗一双筷都没有。一家人饥寒交迫，母亲靠亲戚朋友帮忙搭了个芦席棚，天寒地冻，我俚就蜷缩在芦席棚里，过着有一顿没一顿的日子。现在想想当时的日子真不知怎么熬过来的，苦啊……

第二年开春，母亲在北新闸设法搭了两间草屋，仍旧开一爿小茶馆。两个哥哥帮着张罗，以维持全家生活。但不久，土匪游击队火拼，好不容易搭的房子又一起烧光。记得当时是热天，我俚躲在一只船的尾舵处，大阿姐住在塘东，望过来看见房子起火，只当我俚都被烧死了，哭得天昏地暗。大约在1938年底，日本人派部队三四十人进驻北新闸，北新闸南边有条十米开阔的小河浜，河上有座桥，在桥的南面设立了"检问所"，到处设卡站岗，盘查来往行人。老百姓要向日本兵鞠躬行礼，即使这样，还要遭到拳打脚踢、吃耳光，甚至被抓起来。日本兵还在白茆塘边的河滩上打了四五根木桩，将抓来的"抗日分子"绑在木桩上，等白茆塘涨潮时，把他们活活淹死，这是我亲眼所见，被日军用这种残酷手段杀害的中国人有好几十人。

由于生活所迫，我九岁时，母亲将我领给横塘市王家当养子，因王家勿曾（没有）生育。我含泪离别母亲，从此改姓换名，由童安生改为王祖元。王家开有肉庄、杂货两爿店，养祖父、养父都吃大烟、赌铜钿，十分势利。我一去，他们就拿我当童工用，从店面开门闼、斩猪吃番瓜、切马料到替他们倒夜壶……什么都做，但还要经常被他们打骂虐待！横塘市小朋友见我特别瘦小干瘪，都叫我"小结蜘"（蜘蛛）。我读书读到初小四年级，王家虽然经济条件较好，但不让我读了，即使我看书自学，也要挨骂！我弟弟童兴保在1942年患了阑尾炎，因家中无钱救治而活活痛死。大阿哥几次来横塘市王家，要领我回家看望弟弟，但王家不答应。直到第四次来，才勉强同意我回家。我俚从塘东摆渡到塘西，在河当中就听到哭声传来——弟弟死了——王家害得我未能与弟弟见上最后一面！十四岁那年，王家送我到唐市油车学生意，累得生病吐血，回到横塘市。他们见我病重要死了，就送我回到娘家。结果得了伤寒症，重病一场，头发秃光，几乎送了性命。等我大病初愈，王家见我身体好转，又叫我回到了横塘市。

沦陷时期，横塘市也驻扎过二三十个日本兵。他们站岗放哨，搜查盘问，老百姓如惊弓之鸟。在"清乡"时，日军将镇上百姓赶到太平庙庙场上逐个盘问："谁是'大萝卜'？""谁是新四军？"还有的被喊到庙里审问。听说也有年轻妇女被日本兵糟蹋。

日本侵略者杀害了我的父亲，害得我被逼无奈离开母亲，给一户势利人家做养子，受尽虐待欺凌。我经历的种种苦难都是日本鬼子给我造成的，我永生永世不会忘记。

采访于 2016 年 6 月 18 日

瞿永沂：父亲抗日遭毁尸

瞿永沂，东张横塘市人。1937年9月19日（农历丁丑年八月十五）生，属牛。小学文化。务农，曾任生产队会计和大队专职会计。现住碧溪管理区东张办事处横塘村。

我出生于1937年9月19日，农历八月半。出生时家中有三个大人：祖母顾月珍，结婚后改为瞿顾氏，她是太仓浮桥乡人，应该是个富裕人家，1959年过世时八十一岁；父亲瞿同元，号中和，他先是在上海读中学，后到苏州读东吴大学，是学生会的体育部长，抗战爆发前一两年已毕业回到东张家里；母亲梅雪妍，上海女子中学毕业，毕业后在东张东周小学教书，1939年病逝；我出生时，祖父瞿浩如已过世多年；1938年底，我弟弟瞿浩兴出生，我母亲产后受凉得病，几个月后就去世了。我家祖上也应是有钱人家，否则我父亲也不会到上海读书，还读到大学毕业。

横塘市是东张市镇东面两公里的一个小集镇，有一两百户人家，这里与太仓王秀镇隔河相望，又与太仓鹿河镇接壤。听祖母说，1937年

11月，东洋人从白茆口起岸后，当年未到横塘市，因此还算太平。但日本人起岸时，老百姓还是人心惶惶，我俚一家逃难逃到何市烟墩庙，躲了一段时间。当时我家生活就靠出租二三十亩粮田过日子，没有其他收入，只是过得去而已。

我母亲过世后不久，我父亲就参加了抗日工作，1939年五六月里，"江抗"部队到了东张，我父亲就参加"江抗"部队，任征粮员，为部队筹粮，他经常去的地方是徐市和吴市，吃住在外头，难得回横塘市。有两次回家，身边带了个家住支塘的年轻人，姓啥不清楚，是和父亲一起收粮的。1940年农历二月廿几下半夜，从太仓璜泾过来的六个日本鬼子在翻译兼密探顾芳带领下来到横塘市，将我俚住的瞿家宅院前后门看住，然后用刺刀将后门劈开，冲到里面。瞿家宅院住着七八户人家，都姓瞿。日本鬼子进来前要敲门、踢门、劈门，声音很大，我父亲瞿同元和参加抗日工作的瞿××听见声音就赶紧起身，架着楼梯要上屋顶逃走时，被日本鬼子抓住。早晨，日本鬼子押着他俩从横塘市街上经过时，看到围观人群中有两个衣着比较整洁的年轻人，感到可疑也一起抓了去。这两个年轻人一个叫倪××，另一个叫徐××，都是二十多岁。倪××的父亲是日伪乡长，徐××家里开个小百货店。他们四人被一起抓到太仓璜泾，这里驻扎了日本鬼子的一个中队。从横塘市到太仓璜泾有十二里路。到璜泾当天，倪、徐审都未审就被放了出来，是倪××父亲出了铜钿去保出来的。

我父亲和瞿××被关押后，天天严刑拷打，上老虎凳、吊打、灌辣椒水、烙铁烫，要他们说出"江抗"的情况，并要他们领捉抗日人士，如不领捉就要天天上刑，直至枪毙。瞿××受刑不过，被逼到太仓璜泾王秀乡领捉徐明德、徐大宝，当日本鬼子去捉时，二徐已闻风而逃。日本鬼子没有抓到人，就迁怒于徐大宝的弟弟，将他当场枪杀，还将徐大宝家的房子一把火烧成灰烬。瞿××被释放回家，但因刑伤过重，没有多久就死了。我后来晓得，二徐是抗战时期太仓第一个党支部的成员。

在瞿××释放后的第二天——农历三月初八（阳历四月二十七日），我父亲被日本鬼子枪杀，遗体被抛在璜泾薛家桥堍的硝镪水池中毁尸灭迹。我父亲牺牲的时候虚岁二十九。几个月后，何市抗日女英雄端木瑞被枪杀后也抛在同一个硝镪水池中。我父亲被杀害后的第二天，我祖母去收尸，发现硝镪水池中有很多骨头，也分不清是啥人的。当时民间还有迷信说法，说把别人的尸骨带回家是勿吉利的，所以祖母只好空手而归，买口棺材，里面放个稻草人，当作我父亲的尸身，和我母亲的棺材葬在一起。祖母去璜泾收尸时，璜泾有个戴姓亲戚告诉她，当时日本鬼子要瞿同元招供并领捉"江抗"，他因为坚决勿肯才被枪杀的。至于我父亲是不是共产党员，这个我不清楚，不能瞎说。

父亲被杀害后十来天，"江抗"派张梅生（东张梅苑人）带了两个人到我家里看望祖母，送来三包棉花表示慰问和抚恤，还留下一张字条，说明我父亲是为抗日牺牲的。

父亲牺牲后，祖母已经六十多岁了，还要带两个孙子，生活很苦，没办法，只好将我弟弟浩兴送给人家领养，但人家也困难，领养了一两年就退回来，短短几年里，接连送了三家人家：太仓王秀新丰村杨家、东张湖漕村倪家、瞿家自族里瞿如坤家。1948年，瞿如坤得病后无力抚养，弟弟又回到自己家里。1951年去上海打铁店里学生意，以后一直在马鞍山钢铁公司当工人。2014年病逝。

横塘市一直到1941年大"清乡"时才有日本鬼子驻扎，他们就住在横塘市北市梢的太平庙里。庙门口有日本人站岗。这是座古庙，有两三百年历史，庙也很大。我家距太平庙不到一百米，有些小孩子要去那里玩，我不敢去。祖母说我父亲被日本鬼子枪杀后，我会经常在梦中惊哭，白天也不敢出门。

我在七八岁时读横塘市小学，因为家里穷，只读了五年半，没有毕业。1952年，十五岁就到常熟南门京门电影院隔壁的新泰香烟店学生意。1958年回家务农。

采访于2016年9月12日

[吴 市]

高华媛：宝公兄弟遭枪杀

高华媛，女，吴市沿江大薛家巷人。1930年5月24日（农历庚午年四月廿六）生，属马。务农。现住碧溪聚和佳苑。

1937年，我父亲薛祖祖四十多岁，做道士为生。娘陈氏，与父亲同年，他们都是属鸡的，以做家务与织布为主。阿哥薛卫青十八岁，阿姐薛宝珍十三岁，我是第三个，取名薛三华，当时八岁。我俚三个小孩都未念过书。当时弟弟薛均保还在娘肚皮里（1938年农历三月廿八生）。我二十岁嫁到高家后才改名为高华媛。

我宝娘（外婆）家在海城（江堤）外近海滩边的娄家宅基。那年农历十月十一朝辰头（早晨），天亮快哉，听见轰隆轰隆的炮声，宝公（外公）陈炳生就起来开门出去看，刚踏出大门，只见东洋兵的冲锋队已经冲到门口场上，一歇歇，我宝公就被冲锋队打死在江边秆稞里，当时宝公只有五十多岁。宝公弟弟，也就是我的小娘舅陈宝生，三十多岁，把八岁的女儿驮在背上想出去逃难。东洋兵又是大炮轰，又是飞机丑炸弹，小娘舅肚皮上中了块钢片，肚肠落到外面当场死掉，背上的女儿还算好，未曾受伤。阿侄媳妇翠南在逃难路上左手臂被东洋兵的铅子打了个对穿洞。

沿海滩的杨树坝村（在娄家宅基后边）及附近一个宅基，有三十多家人家被东洋兵烧成白地。奇怪的是，我家住的大薛家巷倒是一家都未烧，东洋兵一直向南冲了过去。东洋兵上岸后，从海城（江堤）上用机关枪朝南扫，中国兵死来一斜面（一片）。他们也遭到中国兵的抵抗，也有东洋兵和他们骑的大马被打死。我看见东洋兵穿的鞋子都是豁脚趾头。

当时我娘怀孕有五六个月了，跑不动，就在家里，哪都没去。当时家里有十廿包棉花，她就躲在棉花包后面，东洋兵一直往前冲，未曾进屋搜寻，因此逃过一劫。父亲和阿姐也未逃难，躲在家里照顾我娘。我宝娘住在海滩边，房子被东洋兵烧掉后，也躲在我家里。

出去逃难的三个人，阿哥、我，还有宝娘的女儿徐芬媛，小名芬芬，比我大十岁左右，我叫她阿姐。因为落雨，我穿着钉鞋逃难，跑到小市街上两只脚痛来呀，一看都是泡，脚底卡碎干尽，只好赤脚跑到陆家市婆婆（好公妹妹）家，只见婆婆家里人也都逃难出去了，我俚只管住了下来，夜饭都没吃。过了三天，我娘带了点米到陆家市找我俚，为我俚烧了点饭，家里既无碗也无筷，只能将饭放在广勺里用手抓来吃。在陆家市住了几天后，娘搭我俚一道回转，一路上都是死人，路都不好走，常常要从死人身上跨过。

我俚逃难到小市街上时，东洋兵的飞机拼命丑炸弹，住何家巷的薛启南当时还在吃奶，他娘抱了他逃难，结果他娘被炸死在小市街中段石桥头，小启南还趴在他娘身上吃奶，惨是惨来，好多人都看见格。

逃难回家后，东洋兵经常要来捉鸡、捉鸭，把搜出来的麦喂马，还要找大姑娘，我俚用灶墨拓黑仔面孔东躲西藏，来不及跑掉的就被拉去，年纪大的也要。有的被强奸后，还被东洋兵用舂麦榔柱活活钉死。

我直到现在还记得讲逃难苦的顺口溜："十月十一逃难，逃到横泾过嗨，吃碗豆腐汤当夜饭。"

采访于 2016 年 3 月 20 日下午、5 月 14 日上午

何彩莲：壕沟里面死人多

何彩莲，女，吴市费家坝牛车泾人。1932年2月23日（农历壬申年正月十八）生，属猴。文盲。曾任农村基层干部。现住碧溪新区聚兴苑五区。

我出生七十天，因我养身娘（姓徐，人称兴姐）养不起，就把我领给何家，领身爷叫何小蛮，领身娘叫朱琴姐，他们都是苦出身，在家里做了豆腐就拿到小市街上卖，还要做农活。他们养了两个儿子，把我领到何家原本是做童养媳，长大了要跟小儿子配对的。我十七岁时，何小蛮过世，当时有七十多岁。我十九岁时，常熟解放，由于准备与我配对的小儿子勿出息，家里搅干净，我就与他解除了婚约，未曾结婚。后来大儿子何兴入赘到陆家小桥王家，改名王启福。

日本人打到常熟来的那年我七岁，听见大炮"轰隆咚、轰隆咚"响个不停。当时阿哥何兴二十来岁，他驮了我就朝南跑。跑在路上，突然"轰隆咚"一声，炮弹在近处爆炸，阿哥和我都被震得扑倒在地上。大炮响过，爬起来再跑。当时一路上逃难的人都结了群，有的人身上还在流血。我俚直跑到徐市附近，因为宅基上有个乡邻嫁到这里，逃到此地的还有宅基上的其他人。这里比较偏僻，屋后有条大塘，塘上有三节桥连通外面，只要将三节桥抽掉一节，外头人就跑勿进。那个地方日本人没来过。在那里住了好几天。等落平哉，大人先回家看看，认为不要紧了，再带我俚一道回家。回家路上，阿哥搀着我跑，跑过小市街上石桥头，只见几个逃难人被日本人杀死在路边，我俚只能从死人身上跨过。

我俚老宅基费家坝未烧过房子，烧掉的是费家坝东边沈家泾人称"癫炳生"家的一座小屋。是在傍晚烧掉的，这是我亲眼所见。日本人起岸在夏家巷埭，就在长江边上，从东到西，死的人不得了，躲在壕沟里的人一齐死干净。当时各家人家都挖地洞，上面尽管盖着东西，日本人还是看得出的，枪朝地洞里扫，有的人家全家死干净。

逃难回家后，仍旧吓来。日本人白天到各个村上去抄，要捉鸡，要"大姑娘"。年轻女人就用"奥糟"（肮脏）布头兜在头上，用锅锈拓黑仔面孔装老太婆，拿我抱在手里，说是她的小孩。日本人也讲迷信，看见小孩子朝他笑，不要紧；要是哇啦哇啦地哭，就要被他杀。日本人夜里不敢出来格。我俚烧饭都利用黄昏头，放在地上烧，这样日本人就不大容易发现。

我十二三岁时去小市街上卖豆腐，日本人派人出来买小菜，常常拿了豆腐就跑，从来不付钞票。有个云姐不买账，同他争，结果秤都被拗断。

采访于 2016 年 5 月 14 日

孟东明：六千里路血和泪

孟东明，吴市马桥村人。1939年7月17日（农历己卯年六月初一）生，属兔。大学文化。长期从事新闻工作，2002年1月退休。现住北京市西城区黄寺大街。

我出生在1939年7月17日。从孩提时代有记忆开始，父母亲六千里路的逃难惨史就一直在我脑际萦绕，为点啥呢？因为我俚家每年有三个祭祀日：清明、七月半、农历十月十一。那时在我俚乡下低矮的小方桌旁还要添只凳子，凳子上放一双筷一只碗，倒点老白酒。母亲一边给碗里筛酒，一边喃喃自语："小林呀，娘的心好痛呀，娘的日子好苦呀！你要是在，娘就不会这么苦了！"当时我俚家上无片瓦，下无立锥之地，是赤贫户。父亲在昆山"鲍元大"钉铁麻皮店当店员，家中只有我、母亲、妹妹。母亲要给人家打长短工，有谁叫了就去。后来住在一家人家，房东不收房租，但母亲给房东种地也没有工钱，晚上还要织布，带两个小孩。生活非常劳苦，一次母亲哭得气绝倒地。我和妹妹哭喊着，邻居赶来掐人中、拍背才救活过来。邻近解放，父亲从昆山被人辞退回来，为了寻找生路，我家从巷前坝来到马桥镇上，租人家房子，这样可以做些小生意。马桥街上有两个青年，叫朱福康、吴洪元，他们与我亡兄（1931年生）同岁。母亲见到他们，总要触景生情，絮絮叨叨："要是小林活着也有这么大了，可以给我分担苦恼了！"

还有两次，村里搞忆苦思甜，让我母亲控诉日军暴行，所以父母遭受逃难的苦，使我记得特别清晰。

那是1937年农历十月十一，日本鬼子从长江白茆口、徐六泾口、浒浦塘口一线突破国军防线登陆。由于日军在上海遭受重创，存有严重报复心理。当时我家在与徐六泾平行的第二条巷埭——周家巷，离长江二百米（现电厂厂区），家有瓦房四间，屋后有大片竹园，独用水栈，宅基地一亩二分，农田四亩，全家由祖母孟夏氏当家，祖母虽然七十多岁了，但身体很好。父亲平日在昆山当店员，过节才回来。母亲种地织布，很能干，六岁的儿子小林，虎头虎脑，聪明伶俐。当日舰在长江游弋聚集时，马桥村附近几乎家家户户都挖了泥洞，以防不测。这天听到密集的枪炮声，父母就带着小林躲进泥洞。祖母坚持要在家里守护，不愿躲进泥洞。上午九点多，祖母被北边的枪声、哭喊声惊动，出来一看火光冲天，浓烟滚滚。她就向河边水栈跑，想躲进秆稞里，被日本兵发现后一枪毙命，血染河滩。此时小林说要撒尿，父母要他尿洞里，他不肯，他踏在母亲腿上，头刚探出洞口，就被鬼子一枪毙命，倒在母亲怀里，满身是血。母亲当即昏死在泥洞里，父亲身上也都是血。等洞外枪声远去，父亲爬出泥洞，看见祖母尸体横陈河滩，四间瓦房在火海之中，周围都是火海和哭喊声。在邻居帮助下，父亲与人一起把祖母遗体捞起来，抬放进泥洞，与小林一起掩埋，也没有棺材，就用泥土填在洞里，踏结，生怕填得不实会被野狗扒出来啃食。

我父亲名孟云生，1894年出身于一个大户人家，他是长房长孙，读过私塾。当时家在白茆塘边渡相庙西边（现渡口饭店位置），家里有三进瓦房。1931年，常熟历史上发生了最大的水灾、台风、暴雨，长江倒灌，再加白茆塘放水，三进房子全部冲光，这样才搬迁到周家巷来。我父亲有点文化与见识，他生怕鬼子卷土重来再行杀戮，所以在傍晚时分将瘫坐在地上的我母亲硬抱起来，踏上了逃难之路。

我母亲曹福囡，1904年生，出生于小吴市北边的鹅盘泾曹家，家境颇为殷实，上有两位兄长，下有一个弟弟，她是曹家唯一的女儿。小时候缠过小脚，后又放脚，所以她的脚像只大粽子，走路一摇三摆，十分困难，但是即使艰难也要逃命。日本兵晚上要休息，因此老百姓逃难要在晚间上路，为了躲开日本鬼子，只好走小路，最好的路是徐六泾岸边纤夫背纤的路。母亲告诉我，当时逃难路上到处是火光，哭喊声、狗叫声彻夜不息，父亲带着她一直往南走，首先过碧溪，到后半夜有点月光，临天亮到了周泾口，这时鬼子集结的大部队基本也抵达周泾口一带。为了避免和鬼子照面，天亮后我父母就找个地方躲避休息，等到了晚上，再从周泾口抵达东塘市。一路上，实在太痛苦了，母亲几次想投河自尽，父亲一再劝慰，对我娘说："我是孟家长房长孙，儿子死了，要是你再一死，我这一支就绝后了，要死我俚两个一起死。"这样，母亲才打消了寻死的念头。再经一个晚上又从东塘市走到东湖南横泾，路上也有一些逃难人，相互关照。然后又从横泾逃难到无锡甘露、荡口，再上沪宁线。那时逃难的老百姓有许许多多，大家沿着铁路线走，花了十天到南京下关，下关火车站就是难民所。难民所的地上铺着芦席，政府也发一些破棉絮毯。这时母亲生了两个大病，一是胃病发作，二是一哭就要昏厥，父亲到处给她找医寻药。难民所里天天有死人，要及时处置，否则生怕瘟疫。一次收尸队来了，见母亲昏死在地上，就当是死了，要用芦席卷起来拉走。刚巧我父亲赶回来，从收尸队手中抢了回来。又过了几天，南京形势紧张了，国民政府已迁都武汉。鬼子就要打到南京了，难民如惊弓之鸟，长江里的轮船又挤不上。父母设法摆渡到浦口，沿津浦线走走停停，有货车就爬上去乘一段火车，又过十来天才到达徐州，再沿陇海线到郑州，再从郑州花半个月到汉口。日本鬼子的飞机经常来炸汉口，再加南京、浙江、上海、安徽等地难民都跟着政府走，从四面八方涌到汉口。好在难民所里有人赈灾，使难民勉强度日。

过了半年左右，知道常熟已经成立伪政权了，鬼子杀人放火也少了，大家就思念着回乡。这时逃难到汉口的几个上海老板建议包船回沪，在我父母恳求下终于挤上这只船。本来这艘难民船三天可到达上海，但一路上开开停停，走了十来天。到吴淞口时，鬼子又不让进黄浦江，难民船只能掉头驶往宁波。到宁波上岸后，人地生疏，父母亲只能一路讨饭，走走停停到了上海。当时母亲有四个侄子在上海谋生，大哥金坤、二哥银坤、三哥铜坤、四哥锡坤，其中两个在董家渡，东寻西找，找到了金坤和锡坤，他们一个打铁，另一个在码头上打工，还有银坤在木工作坊里车木葫芦，铜坤是做裁缝的。他们已经知道姑妈家的遭遇，现在见到姑父、姑妈来了，四个侄子就设法凑钱接济，这样父母才坐上小火轮回到常熟。这时已经到了1938年8月，等赶回马桥时，又一场惨祸来了。我祖母原来生了个女儿孟招弟，后招赘成家。招弟比我父亲大八岁。他们就住在马桥竹丝弄，当时瘟疫遍地，我的姑妈、姑夫也瘟疫染身。看到我父母回去，奄奄一息的夫妻俩对我父母说："地帮我卖掉还债，后事请你们处理。"三天后，他们两个就死了。我父亲忙着帮他们卖地，然后买了两口薄皮棺材。姑妈家有两个儿子，大的孟增元在昆山巴城做糕点生意，小的孟金福在昆山熙春书场做堂倌。两人找回来时，棺材盖已经钉上了。为了见最后一面，又打开棺材盖。办完姑妈夫妻两人后事，父亲又将我家的四亩地请人作证，因为地契已经随着房子烧掉了，将四亩地卖了，买了两口棺材将祖母和我哥哥的遗骨装进棺材，送到距马桥东南四里地的俞家滩，我俚孟家在这里有半亩家族坟地，当时已有十几个坟头。房子被日本鬼子烧了，地也卖了，祖母和哥哥都被日本鬼子枪杀了，父母身心遭受极大创痛，我家从此一贫如洗。

我出生在1939年7月17日，妹妹孟秀英出生于1943年。因为贫穷，父母根本无钱送我上学，直到新中国成立后，我已经十多岁了，才有了读书的机会。

采访于2016年4月29日上午

王永元：身刺七刀祖父死

王永元，吴市汤家桥村人。1957年10月15日（农历丁酉年闰八月廿二）生，属鸡。长期担任乡镇领导工作。现住浒浦桐坝新村。

我家祖祖辈辈住在吴市高浦口汤家桥村，距长江边有两三里路。1937年时，家中有好公徐小弟、好婆王氏、父亲王耀良和伯伯王耀金，还有一个姑妈，名字记不得了。好公是入赘女婿，我母亲和伯娘都是童养媳，住在我家。我父亲1922年生，伯伯大我父亲两岁。

1937年11月13日上午，有三四个日本兵从高浦口登陆后闯到我家，当时我好公正在烧点心（当地人称烧中饭叫烧点心）。好婆家有两进草房，好婆和我父亲、伯伯、姑妈和两个尚未成婚的媳妇都躲在后面一进的包厢内。为了防止日本兵侮辱，我娘和姑妈、伯娘都在脸上涂了锅底灰。我好公见日本兵走近，为了保护在包厢内的家人，就赶紧从灶前走到门外，日本兵对我好公叽里咕噜地讲着日语，好公一句也听不懂，就有日本兵叫道："死啦死啦的！"包厢里的人只听到一声惨叫，以后就没了声音。日本兵杀死我好公后又放火烧房子，前面一进给烧掉了，后面一进烧了一半熄灭了，我好婆等出去一看，只见好公躺在大门屋檐下的洋泥沟里，地上、身上都是血，再一看好公肚皮上、胸口上被戳了七刀，当年我好公还只有三十七岁。

采访于 2015 年 12 月 9 日下午

[徐 市]

包咲姐：东躲西藏避日寇

包咲姐，女，徐市包家巷人。1911年6月20日（农历辛亥年五月廿四）生，属猪。文盲。务农。现住董浜镇徐市北港村六组。

我二十四岁成亲，嫁到离家三里路的严家宅基，丈夫严恒兴，与我同年，他于1969年病故。公公严祥官，婆婆早逝。家中以农为业，兼收羊皮。严家宅基共有七户人家，都姓严，严恒官、严庄是我的两个伯子。1936年正月廿五，生第一个女儿严文英。第二年的农历九月廿四生第二个女儿。隔了半个月，东洋人就在农历十月十一从东张登陆了，他们沿着江家宅基、杨家泾、朱家巷、王家湾、严家宅基一路烧杀，老百姓吓得四处逃难。当时芦头、秆稞随处可见，一到冬天都干枯了，东洋人就将芦头割下来，将它靠在墙上点火烧房。我家隔壁严阿二的三间半草房就是这样被烧掉的。好在我家的房子是砖墙，火又不大才未烧着。为避免人多容易被东洋人发现，七户人家各逃各的。东洋人登陆前，从支塘到北新闸就已筑有汽车路，桥都造好了，只是汽车还未通，严家宅基在公路西边一里多路。严家宅基在徐市的东北角，距徐市三公里。

  东洋人来后，我不敢在家里住了，只好弄花了面孔东躲西藏、居无定所，有时在河边芦头园里，有时在秆稞坟里，有时在竹园里，成天担惊受怕。一听东洋人来了，就赶紧逃。我俚躲藏在河边芦头里，看东洋人穿着高统皮靴"咯、咯、咯"跑过，心里吓得不得了。东洋人从东边过来，我俚就向西边逃，东洋人从西边来，我俚就向东边逃。白天在外边逃难，晚上回到村里，但又不敢住家里。有棵要十个人环抱的大朴树，我和丈夫带着两个小人在树底下或附近田里休息，我公公就爬到树上张望，看到东洋人来就叫我俚赶紧逃难。严家宅基旁边有条河，叫北港塘，对岸就是东张江家宅基，我俚当时就在徐市、东张两地逃难。我的隔房婶子朱雪姐当时成亲要招待亲友，不敢在家里办酒水，只好办在田里，马桶、脚桶、子孙桶都放在田里，厨师也在田里烧菜。吃中饭时，我公公赶过来说："你们还有心思吃饭？出来看看，东洋人已经烧到江家宅基了！"一听，大家心急慌乱，赶紧逃难，酒水都没吃。

  一天，我俚逃到离家二里多路的东张陈吉观音堂大竹园里，同在大竹园里避难的是东张江家宅基的江永根夫妻二人。当时，江永根出生不久的女儿刚死，因此，江永根老婆还在痛苦之中，终日哭哭啼啼。我知道后非常同情，就对他们说："我的大女儿还不会跑，小女儿刚刚五十天，你们要的话，我就把小女儿送给你们。"他们答应了，小女儿送给江家后，起名江瑞英。如果东洋人不来，江家女儿也不会死，我的小女儿也不会送人。江家女儿得的是小毛病，因为逃难成日成夜睡在田里，又是露水又是雨，结果小病拖成重病，又请不到郎中就过早夭折。而我刚生小孩不久，身体虚弱，整天不停跑，一双脚就是那时跑伤的。逃难逃了半个多月才回到家里。

我记得的几件事：杨家泾有个姓陆的男人，当时三十六岁，东洋人要拉夫，他不肯，东洋人就将他塞在麻袋里拖着跑，一边拖，一边用尖刀戳，一路惨叫，鲜血从麻袋里流出来，拖到白茆塘边，东洋人就将麻袋扔在白茆塘里，尸骨都没捞到，都说冲到长江里去了。

与严家宅基相邻的宅基叫朱家巷，朱家巷有王四娘舅和一个青年人，被东洋人拉夫后，一去未回。当时王四娘舅有五十多岁，那个青年人只有二三十岁。

东洋人一路烧杀，连小孩也不放过。我就看到严家小桥有个五六岁的小孩被东洋人刺杀在路边，也不知是谁家的小孩。东洋人看到老百姓逃难时走失的两三岁、三四岁的小孩，就将他装在棉花袋里，然后挂在屋檐下的扎钩上打转转取乐，小孩子吓得哇哇直哭，日本人在边上哈哈大笑。

采访于 2005 年 1 月 10 日下午

王关林：冤魂血染蒋湾村

王关林，徐市蒋湾村人。1920年10月2日（农历庚申年八月廿一）生，属猴。务农。现住董浜镇徐市里睦村五组。

1937年抗战爆发时，我十八岁，当时家中有祖父母、父母亲、哥哥、妹妹、弟弟和我，共八个人。听到日军从东张北新闸起岸，中国军队已经向支塘、张家巷方向撤退的消息，老百姓就开始逃难。当天上午，我和邻居姚二先行逃难到何市南渡桥，母亲（四十二岁，属猴）和我哥哥王兴（二十二岁，属龙）、妹妹王爱妹（十四岁）、弟弟王小弟（当时才三四岁），他们四个是下午离家的，也是逃难到何市南渡桥。祖父王根松、祖母（六七十岁）和我父亲王生（1891年生）三个人留在家中看家。

过了十来天，邻居姚桂英的父亲姚生到何市告诉我俚，说我祖父、父亲被日本兵枪杀在秆稞中，听到这个消息后，我就随姚生一起回家，发现他们两人被打死在离家不远的两处秆稞丛中。当时局势还不稳定，我就掘个土坑先将他们草草安葬，当地人称为"白肉葬"。直到五六个月后，地方上比较安定了，我俚也都回到家里了，才请木匠许桂生做了两口棺材，将祖父和父亲重新安葬。由于当时天气还比较寒冷，尸体并未腐烂。

我俚家中除被日本兵杀死两个人外，还有五间瓦屋、三间草屋也被日本兵烧为灰烬。

我俚蒋湾村附近有个邱家巷（现里睦村六组）宅基，当时邱家巷驻有日军三四人，这几个人是经常轮换的，主要负责日军之间的联络。这个宅基上的冯福根、顾大三、蒋根全就是被这些日本兵刺杀在路边粪坑中的。此外，四组的蒋齐云也被日本兵打死了。

我俚逃难为啥逃到南渡桥呢？一是南渡桥离公路还有一段路，当时日军并未到达；二是南渡桥那个地方种水稻，我俚这里只种棉花。所以，我俚这里的老百姓都往南渡桥逃难，在那里，几个铜板可买一碗米。当地老百姓知道我俚是逃难来的，买米时也不计较我俚给多少钱，给多少算多少，对我俚蛮同情的。

采访于 2005 年 7 月 26 日上午

马文华：徐市家园遭蹂躏

马文华，女，徐市东街人。1920年11月25日（农历庚申年十月十六）生，属猴。常熟市卫生学校离休干部。现住虞山镇枫泾一区。

1937年农历十月十一日凌晨，日军在长江口岸登陆，大炮轰，飞机炸，房屋震得摇摇晃晃，我俚从梦中惊醒，赶紧起身。在此之前，我兄嫂和四个子女先期逃到冶塘避难，留下我和母亲看家（父亲在我六岁时逝世）。农历十月初十，兄嫂全家刚从冶塘回来，岂料第二天日军就登陆了。一商量，认为先逃难再说，刚好我家开的木行河边有一只从吴县湘城摇来买货的木船，我俚就乘这只船走了，当时才清早四五点钟。船摇到董浜东南角一条河浜里，哥哥说要回家取钱，一家八人逃难在外，没有钱怎么行呢？而我身边只有三块银圆。我俚就在船上等他，一直等到下午三点，才在万分焦急之中把他等来。一见面，哥哥就说："不得了，不得了，镇上已经进不去了，钱也没拿到。"镇上都是往外逃难的人群，街上火光冲天。听逃难的人说，皇恒太花行店面炸掉了，东街上邵厅和北弄里邵健夫家都被烧毁了。哥哥回来时，还带来了皇恒太花行的职员吕焕章。

根据哥哥意见，原想到冶塘避难，船近常熟城外，只见虞城上空浓烟蔽日，就不无忧虑地说，恐怕冶塘也不太平。船就避过虞城，一直往南，途经甘露、荡口、梅村等地，三天后到达高淳。当地有条东坝，属苏皖交界处，到了这里船就无法前行了，船家也急于回去，我俚只好登岸从陆路走。逃到何处去？实际也茫无目的。不时听到逃难的人群说后面有日军追来了，还有三十里、二十里，我俚就赶紧往前跑，害怕落入敌人手中。在东坝有许多被逃难人抛弃的船，吕焕章认出其中一条就是皇恒太花行的船，花行老板全家比我俚早几天出来避难，没想到走的是同一条路。逃难途中，我俚还与邵健夫全家不期而遇，先是结伴而行，几天后又各奔东西。一路上走走停停，有时一天要走六十里路，一直走到汉口，因为身边没有钱，只好到难民收容所。在难民营中，由于食品紧缺，吃不到东西，有的人只好抢东西吃。我的小侄子于1938年农历大年初二在汉口出生，身边一无所有，我就把棉袄脱下来作蜡烛包用。

我俚全家在1938年农历二月才辗转回到徐市，只见灶间、桥棚被日机炸掉了，我家在河（里睦塘）对面的竹园被炸成一个大炕，有两张八仙桌范围大。家中好一点的家具都被劫掠一空。当时，我家已属没落地主，但房子较大，徐市镇沦陷后我家住房一度被维持会占用，才未被烧毁，也算不幸中的大幸。听周围百姓说，房子被维持会占用后，某日，日军闯到房内，看见有三位青年女子（我嫂子和曾韵芳、陈桂英）的合影，年轻貌美，就非要维持会把她们交出来。维持会的人解释说人都逃难去了，日军不信，经再三求饶，才得幸免，否则房子都烧光了。

全镇被烧毁房屋几百间，西街、市镇西南角、香弄、校前街等处被烧毁房屋最多，有的地方直到解放还是废墟，未再造起房屋，一些人只能租房居住。智林寺被炸毁,高等小学被烧毁。徐市沈巷沈伟成等躲在甘稞里,日军经过时,沈伟成带的狗叫起来,日军听到后,立即返回把沈伟成等全部杀死。周启生、钱选青也当场遇难。

　　到徐市的日军是从吴市方面过来的,一路烧杀淫掠,当时凡未及躲避的妇女,无论年纪大小,大多遭到劫难,或强奸,或杀害,有一位姓吴的青年妇女因奋力抗拒,被枪杀在南码头。妇女"妙姐"被八个日军强奸。王娥姐被两个日军强奸。马忠岐妻子是童养媳,遭日军强奸后,长期被丈夫歧视,直至去世。朱家娘娘、倪淑太都惨遭强奸,当时她们都已四五十岁了。事后,她们告诉我,说这些日本人禽兽不如,我俚年纪这么大了,他们还不放过。以后一段日子里,妇女都不敢出门,即使出门,有的剪短了头发,女扮男装;有的故意在脸上涂抹锅灰,又脏又黑;有的还在家里砌夹墙,情况紧急时作藏身之用。

采访于 2002 年 1 月 25 日下午

归之春：劫难处处凄凉景

归之春，徐市镇人。1923年11月7日（农历癸亥年九月廿九）生，属猪。大专文化。长期从事文化教育工作，1984年9月退休。现住虞山镇颜港七区。

我出生在徐市镇大石桥东堍，当时我父亲在这里开爿"归义兴"裁缝店，我家老宅基则是在徐市镇西面一里路的杨家桥。1937年时，家里有好婆（祖母）已七八十岁，父亲归凤山四十多岁，娘黄三妹四十岁左右。娘做做家务，还要种好家里一亩四分地（土改时弃权不种）。父母生育三个子女，我最大，大妹归月莲小我四岁，二妹归蕴芬小我七岁。她们都健在。还有个堂弟叫钱增华（我叔父原姓归，过继给钱家后改姓钱），已故。叔父家与祖母四人住在乡下钱家宅基，我俚一家五人住在徐市镇上（大石桥东堍）。我俚与叔父家，连祖母在内，全家共有九个人。

1937年，我在徐市小学毕业，考取太仓师范附中，那年八月，日本人在太仓丢炸弹，太仓师范吃着两颗炸弹。9月1日开学时，父母亲不放我去，就此失学。到农历十月里，日本人在浒浦野猫口登陆。在登陆前一两天，日本人的尖翼意国（意大利生产）飞机在徐市乱炸弹，机身上涂有太阳旗的徽记。董浜、支塘也在同一天遭到轰炸，老百姓看到日机轰炸说："这时在炸支塘。""这时在炸董浜。"也只能是按照方向远近做出判断。轰炸那天早晨，娘背了个很大的衣裳包，和我一道跑出镇上西巷门，过智林寺石桥往沈家市黄家宅基宝娘（外婆）家去避难。在智林寺桥的南面有一条中国兵掘的壕沟，走到这里时，我看见日本飞机从南面飞来，我赶紧跳过壕沟，伏在地上，飞机俯冲下来，我回头看到两颗炸弹"嘭嘭"两响，乱在智林寺旁边的智林小学高级部位置，砖石木料飞到半空，烟尘满天。智林小学搞过为抗日备战的保甲训练，也驻过兵。有人说，一定有汉奸在给日本兵通风报信。在那一时期，全镇百姓都接受过抗战宣传和防空知识教育：教我俚看见日本飞机从南面来，人要往南面跑，如果往北面跑，就有被炸死的危险。我娘走得慢，乱炸弹时，她离学校还有段距离，有可能躲在壕沟里，因此未受伤。为了把裁缝店里的东西转移到宝娘家，我俚跑了几个来回。逃难时，好婆与叔父家不愿离开老宅基，就留在杨家桥钱家宅基家里。我娘、老子就带着我俚三个小孩子到沈家市宝娘家避难。到十月十三，是大逃难，我还站在外婆家竹园边，只见一路上牵男带女拥挤过来的人向南跑去。有认识我俚的人向我俚喊着："还勿跑呢？""还勿跑呢？""日本兵登陆哉！快点跑！快点跑！"看着听着就紧张起来。一到傍晚，北面满天火光，四面八方人声鼎沸，狗也狂叫不停，全家聚在一起着急，父亲说，只有乘船逃难吧！外婆不舍得家里，不愿走就留下来看家。船上除我家与舅父母七个人外，还有两个徐市镇上的乡邻，他们啥都没来得及带，跟我俚一起上船，船是租的农船，有个农民负责摇船。当夜，船摇过鲇鱼口,到沪宜公路南面,又一直摇到东湖南横泾附近,这里有交关(许多)转水墩,我俚与舅父母分别,一家五人与两个邻居,就在这里住下来,舅父母与摇船人就离开了。他们到哪里,我不知道。我俚住在当地农民搭的草棚里。过了几天,眼看载着日本兵的汽艇不时在我俚附近河浜里冲过。估计常熟城已经沦陷了。天渐渐冷了,草棚只挡雨,不挡风,吃又呒啥吃,米是向当地农民家买的,柴草是农民送的,还向他们借了一只铁锅,我父母用泥土叠成土灶烧饭,拿点盐蘸蘸当小菜。全家人愁眉苦脸,住了约十几天,母亲想家,不知家中人怎样了。大家议论,个个想家。想跑,又没船。一天,看见一只空船摇过,我俚就喊住他。只见摇船人衣袖上戴个白布套,他告诉我俚,船不是他的,是日本人踏船,拉他去摇船,给日本人运东西,运完了才放他回家。那个布套套是日本人发给他的通行标志。我俚问他,能不能送我俚回到沈家市去。他说可以呀。我俚这些难民就一起乘了他的船回转。摇了一段,天下着小雨,只见一个穿黄呢大衣的日本兵把枪一指,叫我俚靠岸,他手里有枪举着,我俚不敢跑,只能上岸,站在泥泞的河岸上。他把我俚一个一个挨着搜身,我娘藏在身上的六块银圆和手上戴的翡翠戒指都被他搜了去,他不要纸币,邻居家仅两个银圆也搜了去,还在我裤裆里摸了一把,看有没有东西藏在裤裆里。那个日本兵头戴黄呢军帽,身穿黄呢大衣,脚上穿一双像马蹄形的皮靴,大脚趾和其他脚趾是分开的。说话一点都听不懂。日本兵去后,看看时近傍晚,我俚只能到附近一家农民人家去借住一夜,那家有个老农民住着,看我俚走进去,蛮客气地说:"你们住下来吧,米在米箪里有了嗨,只管烧来吃吧。"他告诉我俚,主人逃难出去了,是叫他看门的。这个农民家也是四面环水,水田和河岸也分不清。没有船就无法行走。因为连续下雨,我俚就在这里住下来，摇船人也和我俚一起吃住下来。过了几天，看看天好了，叫摇船的再送我俚回沈家市去。逃难在外，能遇到这两个好心人，我俚千恩万谢，实在感激。

在回去的路上，我在船舱里望到河面上，只见浮在河里的死人随时在船舷边擦过，还有的死在河滩边，有的死在岸上，旁边不远处还有被打死的军马，估计是中国兵撤退时，因为是边打边退被打死的，实在惨不忍睹。

回到徐市镇上，看到塘南街一处墙坍壁倒，一个弹坑约有一两米深，一间房子的围圆大小。我家逃难前，娘把洋机（缝纫机）头寄在镇上北弄里画家顾瑞亲眷家，不料那里的房子是沿公路的独宅基，日本人沿路烧房子，把顾家的房子烧掉了，缝纫机的机头埋在瓦屑中，也烧坏了，从此无法使用。

日本人打过来时，从福山到白茆口都有国民党军队驻守，守卫江防，先是来过一批广西军队，装备、武器都很好，服装整齐。但时间不长就调防了，接上来的部队的装备、武器就差多了，穿的灰布军装旧来勿像样，听说是四十七军。国民党军队在徐市和日本人打过一仗，地点在徐市镇西巷门外石马坟，国民党军队就地挖了许多单人步兵坑，不是壕沟，挖好后人就伏在里面，和里睦（原名李墓）塘河对岸从北面方向过来的日本人开火，这一仗牺牲了不少中国兵，还有一只军马被打死在农民竹园里。事后，老百姓把这些战死的中国兵就地埋葬。有的埋得浅，夜里被狗拖出来啃食。老百姓出去逃难了，没人给狗喂食，因此几十只狗围着死人你抢我夺，狗吠声不断，闹得夜夜勿太平。我俚从杨家桥上街走过石马坟，能看到中国兵开火前挖的单人掩体步兵坑，带血的死人骨头被狗衔来东一根、西一根，血迹斑斑，凄惨得无法形容。

在常熟沦陷期间，我写过一个小本子，叫《夜雨秋灯录》。翻开封面，我画了张图画，一个中国伤兵单膝跪地，一手拿枪，一手持着百孔千疮的民国时期的国旗。内容是记录全家逃难的经过情况和当时的所见所闻。这本小本子因为画的国旗上有十二角星，在"文化大革命"中被毁掉了。

逃难回来后，我俚回到徐市乡下杨家桥钱家宅基居住，在钱家宅基前面是朱家宅基，后面是周家宅基。虽然日本人的大部队过去了，但还有零星的日本兵留下来做坏事。有一天，我带了两个妹妹和堂弟在杨家桥田里挑荠菜，看到一个日本兵拿了枪过桥，有个四十多岁周家宅基姓王的农民正在田里削麦，那个日本兵平白无故朝他"乓"一枪，那个农民就跌倒在麦田里。又见日本兵走了一段，看到前面有一个三十多岁的妇女拎了只饭篮往陆家市方向跑，就把她拉到附近的朱家宅基人家里强奸。过后，据朱家宅基的农民说：那个日本兵强奸过了就在那家农民人家灶头上洗生殖器，用面盆架子上的一条新毛巾揩揩，然后离开。等日本兵走后，那个妇女才敢走。因为那妇女不是附近宅基人，后来怎样了就不知道了。那天下午，等日本兵离开了，老百姓才敢拿了门板把倒在麦田里的农民抬回家去，只见肚肠都流在外面，农村里没有医生，当夜，那个农民就死了。这是我亲眼看见的两件事。

杨家桥河滩边有个树坑，是潮水大时反复冲刷后淘空的，冬天是枯水期，那个树坑里面就是干的，河岸上面都是树和竹园，听到日本兵下乡时，宅基上的中青年妇女都用灶墨拓花了面孔躲进树坑里，日本兵在大路上经过也看不见。日本兵部队过徐市镇上，要吃饭、要伕子，都由镇上维持会出面接待、安排，维持会设在徐市镇上东大街的马家，老百姓称为"东马"（因为在大石桥以西的西横头也有马家，称"西马"）。

"东马"是家大户人家，有大厅大堂，房子大。日本兵在镇上经过，有时也会向街边上的小孩子撒一把方糖，以此欺骗小朋友，笼络人心。父亲关照我俚"不要去拾来吃，是有毒的"。我至今记得当年在徐市流行的《国难·儿歌》："麦粞饭，炒韭菜，十月十一大逃难。日本鬼子来仔嗨嗨外，老百姓死了交交关。"（嗨嗨外和交交关都是常熟方言，是许许多多的意思）

1941年7月，日本人搞大"清乡"，沿江用竹头扎篱笆，有两只汽艇载着日本兵开到徐市，还来了些黄壳子"和平军"，部队驻在徐市小学内，发生的事情十分凄惨，不少抗日同志被抓被关，被杀，如从事抗日工作的丁树范是被坏人告密后，一天晚上在家中被抓去的，蒋洪兴、姚熙等是外地工作时被抓到常熟城内的，第二年都牺牲于苏州；从事抗日妇女工作的马文华，还有怡园茶馆店老板的女儿都被抓被关，听说马文华还被灌过水，被关在常熟城里。后来她家中花了钞票，托两面派镇长程星午出面保释才被救出来。介绍我参加抗日小学教育的好友诸开琛也是在"清乡"期间牺牲的，牺牲的同志都成了烈士。在整个抗战期间牺牲的徐市人有四十多人，被杀害的老百姓就更多了。

2015年是抗战胜利七十周年，想起当年日机轰炸，常熟老百姓逃难的经历，我写了首词，叫《满江红·忆1937年日寇野猫口登陆逃难》：

满江红
——忆1937年日寇野猫口登陆逃难

惊悚沿江，炮火激，窗棂震裂。皆警觉，江防虽设，怎能御敌？北望狼烟霄汉黑，嗔瞧尖翼（日机）临空袭。国难临，日寇野心侵，愤难泄！

城将陷，惶惶极，家欲毁，肝肠裂。搭农船夜逸，一路悲切！行急，行急，米难籴，荒村日久饥寒逼。鸟归巢，到处尸漂逐，凄凉绝！

采访于 2017 年 3 月 21 日上午

钱康元：昼伏夜藏避凶祸

钱康元，徐市镇黄石村钱家宅基人。1923 年 11 月 12 日（农历癸亥年十月初五）生，属猪。机关公务员，1983 年 12 月离休。现住虞山镇西言子巷。

钱家宅基在徐市市镇东梢三官堂后面，1937 年农历十月十一黎明前，先听到日军轰隆轰隆的打炮声，早起望到北面，只见吴市、东张方向先是有烟，不久就浓烟滚滚。当天下午，村上派出去帮国民党军队挖战壕的人赶回来，说不得了，日本人来了，赶紧逃难吧。顿时，家家户户都忙着打包裹，准备逃难。我俚全家有六个人，祖母、父母亲及四个子女，我是长兄。宅基上有两条船，全宅基人就都待在这两条船上，共有几十个人，岸上有一片大竹园，派几个年轻人在竹园里观察动静，其余几十个人当夜在船上一夜未睡，担心日军突然袭来。天亮后，传来消息，说日军已经过徐市，往董浜、苏家尖一线去了，街上死了好多人，米行老板于福先被炸成几段。当天全宅基人用麦草在竹园里打地铺，就地而卧。不敢回家。这样胆战心惊地过了三天，才逐渐有人搬回家去住。因我俚宅基两面环水，进出的陆路又都是小路，比较弯，所以基本未受损失，我家在蒋家湾的两户亲戚有十几个人还逃到我家避难。

日军在徐市渡船桥、蒋家湾与公路（东张北新闸至支塘，尚未通车，只是路基）之间，与国民党军队打了一仗，从上午九点多一直打到下午三点许，打得相当激烈。日军被打退了几里路，败退到徐市南渡桥一带，等日军援军到后才重新反扑，一直打到支塘。国民党军队有一二百人在利泰纱厂抵抗，最后被日军四面包围，全部战死。蒋家湾一仗死了许多人，有中国军人，也有当地百姓，事后在当地一个露天粪坑内就发现有七具尸体。

徐市境内从辛泾角、艾家角后面沿公路直到支塘一线的好多宅基都被日军付之一炬，烧毁了几百户人家，几千间房屋，灾难惨重。不但如此，而且沿公路两侧见人就杀，见女人就奸，极为残忍。日军登陆后的几个月里，年轻妇女轻易不敢露面，我俚那里秆稞坟既多又大，便于隐藏，一有风吹草动，她们就往秆稞坟内躲藏起来，成天胆战心惊。

采访于2002年1月26日上午

姚桂英：家破人亡话逃难

姚桂英，女，徐市新增村人。1928年11月14日（农历戊辰年十月初三）生，属龙。1985年徐市镇工贸办退休。现住董浜镇徐市北岸。

1937年，我九岁，当时家中五个人：父亲姚金生，母亲顾二宝，二哥姚二（在世的话九十岁），三哥姚元（八十一岁，董浜供销社退休）。祖父母在日军来之前已经过世了。大哥姚祖林，已婚，入赘在王家（在世的话应九十三岁）。家中务农，也在村里开过小茶馆。

1937年农历十月十一（公历11月13日），先是飞机炸，大炮轰，茶馆已经没有生意，老百姓都开始逃难去了。当天下午看到中国军队开始从长江边撤退，一夜跑天亮。由于我俚家离公路很近，感到自家村子里已不能住了，就跑到后面顾家宅基去避难。顾家宅基离我家新增村隔一丘田一条小河。为防止日军过河，我俚过河后就将桥面板拔掉。当夜我俚躲在一个玉米秸堆成的柴萝里过了一夜。当天一早，我父亲和三哥到北新闸喝酒去了，也不知是生是死。

农历十月十二早上，我与母亲和邻居家婶婶三个人一起逃难，两个哥哥另外逃生。我俚三人看到一个大的秆稞庄，里面躲着王尚达（又叫王敏松）、王生父子两人，我俚也想躲进去，但他们不让，怕人多了容易出事。我俚就跑远一段，躲在另外一处隔条河的秆稞庄里边的一个干河泥塘里。上午十时左右，看到日军开始烧房子，只见火光冲天，浓烟滚滚，村子里猪、狗、鸡叫，大哭小喊，炮声、枪声混成一片。不久，我俚躲藏的秆稞庄附近的两处房子也烧了起来。我俚伏在河泥塘里一动也不敢动，直到晚上七时左右，各种声音已经沉寂，我俚三人才慢慢从干河泥塘里爬出来。走了不多路，看到秆稞庄内一个死人，叫蒋齐云。又过了一段，看到一个开茶馆的钱姓老太仰天而死，颈脖里都是血。再过去，王尚达、王生也被打死在秆稞庄里。又过了几丘田，才找到一家人家，家里有个老太，我俚一天没吃东西，就在老太家里温了点水吃，由于不敢点灯，油盏点亮后放在灶膛内，稍微有一丝亮光。喝过水后，我俚又回到河泥塘内等天亮。

次日晨，大雾弥漫，我母亲一个人回到老宅基，一看全家十四间草房（其中七间是茶馆）都烧成灰烬，不禁失声痛哭。这时，刚巧我父亲和三哥回到村里，听见哭声就寻着母亲，总算又聚在一起。父亲告诉我俚，日军上岸时，他们正在北新闸，就找个地方躲了起来，到农历十月十二半夜，才与我三哥一路潜行回家，不敢走公路，只能走小路，见河渡河，我父亲水性好，一共渡了十三条河，过河时都由他驮着我三哥。

当时新增村一百二十四户人家，烧剩六家半。这半家是王姓，家中家具都烧光了，剩半间瓦房的屋壳子，所以叫半家。父亲和三哥回来后，我俚五个人就一起逃到何家市南渡桥归家宅基，身上一无所有，三天未吃一顿饭、喝一滴水。听说当地有只装运军粮的米船，因日军来了，来不及起运，逃难的百姓发现后都到船上去抢米，我俚也去抱了一袋。当时我娘舅家在徐市张家桥，我俚就到娘舅家里，依靠他接济我俚。

我大哥入赘在王家，阿嫂怀孕在身，惨遭日军强奸，阿嫂呼救时，大哥去救，结果被日军拉夫拉走了，从此杳无音信。二哥单独逃难，过了五六天后，在何市南渡桥归家宅基与我俚相遇。

当时公路边有个邱家巷（原属徐市新增村，现属董浜里睦村），有一幢大的瓦房，有十七八间房子。房主邱斌，是个富裕中农。邱斌的儿子邱和尚新婚不久，日军来时，他们外出逃难，结果邱和尚被日军枪子击中后背，伤重而死。由于这幢房子就在公路的转弯处，十分显眼，无论是从支塘方向逃过来的，还是从长江边逃过来的，经过这里，日军见人就枪杀，所以死人就成了堆。在家的老人被拉到邱家巷用绳扎住，戳杀在粪坑里，再用石头压住。日军过后，从里面捞起来十三具尸体，都是被枪杀的当地百姓，记得名字的有蒋根全、杜金男、杜生、顾大三、冯福根，还有几个老太。

日军登陆后，沿公路冲到我俚宅基附近时，遭到中国军队的顽强抵抗，日军退到洋木桥时子弹没有了。这时日军飞机来了，丢下好多黄铁皮箱子，里面都是子弹，日军才又凶狠起来。日军还在我家附近田里挖了十三只长方形土坑，用来烧饭，并捉了老百姓的鸡做烧烤。从徐市九大队洋木桥到徐市七大队新桥（新增村），有一二里路，路边、河里、秆稞里死人成堆，大多是穿黄军衣的，有中国兵、日本兵，还有老百姓。

记得当时还有这样几件事：

在公路边有座新房子，房主姓顾，家里逃难时留下一个老头子看门。日军来后就去住，抓住老头子帮助烧鸡，供他们喝酒，鸡和酒都是从老百姓家中抢来的。日本兵喝过酒要走了，还拔出军刀将老头子一刀砍死，接着又一把火把房子烧了。事后，人已烧得不成人形，只有砍下来的头颅还在水缸里。

白茆塘边徐市蒋家湾有个叫瞿长长的孕妇，就要生小孩了，行动不便，就躲在灶前的柴堆中，因为腹痛难忍，人在柴堆里颤动，被日本兵发现了，把人拉出来，用农家织布用的经布桩，从阴门直刺进去，顿时血流满地，母子两人同时丧命。

在徐市张家巷（原徐市九大队十一队）有几个妇女来不及逃难，被日本兵抓住后，胁迫她们脱得一丝不挂在地上爬，谁要爬得慢了就用军刀在屁股上打。

日本军队的血腥罪行数不胜数，虽然六十八年过去了，但这些罪恶行径一直留在我脑海里，始终没有忘记，永远不会忘记。

采访于2005年7月27日上午

王康元：断臂留下终身恨

王康元，徐市归市人。1930年3月19日（农历庚午年二月二十）生，属马。徐市水利站退休。现住董浜镇徐市环镇东路。

1937年，我虚岁八岁。当时家中五个人，父亲王四（1905年生，属蛇），母亲张菊咲（1902年生，属虎），姐姐王彩英，大我五岁，我一个，还有一个是我老婆，是童养媳，她叫王巧英。家中世代务农，母亲原在昆山帮佣，上海淞沪抗战爆发后，因局势不稳，回到徐市老家。

农历十月十一（11月13日）晨，长江里的日军兵舰"轰隆轰隆"向岸上开炮，接着就在徐六泾口、野猫口一带登陆。当天傍晚眼乌黑黑的时候，向东张方向望去，只见，从归家市到里睦塘两岸一路火光，许多民房化为灰烬。当天，国民党守军和日军打得很厉害，眼看敌人快要败下阵去的时候，日本飞机来了，飞得很低，只有一树梢高一点，从飞机上吊下来一箱箱子弹，敌人有了支援才又凶猛起来。事后，北到里睦塘，南到新泾角约五公里长的公路两边都是死人，举个例子，有只路边粪坑中就有十三具尸体，既有国军士兵，也有当地百姓。

当时我家住在归家市一个叫陆家角的转水墩上，这里住着五户人家，两家陆姓，三家王姓，都是当地农民。王姓是弟兄三人。转水墩三面环水，有一条坝通向外面，坝的两边，一面叫王家浜，另一面叫陆家浜，家门口的小河叫王家泾，有一篙子宽。我家老伯伯是个很有胆识的人，日军冲来之前，他先将水缸提满，日军冲来时，他躲在河中乌菱胖（一种野生水生植物）下面，日军一走，他马上起岸，浇水灭火，所以我俚三家王姓的房子只是烧掉了一些堆放杂物的落脚屋，住房都保住了，而两家陆姓的房子则全部烧光。当时日军有句话，叫作"不杀不怕，不烧不威"，意思要征服中国人，就要靠杀人烧房子。

我家附近还有两个人当时被日军拉夫抓走了，一个是邻居陆生老伯伯，被拉夫后就尸骨未还乡，不知道去了哪里；另一个是距我家一百米左右的陈根智老伯伯，他被拉夫后，直到第二年才从南京逃回来。

为了准备抗战，国民党政府修了一条公路，从长江边过来，在我俚家后面经过，直达支塘，当时刚做好路基，日军就利用这条公路一路烧杀。看到日军从里睦塘过来，父亲就拉着我游过王家泾到里厢田避难，刚上岸，身后日军的枪就响了，子弹打在我右手小手臂上，把骨头打断了，顿时血像蒲檐沟水一样，流个不止。由于不懂急救知识，加上日军就在身后公路上经过，所以心急慌忙，父亲拉着我只顾逃命，跑了三四百米，过孟泗泾，到新国桥，在一个熟悉的姓沈的老乡家中给我换了身干衣服，但仍不懂包扎伤口止血，血还在流。父亲找来一只挑米字挛（一种用竹篾编制的盛具），让我坐在里面，然后将字挛放在路边秆稞坟圈内。当时在河浜边、荒野里，芦苇和秆稞是很多的，好多人都躲藏在里面，看日军从公路上经过。那天，我受伤了，我母亲也差一点成了日军刀下冤魂。当时，她和我姐姐及王巧英逃在里厢田，被日军发现了，他就冲进去拔出军刀朝她扬扬，母亲吓得不知如何是好，这时，又来了一个日军，朝刚才来的同伙叽里咕噜讲了几句，大概是催他快走，两个人就一起跑了，母亲才躲过一劫。

我在秆稞坟里躺了三天，母亲陪了我三天，到农历十月十三，由于流血太多和伤口发炎，断臂开始腐烂，就活生生地将断臂拉下来，放在石灰甏内。又过了几天，日军大部队都过去了，局势有所稳定，父亲才将我送到太仓璜泾一方姓医生处救治，以后断臂创口才逐渐愈合，但已留下终身残疾。

我外婆家在新泾角，局势稍有稳定，母亲就跑回去看望。母亲回来说，外婆家的人已经躲在别的地方去了，但外婆家的房子连同附近公路两边的房子都已烧光，外婆家门口的两根石柱上绑着两个死人，一边一个，他们都是当地百姓，是被日军打死的。

我的右手残疾后，给日常起居带来很大不便，无论干田里农活还是干其他工作都有许多困难。每当忆及当年断臂的情形，我心中就充满了对日军的仇恨。你想，当年我才八岁，日本鬼子不仅侵略我中华民族，而且灭绝人性，连小孩子都不放过，使我饱受痛苦，这是我一辈子都不能忘记的。

采访于2005年7月21、26日

姚凤笙：外公娘舅遭枪杀

姚凤笙，徐市乡陆家市黄家巷埭人。1935年9月23日（农历乙亥年八月廿六）生，属猪，初中文化。常熟开关厂工人，1986年1月退休。现住虞山镇菱塘北村。

我出生在徐市乡陆家市黄家巷埭。我老子姚根兴，做泥水匠，1904年生，属龙，我娘叫沈启南，属蛇，小老子一岁。我有个阿姐叫姚秀南，大我五岁，现在八十七岁，住在徐市镇上。日本人打来时，我只有三岁，还很小。

日本人的事，我都是听娘、老子说的。我俚住的黄家巷埭，在徐市镇东面，离开镇上有五里路光景。日本人起岸后，经过黄家巷埭时，娘、老子带了我和阿姐躲在秆稞里，老子搭我俚隔开一段距离，就在秆稞边上，当他看见日本人过来时，要紧跳到河里躲起来。有个日本人跑到我娘和我躲的秆稞边上屙尿，我一吓，张嘴要哭，我娘赶紧把我的嘴捂住，否则让日本人听见哭声就勿得了。结果拿我面孔闷来赤紫。家里阿有啥损失记勿得哉。

我娘的娘家在碧溪沈家巷埭，离开黄家巷埭有一二里路。日本人打进来时，沈家巷埭有七个人被枪杀，都是村上老百姓。其中一个是我外公，另一个是我娘舅。我外公被打死后罩在一个四角棚里，我娘舅看见后向日本人"唱社"（跪拜），结果被日本人又是一枪，当场打死。娘舅死时才二十五岁，留下一个四岁女儿和一个遗腹子。当时舅妈在二里路外的娘家，娘舅死后有人去报信，舅妈一路哭回来，后来就生了个遗腹子，大名沈振民，小名沈小狗，新中国成立后当过贫协主席，现住碧溪。

采访于 2016 年 11 月 16 日上午

[何　市]

蔡瑞荣：何市南桥受害烈

蔡瑞荣，何市镇东街人。1922年12月1日（农历壬戌年十月十三）生，属狗。何市药店退休职工。现住何市镇东街。

我十三岁至归庄俞回生药店当学徒，十六岁满师，那年是1937年。当年上海"八一三"事变爆发，日军发动淞沪战争。九月下旬，上海宝山罗店战事激烈。与此同时，在何市与太仓交界处有个叫葡浜堰的地方在某日晚上遭到日机轰炸，虽无人员、财产损失，但已人心惶惶，再加上距东街十来米的横沥塘内，从太仓方向过来的难民船只络绎不绝，何市百姓见了难免人心浮动，担惊受怕的气氛越来越浓。当时我父亲已过世三年，家中有母亲和两子两女，我为长子，在重男轻女的封建思想影响下，母亲就要我随叔父（伯福）一家于公历9月底10月初先行避难至溧阳山区。又过了一段日子，母亲也拖儿带女至无锡东亭老家避难。直至农历年底，我和叔父一家从溧阳到东亭，与母亲她们会合后，一起返回何市。

回家（租住他人房屋）一看，见所存粮食及部分家具已不见踪影，所谓家，只是个空壳子而已。随着局势逐步平稳，也就了解到一些当时何市遭受劫难的情况。

进犯何市的日军来自太仓王秀、归庄两个地方，是夜间路过，集镇上幸未烧房，只是南货店、茶食店及饭店酒肆中凡可吃的食物均扫荡一空。街上百姓星散四处。宋家小桥（现陈泾村）浅步泾农户殷登阻拦日军捉鸡，被当场枪杀；归庄开酒店的葛士元被日军逮住，要其寻找住房，葛将日军领入童家庙，日军视为不祥，也当场将其枪杀，年仅三十余岁，抛下父母妻女。大生馆（菜馆）店主严大生等十余人与西街居民何永安一起被强行抓夫，为日军运送军火。因病体初愈，加之雨天路滑难行，一路战战兢兢，日军疑其故意偷懒，有脱逃之意，就当胸一刀，复补一枪，何永安成为刀下冤魂。

日军登陆时，何市镇南桥村受害最烈，日军从支茆公路上窜来（今该公路已毁），跨过白茆塘上南渡桥，大肆纵火抢劫，该村陈巷被日军烧去王桂林、王永堂、邵小狗、邵金生、徐和尚等十一户；周家角周和、唐佩如、唐祖福、何老生、何启生、何裕等共烧去八户；王家巷被烧去张永南、张兴、严老太三户，总共被日军烧去房屋七十余间，损失财物无法计数。南渡桥堍开小酒店的高小妹被日兵强奸；该村谭金元祖母上街，被日军枪杀在西市梢单天潭边。南桥东角村亦被日军枪杀一人。法灯村陈家角李茂松开设小茶馆，养一只黄狗，见日军狂吠不已，被日军连人带狗一起开枪打死。南桥村叶爱金、红菱村吴土佳夫妇，均被日军枪杀。

濂泾村（原为濂湖乡）马翠珊损失更重，不仅烧去二十多间房屋，还有新船一艘，装满细软物资，准备避难，亦被劫去，所有财物，皆一扫而光。

农历十月廿一，浒浦日军十余人，前来何市企图抢劫道生典当，日军破墙而入，但无法砸开金银库房，在外库房劫去衣服数包。

何市开明士绅徐翰青是我妻子的外祖父，听其介绍，日军来时，徐家被劫去珍贵字轴一幅、画轴三幅，均是何市乡贤明万历十九年（1591）辛卯科乡试中第二名举人管一德及清光绪三年（1877）丁丑科进士管高福所遗真迹。对此损失，徐一直深感痛惜。

采访于2002年1月29日下午

王友成：亲历日军过陈泾

王友成（小名王二），何市陈泾村人。1923年4月3日（农历癸亥年二月十八）生，属猪。务农。现住支塘镇何市何东村九组。

我家一直住在何市陈泾村，距我家东面两三公里是太仓归庄，西面一二公里是何市市镇。离我家不远就是横沥塘，是何市的主要河道。沿河筑有泥路，虽说是泥路，却是百姓通行的主要道路，这条泥路就从我家门口通过。1937年农历十月，日军到何市前，何市驻有国民党军队，听说是顾祝同的部队。他们经常派人到我家附近的高家坟用望远镜勘察军情，还同我俚说："日本兵马上要来了，你们赶快逃难去吧。"过几天，国民党军队就撤退了。当时农村里消息闭塞，也不知日本兵有多凶恶，也就不当回事情。到了11月13日（农历十月十一）半夜，我俚已经睡觉了，听到有大部队行军从家门口经过的脚步声，有皮靴声，也有马跑过的声音，我俚就起身从院子的篱笆墙朝外看，只知道是从归庄方向过来的军队，但不知是什么军队，还有兵把电话线绕在我家篱笆墙上，一直往何市方向去。行军的队伍中既有高头大马，也有骡子，身上驮着许多东西。军队一刻不停地朝何市方向去。

第二天（11月14日）早上，我老婆陈二起来烧早饭，因为家中有14个人，粥要烧一大锅子。粥熟后，有个日本兵从门外进来，走到灶间，掀开锅盖看了看，做着手势，要陈二舀点米汤喝给他看。当时陈二已经十七岁了，也不知道日本兵是什么样子，因此一点也不害怕。日本兵看陈二喝过后，就要她往一个圆筒筒的军用饭盒里装了一盒粥就走了。

我父亲王老同除了从事农业，还兼贩马，当时家中养有六匹马。天亮后，看到走过的军队中有的士兵的枪尖上飘着一面太阳旗，知道不是中国兵，为免遭损失，他就看准前面军队已经走过，后面军队尚未到来的一个空档，将六匹马寄到何市舍浜的三个亲戚家中，每家寄两匹。在日军大部队走过后，就赶紧卖掉。到了白天，日军大部队又络绎不绝地从家门口经过，一直要走到下午三点钟光景才算走完。绕在篱笆墙上的军用电话线也被日本兵收掉了。

我家附近有个叫高家坟的老坟，地势高爽，坟园里有几十棵二三抱粗的古树，小的也要一抱粗，浓荫蔽日。当天上午九时左右，我哥哥王万成（属羊，比王友成年长四岁）正在高家坟看日本兵行军，不料被日本兵拉去背行李，一直背到支塘才把他放了。

哥哥怕回家路上再被日本兵抓住，就抄小路于天色昏暗时回到家中。看见他回家，大家都放下心来，但都感到再在家里恐怕仍有危险，商量后就决定到何市王家角去避难，因那里地处偏僻。我俚出去避难时，八十多岁的好婆说啥也不肯走，就留在家中看门。我俚在王家角住了半个月才回到家里。进门一看，只见一片狼藉，满地的鸡毛、鸡血、鸡骨头，家中翻得一塌糊涂。好婆告诉我俚，家中养的十三只鸡都被日本兵杀了吃掉了,就在我俚家杀和烧的;家里准备榨油用的三百来斤黄豆也被日本兵喂马吃掉了,还有米窠里的米也被日本兵烧饭吃掉了。好婆还告诉我俚,有个日本兵要点火烧掉我俚家的六个大稻箩,这是二十亩稻田收获的稻子,尚未脱粒,好婆一见,慌忙跑过去求他,说要是烧掉了,全家人一年的吃用开销和来年的稻种就都没有了,千万千万不能烧。说着,好婆指指灶间,告诉他,里面也有日本兵。那个日本兵过去后,看到同伙,就一起在灶前暖烘烘地睡了一觉走了。

当时何市集镇上没有日本军队驻扎,支塘镇上设有日本军队的兵站。日军大部队过后,有时还有小部队从我家门口经过,有时也有支塘兵站的日本兵下来骚扰,这些零散的日本兵下来后,就要抓鸡和花姑娘,老百姓一得到消息就出门躲避。在浅步泾有个五十多岁的农民叫殷阿墩,一次家里人出去避难后,他就留在家中看门,日本兵进去捉鸡,他不肯,把鸡赶到田里去,日本兵一怒之下就开枪将他打死在家门口的场上。

后来了解到,农历十月十一、十二两天在我家经过的日军大部队是从上海下来的,他们到太仓后,经岳王市、涂松、归庄、何市,再到支塘,我俚这边的损失较小。从东张、吴市、浒浦长江里起岸的日军与国民党军队打过仗,"轰隆轰隆"的打炮声响个不停,国民党部队和老百姓被打死不少,到处都是死尸,一片凄凉,房子也被烧得墙坍壁倒,损失要比我俚严重得多。

采访于 2006 年 11 月 15 日上午

殷妹金：阿伯沉河满腹恨

殷妹金，女，何市陈泾村人。1925年3月2日（农历乙丑年二月初八）生，属牛。务农。现住支塘镇何市何东村九组。

1937年，我虚岁十三岁，当时我家住在何市乡浅步泾葫芦庵旁边。家中四个人，父亲殷阿三，当时五十多岁，因脚上生疮，开刀开坏了筋，成了跛子，行动不便；母亲五十岁，手脚得了"风气"，也是行动不便；姐姐殷阿媛，当时已出嫁；阿哥殷纪根十七岁，在吴县黄埭学裁缝；我是从小被殷家从太仓璜泾育婴堂里领养来做童养媳的。生身父母是谁，出生地在哪里都不清楚，"蜡烛包"里只有一张写明我出生年月的字条。

当年农历十月中旬，看到日本兵从何市镇方向过来，经过高家坟（老坟基）、小石桥，向东朝归家市方向去。日本兵的队伍一眼望不到头，成日成夜，像蚂蚁一样，成群结队，多过多。他们带着钢帽，举着"膏药旗"，队伍中间也有抓夫抓到的中国人，帮他们扛鸡，鸡都是从老百姓那里抢来，准备杀了吃的。在过小石桥后的拐弯处有个袁家宅基，是一乌枪两圆堂，住四户人家，我母亲的妹妹一家就住在那里。

我称母亲的妹妹为阿伯，当时接近五十岁，称阿伯的丈夫为娘姨夫。娘姨夫叫袁二司，做裁缝，他们的大儿子袁海嗯，小儿子袁千，当时十三岁（健在，比我大一岁）。一日下午傍晚时分，日本兵来到袁家宅基后，有些人就不走了，到里面翻箱倒柜，把小麦、黄豆找出来，倒在树底下喂马。人在屋里休息，床上没有棉被，就把棉花袋里的棉花倒出来，铺在床上，人躺在上面，把整个宅基搞得一塌糊涂。当时宅基上老百姓都逃难去了，但到了晚上，我阿伯被日本兵抓住了。

袁家宅基与我家隔着一条河一丘田，有两百米左右，村上的人都逃难去了，只有我家没逃，因为父母亲腿脚都不便行走。父母不走，我也不好走，但很害怕。半夜，阿伯从袁家宅基过来，与我母亲见了个面，一言不发，就一个人跑到屋后浅步泾河里投河自杀了，我母亲急得在河边上喊："妹妹跳在河里哉，妹妹跳在河里哉！"但没有人救。当时我因害怕日本兵来，也躲在屋后河里边，听到母亲喊，我还看到阿伯沉下去的地方泛起一圈圈的水晕。我在河里躲了一个多时辰才上岸。阿伯死了。第二天天亮，我俚想法找到娘姨夫他们，才把她打捞起来，草草安葬。

当时我家附近有个叫赵福生的青年农民，也被日军拉夫拉走了，至今未回。

采访于 2005 年 8 月 11 日上午

俞庆：苦难冤魂长相忆

俞庆，何市姚家巷人。1925年7月2日（农历乙丑年五月十二）生，属牛。小学文化。曾任企业领导，1984年退休。现住支塘镇何市何北村八组。

我家世代都住何市姚家巷，家中几代人都做木匠。1937年时，家中有八人，父亲俞永卿五十八岁，母亲五十九岁，阿哥俞兴和阿嫂，阿姐俞金咲及我和妹妹。阿哥大我九岁，阿姐大我七岁，我虚岁十三岁，已经随父亲学木匠了。姚家巷有二三十户人家，一百六七十人。1937年11月13日（农历十月十一），日本兵从东张起岸，那天下大雨，父亲清早两三点钟就到归家市去上茶馆，姚家巷离归家市有一公里。四五点钟时我俚在家里还未起床，就听到传来"轰轰轰"的打炮声和"嗒嗒嗒"的机枪声。刚开始，还不晓得是机枪声，只当是鸭子在啄洋铁皮畚箕的声音。到了七八点钟，父亲从归家市回来，说日本兵起岸哉。当时从归家市经何市到支塘有条汽车路，刚筑好路基，还是泥路，公路桥的洋松桥面板刚铺好。我俚出门一看，只见东张方向沿途都是火光，日

· 67 ·

本兵一路都在烧房子。路上逃难的人成群结队，漫无目的。见此情景，一家人急得不得了，因我家离汽车路较近，日本兵路过时容易受灾，商量后，决定父亲和我留下看家，其他人都到四里路外的猛将堂姑妈家避难，猛将堂离汽车路要远一点。父亲和我拿条被头躲在自家屋后的竹园里。每天天不亮就烧饭，烧了吃一天，白天不敢烧，怕日本飞机看到烟囱出烟会扔炸弹。我俚在竹园里躲了十来天才敢回家住，母亲他们在猛将堂躲了二十来天才回家。

日本兵起岸后的几天内，路上到处都是逃难人，大细娘都穿件破衣裳，面孔上抹点锅底灰，拓黑仔面孔，生怕被日本兵拉去强奸。逃难的人有的躲在秆稞坟里、芦头塘里，有的躲在泥洞里、竹园里和泾岸坎里。

日本兵一路进犯一路拉夫，强迫抓来的老百姓去拉炮、搬运军火、物资。我俚村上就有许多人被拉夫，现在记得的有宋义兴（三十多岁）、盛振兴（四十来岁）、姚和尚、秦三福、姚雪生、俞齐、陆齐等。他们被拉夫后，有的过了十来天回到家里，也有的过了半个来月回到家里，而宋义兴、陆齐则一去未回，也不知去了何处，死在何地。家里亲人昼思夜盼，不见踪影，也无处打听消息，真是苦恼！

日军大部队起岸后急于赶路，对百姓骚扰不是很多。起岸后的五六天，大部队已经过去后，一些小部队或零散的日本兵就来骚扰了。到我俚这里来的日本兵大多是从归家市来的，每次来都是要鸡子、鸡蛋和大姑娘。他们知道，住草房的都是穷人，一般不进去，住瓦屋宅基的是有铜钿人家，就要进去翻箱倒柜，找值钱的东西。

一天，有两个日本兵乘蒲鞋头船在北渡桥起岸，一个腰拖指挥刀，另一个肩上掮支步枪，腰里荡把刺刀。他们上岸后，先是烧了沿路第一家农民董春福的五六间草房，接着又烧了陆桂、陆奇弟兄俩的七八间草房，弟兄俩是做豆腐的。这两户人家都躲在外面避难，没有受伤。第三处烧的是顾家宅基，这是农民顾根、顾关师、顾涛三户人家的十多间草房，他们三家合一个自然宅基，草房都是连在一起。当时，顾根躲在宅基后面隔河的棉花田里，离开家有三十米左右，看到家中起火，探起身来看，被日本兵发现后就是一枪。顾根死的时候，倒在棉花田里，双手紧紧抓了两把泥，可见他心中的愤怒。因顾根的丈人陆桂生与我家是亲眷，事后，他就来要我俚帮助做口棺材，我俚也不敢在他家里做，怕有日本兵去寻衅，就在我家竹园里做，做好了由他请人抬回去。

那两个日本兵烧过顾家宅基，又到吴家巷，吴家巷有二十来户人家，都是有铜钿的好人家。其中吴士佳老夫妻（都已五十多岁）躲在一百米开外的陈家角的小竹园里，看到日本兵从他们家里出来，先是吴士佳的老婆跑出竹园看，被日本兵一枪，中弹后跌翻在水沟里，吴士佳跑出去救，又一枪，同样跌翻在水沟里。这件事情发生在上午九点钟光景，我是在下午两三点钟去看的，只见吴士佳的一只脚还翘在沟岸上。两个人都死了，去看的人都很同情。

又过了将近一个月，我祖父胞妹的儿子姚宗（五十多岁）死在苏州。他是为一家有钱人家看家的，家中挖有泥洞，日本人冲进去发现后，就把他打死在泥洞里。是我父亲和几个人一起摇船到苏州，把尸体运回家中开丧的。

采访于 2006 年 11 月 30 日下午

徐坤元：赶虾冲鱼遭关押

徐坤元，何市王桥天井浜（现属何东村）人。1926年7月1日（农历丙寅年五月廿二）生，属虎。小学文化。务农。现住支塘镇何市社区新东桥弄。

1937年时，家里三个大人，三个小人。好婆（祖母）何福妹，七十多岁，父亲徐祖根四十二岁（五十五岁去世），母亲三十九岁（七十岁过世）。父母共生五个小人，抗战爆发前生了三个，三年生一个，我是老大，我以下是两个妹妹，分别是八岁、五岁。父母亲都是农民，家里租了十七八亩田，要还租米，当时叫"麦二花八"，意思是还租时，每一亩田要还麦两斗，如果还棉花是每亩八斤。实际上勿止，收租时有人到门上催租。父亲农忙时种田，农闲时捉鱼，娘除了忙田里的农活，到捉棉花时还要帮人家捉棉花，按斤两算工钿。

我家在天井浜，是独宅基。这里离日本人大部队过的马路有里半把路。1937年农历十月十一日本人打来时，北新闸那边公路两旁的房子被一齐烧干净，望过去像大迷露一样烟尘兜乱，从北新闸逃难过来的人海湾（许许多多），好人家的马、牛、骡，这些大中牲（牲畜）被日本人抢去拖运军火物资，猪、鸡、鸭一齐被杀来吃干净。日本人来时，村上人都忙着逃难，我好婆说："我年纪大哉，勿跑哉。"日本人来时，她就躲在屋门口靠墙放的雨麦（玉米）秸的后面，娘和小妹妹躲在天井浜，和家里隔了三坵田。父亲摇了船出去逃难，船上有五个人，父亲、我、大妹妹徐菜兰（八岁），还有个小人徐巧生，他叫我父亲"公公"，还有一个是从北新闸逃难过来的细娘（姑娘），廿二三岁，她是北新闸海龙王庙人，家里是好人家。船摇了没多少路，就被两个日本兵拦了下来，叫我俚起岸，到一户人家的支阳篱笆里，把那个大细娘留在船上，叫她把全身衣裳脱光，两个日本兵将她上下周身看了看，还算好，没有打和强奸，然后给了她五角关金券。这两个日本兵一个个子高一点，另一个个子矮一点，听爷（父亲）讲，高一点的是朝鲜人，矮的是日本人。这个细娘和我俚一起待了两三天，然后她就回北新闸去了。

我俚天井浜的百姓都未逃难，逃也来勿及逃，因为四凸孛孛（四周）都是日本人，吭处逃。

1943年农历四月割大麦时，我嫌麦芒戳人，刚巧日本兵要我爷去挑砖头，我就说我去。人家挑砖头用的是"蒲"，类似浅竹丝篮，装得多，我用的是大畚箕，装来少，日本兵认为我偷懒，就用机枪的枪柄狠狠戳我屁股桩骨，戳了两三记，从此落下伤痛，隔一段日子就要酸痛，尤其人坐了下去站起来时就有感觉。

1943年12月，管梅生（当时四十多岁，天井浜人）和我一道摇了船出去赶虾冲鱼，我俚各人一条船，每条船上两个人，船艄上的是十几岁的大小人。下午三四点钟回家路上经过项桥时，被日本兵拦住，喊我和管梅生起岸,两个小人吓得哭,他们留在船上,拉上去时管梅生吃了两记枪柄。我俩被关在项桥小学里,这里驻有十几个日本兵,也有拍马屁的中国人。盘问时,我俚想到这里有个大地主兼白相客江其龙,他是既替新四军做事,也替日本人做事的两面派,而他的一个亲眷和我家带一点亲。我就托人找到那个亲戚,再由他去找江其龙,由江其龙出面和日本人说了好话,才放我俩回家。我俚被关了两三个钟头。

与天井浜隔条河是陆道浜,那里开爿徐齐生茶馆,附近农民都到那里去喝茶。日本兵要到茶馆店里查良民证,啥人勿带良民证,就被打两记耳光。这是我亲眼看见的。

我在七八岁时念过方块头字,是在王祖才家里办的私塾里念的,一共念了三四年,读过《三字经》《百家姓》《千字文》《神童诗》等。

采访于 2016 年 10 月 4 日上午

符大帅:惊魂枪炮铭记心

符大帅,何市镇上人。1927年4月29日(农历丁卯年三月廿八)生,属兔。读到小学三年级。从事商业工作。1987年在何市商业分公司退休。现住虞山镇报慈北村一区。

我自小生长在何市镇市梢头黄家弄。父母亲都是做裁缝的,父亲符桂生,是个文盲,在我九岁那年去世,只活了三十六岁。娘叫王新仪,徐市人,小我父亲三岁。外公家是小知识分子,大娘舅和我娘不但读过书,还当过老师,嫁给我父亲后才做裁缝。家里还有个好婆。好公死得早,我从未见过。父母亲生了四个儿子,我是第三个,我上面有两个阿哥,一个大我五岁,另一个大我两岁,弟弟小我七岁。两个阿哥和我都在何市小学读过书,大哥读到五年级,二哥读到四年级,我只读到三年级,就都去学生意了。两个阿哥都在太仓沙溪花粮行里学生意。我十三岁那年过了年初八,由亲眷送我到何市街上宏利茶叶店学生意。这是家夫妻老婆店,老板是徽州人。

1937年,我虚岁十一岁,东洋兵从东张白茆口起岸,沿着刚刚做好路基的公路往支塘跑，公路宽不到四米，两部汽车对面对交会有困难，因此每隔里把路有个供停车避让的坨坨。日本人起岸后，娘领着我俚四个小孩到何市镇东面五六里路的唐家弄逃难，这里距太仓王秀只有里把路。我俚逃难时，好婆留在家里，她不肯跑，要看家。隔了一段日子，局势平稳一点了，但仍会有东洋兵出来抢劫骚扰，我就受到两枪一炮的惊吓。一次，我在外面白相（玩），远远看见有东洋兵拐了枪朝黄家弄来，我急忙奔回去告诉娘："东洋兵来哉！"娘知道东洋兵又要来做坏事哉，当时家里养了三只鸡，她当机立断，将鸡从鸡棚里捉出来，宰掉头，然后将鸡装在布袋里，要我拎着躲到外面河边秆稞里，娘朝另外一个地方跑。乡邻人家都用竹篱笆相隔，我拎着布袋钻过两户人家的竹篱笆，躲到河边秆稞里。东洋兵到我家场上看见地上有血，一滴一滴就顺着血迹找过来，到秆稞边他不敢进去，害怕里面藏有国民党部队的伤兵，就朝秆稞里打了一枪，子弹从我头顶飞过。我如果躲得远一点点，必死无疑。这是第一枪。

　　我十四岁那年农历八月里的一天，从茶叶店送几件脏衣服回家给娘洗。我刚回到家，东洋兵从归庄向何市镇打了三炮。第一炮，打在何家厅三岔路口爆炸，何四夫妻两个正在田里干活，弹片飞出来两个人都受伤，炸弹片飞过划伤了何四的眼角，他老婆被打瞎了一只眼睛。第二发炮弹从我家屋脊上飞过，落在屋后竹园里爆炸，因为竹园里都是老竹鞭，不容易钻下去，所以炸的潭潭不深，但口蛮大，顿时烟尘堆乱。竹园后面是条石洞港河，弹片飞过去把三十多岁的居民孔兴生给打死了。第三发炮弹落在市镇西市稍单天潭，这次没有伤亡。这是我经历的一炮。

我受第二枪惊吓是在十六岁那年。那年宏利茶叶店关门，老板与其他几个老板合伙在沙溪镇东街上新开"盛记茶庄"，除卖茶叶外，也卖五洋杂货，用六个店员和学生意，我仍是学生意。沙溪镇东街有区公所，西街有警察所。一天，两个警察到涂松村老百姓家里去捉鸡，被老百姓围住后捉牢，将两人捆绑后牵到区公所门口，先绑在树上，然后进去报案。区公所打电话给警察所，说你们有两个弟兄下乡捉鸡被老百姓绑了送在这里。一会儿工夫，十几个黑壳子（警察）拿了枪冲过来，先把绑在树上的警察放了，又问："是啥人牵来的？"一个六十来岁的老农民说："是我牵来的。"警察随手将他绑在树上并用皮带抽打。这时在边上围看的老百姓群情激昂，纷纷闹起来说，明明是警察下乡敲诈勒索，强行捉鸡不对，怎么还要打老百姓。当时我也在围观的人群中。警察一看不对，就朝地上打了一枪，刚好打在我脚边，溅起的泥土砖头屑盖了我一鞋面。这是我受的第三次惊吓。七八十年过去了。但小时候的经历，尤其受日本鬼子的惊吓至今记得清清楚楚，去年，我还写了一首诗，我念你听听：

夕阳红，往事填满胸，九岁父丧家本穷，兄弟四个唯母从，做做小劳工。

小劳工，曾与日寇逢，急忙窜至秆稞中，射我一枪幸未中，安全忧心忡。

忧心忡，逃难唐家弄，稍平回家度日难，两兄先后学徒去，我亦做童工。

做童工，我年仅十二，不知南北与西东，免叨亲情勉收容，另类小饭桶。

小饭桶，回家换洗衣，日寇大炮轰何市，弹落我家竹园中，小命未送终。

　　未送终,感谢老祖宗,家贫茅屋无砖瓦,因之摇晃未轰隆,逃命急匆匆。

采访于 2017 年 3 月 3 日上午

端木莲芬：阿伯惨死镪水池

端木莲芬，女，何市宋家弄人。1929年7月14日（农历己巳年六月初八）生，属蛇。从小读私塾，后自学成才，中医世家，端木莲芬是第九代传人。1987年退休。现住支塘镇何市东街。

日本人打过来时，我俚一家五人：父亲端木少泉，光绪三十年（1904）生，属龙，当时三十三岁；母亲金芳，太仓王秀人，也是中医家庭出身；父母生了我和两个弟弟，端木振心（健在），端木仁熙（已过世）；阿伯（姑妈）端木瑞和我俚住在一起，因为我爷（父亲）的父母去世早，他是大儿子，按传统长兄为父，所以阿伯是我父亲从小拖大的。日本人来时，我家先逃难到离何市镇四五里的花桥角里，当日本人往花桥去时，我俚又逃难到十里路外的管家角。隔了一段日子回家时，家里已经弄得勿像样，好多东西都勿见了。

何市是抗日游击根据地，谭震林带领新四军在这里活动过，影响很大，参加抗日的人也多，因此日本人经常要到镇上来搜捉抗日人士。当时我父亲除做郎中外，还在家里开了个小店。他和东横头开米行的张二先（殷玉如丈人）勿大敢住家里，一直住外头，最怕日本人来。那年农历十月十六夜里，刚巧父亲回到家里住。半夜，由日本人带了当地人到宋家弄我家斜角对组织过抗日武装的殷玉如家门口喊："殷玉如！殷玉如！"没回音，因为殷玉如也经常住在外头。我父亲听见喊声就跑出去开门说："他今夜勿嘞家里。"那人听到后就问："你是啥人？"父亲回答说："我是厢邻。"那天月亮很亮，我父亲一看亮头里有交关日本人，气势汹汹，就要紧关门，回到屋里，急是急来勿得了，赶紧把我阿伯的抗日材料找出来，烧又勿能烧，只能藏在灶肚里的柴灰下面，接着又把乡下老百姓捐的军鞋也想办法藏起来。

我父亲回到屋里后，只听日本人把殷玉如家的大门"蹬蹬"两脚，踢开大门进去，一看没人，就出来把殷玉如的小老婆陆家珍，还有一个叫张友生的女人捉了去。还好，这两个女人隔了几天就放出来了。

张二先家边上有个大场，那天大场的柴萝角落的暗头里躲了交关人，有个人从张二先家隔壁的坑缸棚里出来，只听见日本人"乒乒乓乓"打枪。张二先家的学生意邓春林开门一看，只见门口有个黑影一动勿动，他当是狗，就叫它走开，再一看是个死人，就是坑缸棚里出来的那个人，第二天镇上有人来收尸，说那个人是好人。

我阿伯端木瑞小时候读过几年私塾，抗战开始后参加抗日工作，我父亲都晓得。阿伯参加抗日活动后，经常带人到家里来，经常来的是三个女的，其中一个叫吴中，是从上海下来的抗日民运工作干部。阿伯当时三十多岁，小我父亲六岁。我很羡慕她能参加抗日活动，我跟她说我也要参加。她说你还小，再过三年也可以格。1941年5月，阿伯在与何市交界的太仓县三五区活动，史书上说她担任中共三五区区委委员。她经常在外面活动，夜里也不回家，经常住在太仓王秀猛将堂与马路桥交界处的王家宅基。怎么晓得呢？因为她住的人家是我家隔壁管根兴的丈人家，管根兴过来讲了我俚才晓得。同年 6 月 14 日，阿伯去璜泾老闸镇途中被坏人发现后，她就躲到剃头店里剪头发，想以此来避过风险，啥人晓得，头发还未剪好，就被日本人的大隆部队捉去，关在璜泾高岗子日军队部。在何市开酒店的殷如先的阿姐住在璜泾，她说高岗子那条弄堂很深，日本人防守很严，一般不让人进去。我虽然年纪小，但我一直关心阿伯，勿能去看她，苦恼啊！后来听说大隆部队的日本鬼子十分毒辣，对阿伯严刑拷打，还用铁丝戳在她的奶头上，用火烤。问阿伯名字，她只说叫"王小妹"。6 月 29 日，阿伯被日本鬼子杀害后抛在镪水池中，尸骨全无。过了几天，我父亲晓得后去收尸，只收着点头发，哪能认出来呢，因为阿伯的头发梢是自然蜷曲的。头发收回来后，就在宋家弄自家宅基后面的竹园里做个衣冠冢。

我因为一直想跟阿伯抗日，所以阿伯的事体（事情）一直很留心，也一直记在心里。

采访于 2016 年 10 月 4 日上午

宋二保：父亲被抓孩儿苦

宋二保，何市盛家巷人。1931年1月30日（农历庚午年十二月十二）生，属马。初中文化。1958年从部队复员回到何市，长期担任农村基层干部。现住支塘镇何市何北村十组。

我出生在何市盛家巷，宅基上有二十多户人家，人数不足百人。离家不远就是白茆塘，我家住在塘的东面。家门口有条"官路"，从南星闸直通支塘镇上，路面有两三米宽。盛家巷距离支塘、梅李都是十八里。小时候，我家一共四个人，父亲宋义兴、母亲、哥哥宋保歧（大我十四岁，属虎），还有一个是我。母亲在我四岁时病故，去世时三十岁都不到。家里很穷，只有四间草屋，除屋架是木头之外，四周用秆稞夹个辫（将河边野生的秆稞编织成帘子，两面糊上泥）当墙壁，一年四季风直钻，油灯都点不着，以后有了用灯罩的洋灯才好一点。

1937年11月13日（农历十月十一），日本人上岸，又是大炮，又是机枪，还有炸弹，"轰隆轰隆"打个不停，震得房子、床都发抖，碗橱发出"咣当咣当"的声音。日本人登陆后分水路、陆路进犯，水路走白茆塘，先是用机器作动力的蒲鞋头船，船头架有机枪，日本人都戴着钢盔，神气活现。当时在南星闸的闸内闸外还停了许多可以载重二三十吨的沙船，望过去竖起的桅杆像竹林一样。日本人起岸后，就强迫征用这些沙船为他们装运武器和军用物资，沙船航不动时，就抓了许多老百姓为他们背纤。走陆路的主要在白茆塘西面，西面有几十户人家被日本人烧个精光。由于听说要打仗，阿哥就和我将家中的稻谷、麦粞、菜油及一些日常用品装在甏里，藏在离家六七十米远的黄萝卜田里，日本人上岸后隔了段日子去找，都不见了。

为防不测，日本人起岸当天晚上，父亲先将我和阿哥分别送到亲戚家中躲避。阿哥被送到蔡家角姓冯的亲眷家里，冯家在我家东南方向，有三四百米远。我被送到王家宅基阿哥的寄娘家里，王家宅基在我家的东北方向，也有几百米远。父亲将我俚安顿好后才回家，当时已经是晚上八九点钟，下雨天又黑，我父亲耳朵又不好，是个聋子，他从田野里的小路上来，走到烟墩庙附近，被经过此地的日本人抓夫，从此音信全无。第二天，阿哥和我回到家中，没看到父亲，就找到住同一宅基的公公（祖父的弟弟）家里，公公说没有看到，我俚又找到归家市的外公家里，也说没有看到。我俚又四处找，找了六七天不见人影，晓得出事了。以后听人说，我父亲被日本人抓去后，让他看管被抓来的妇女，而日本人又出去抓别的花姑娘，趁日本人不在，他就把看管的妇女放掉了，他还来不及跑，日本人回来一看原来抓的妇女不见了，就把我父亲打死了。

没有了父亲，怎么办呢？阿哥和我就由外公外婆帮助抚养。我十一二岁时，就外出给地主放牛，到过支塘，也到过唐市。阿哥留在外公家里种田，直到十八岁才回到自己家里种田，可他不到一年就得伤寒症去世了，那年是1947年。我放牛放到1948年，就去参加了由浦太福、陆洪元领导的太仓武工队，走上了革命的道路。

采访于2008年8月5日上午

邹惠元：日寇烧杀寻常事

邹惠元，何市小圩村邹家角（现名项桥村）人。1931年3月20日（农历辛未年二月初二）生，属羊。小学文化。务农，当过乡办企业工人，1991年退休。现住支塘镇何市社区项桥村三组。

1937年，日本人打进来时，我六周岁，当时阿公（祖父）已经过世，阿婆（祖母）约六十岁，父亲邹桂宝，母亲倪三妹，都在三十岁左右。我上面有个哥哥邹兴，1928年生，属龙。穷人家攀勿起亲，我母亲是从小领进来的童养媳。父亲既是农民，又当酒师傅。农忙时在家种田，农闲时到太仓沙头（沙溪镇）帮人家做酒，当时只做两种酒，老白酒和黄酒。

日本人打进来前，村上每户人家都在挖地洞，但真正日本人来时都勿敢钻地洞，生怕堵在洞里无处逃。因此，日本人来时，我家躲在离家不远的芦青浜边上的秆稞里，看见日本人到村上烧房子，王青家的三间草房看它一歇歇工夫烧干净。为啥烧房子呢？隔了几天听人讲，日本人在头天夜里在这里困（强奸）了一个叫李云的女人，第二天又要来困，一看人跑掉了，就把房子烧了。因为是夜里烧的，所以望上去只见烧得通红。当时没现在这种汽车路，只有稍微宽一点的泥路，经过的日本人川流不息。

邹家角有个王家宅基，宅基上有个叫王四的老人，身体不好，躺在床上，日本兵冲进去看到后就把他拖到外头场上，用刺刀杀，血流得海海湾湾（许许多多）。还有个外村的叫郭祖的年轻人，三十岁左右，也是身体勿好，拔了一背心痧，逃难逃到邹家角，躺在邹云山家的破草棚里，也被日本兵拖到屋外，枪杀在滴水屋檐沟下。这两桩惨案后，我俚家就往太仓璜泾逃难，住在父亲熟悉的一个做酒师傅家里，住了一两个月，才回到自己家里。

还有一件事，就是邹家角马连的妻子，也被日本人开枪打死在我家老宅基南面的老四湾里。1941年6月里的一日，日本兵追击太仓县抗日政府的钱丕基（他是何市项桥人，原来是郎中），因老四湾前方无路，钱丕基在突围过造靴溇时淹死在河里，当时钱丕基四十岁勿到。日本兵返回时看见马连妻子在田里莳秧，当时她一只脚穿洋袜，另一只脚赤脚，日本兵就当她是城市里来的抗日女干部在假装莳秧，就把她一枪打死在稻田里。这是我亲眼看见的。

我十岁起读了三年半私塾，是地主王老魁请先生开的学堂。王老魁是个种田地主，自己种田，也有点收租田，是个开明地主。

采访于2016年10月4日

陆丙元：炮轰何市百姓亡

陆丙元，何市镇上人。1931年8月27日（农历辛未年七月十四）生，属羊。初小文化。供销社工作，1991年退休。现住支塘镇何市社区荷花街。

1937年日军登陆前，家中共有六人：父亲陆云章，四十多岁；母亲张桂英，四十多岁；亲婆六十多岁；父母亲生育我俚三个儿子，大哥十六岁，二哥十二岁，我七岁。父母亲在家里办个摇洋袜的小作坊，用五六个人做工。当时大哥已经在昆山中药店学生意。那年农历十月十一日，我俚在自家竹园里听见十里以外的白茆口方向传来打炮声，镇上有铜钿人家都逃难去了，我俚家穷也无处可逃，就跑到何市镇边上的地藏殿后面的外婆家。

日本兵第一次来何市，住在王家弄许陈平家，有十几个人，隔河是警察局。大约在1941年"清乡"时期，日本兵搬到典当里去住了。"清乡"时将许多人弄到典当里审问，有的审问后放了出来，有的就被抓了起来。到何市"清乡"的日军是从太仓璜泾和沙溪两个地方过来的，他们不穿黄衣裳，穿青颜色土布衣裳，骑二十六寸自行车，腰里别着盒子枪。住典当里的日军队长叫竹内，他要镇上维持会为他找花姑娘，维持会就找了俞××送去。俞××长来蛮长大格（长得较高大），当时有二十来岁。

1941年"清乡"后，我在何市小学（又称公园小学）读书，共有六个班。不久，知道汪精卫要去白茆口视察，校长管涤生就组织我俚到南渡桥白茆塘边列队欢迎，去欢迎的还有镇上的绥靖队，共有一二百人，每人手里拿着纸头做的汪精卫政府的国旗。我俚在白茆塘边看见汪精卫乘一只小白轮船，汪精卫手上戴着白手套，向我俚招手示意。

还有件事：1940年8月里的一天，我从徐市（父亲的外婆家）回到何市，听人家讲日本兵从支塘区归庄乡炮打何市镇何家厅（小地名，是旧时何探花的老宅）的事情。才知道这次炮击打死两人：一个是孔兴生，当时他刚刚剃好头从店里出来，听见炮声就逃，逃到石洞港三官堂庙，刚好炮弹爆炸，他被弹片击中而死。还有一个是何三元的娘，她就被炸死在何家厅家里附近。据说，炮击何市的原因是驻归家庄的日本兵抓到一个吃酒人，问他哪里有"大萝卜"（指游击队的意思），吃酒人就顺手指指何市，于是日本兵就向何市镇上打炮。

我父亲死于1937年农历十月。他本身有痨病，身体一直不好，靠吸大烟缓解疼痛。日本兵打来后，摇洋袜生意停了，断了经济来源，没有钞票吸大烟、看毛病，他就吊死在家里的床架子上。父亲一死，家里生活更加困难。隔了一两年，二哥就到太仓沙溪曹源仁南货店学生意。1945年1月，我虚岁十五岁，就到太仓延天龄中药店学生意。

采访于2016年6月9日上午

刘根兴：无辜杀戮寻常事

刘根兴，何市乡刘家浜人。1932年12月23日（农历壬申年十一月廿六）生，属猴。中专文化。从事财会工作，1992年退休。现住支塘镇何市社区何北村庄基七组。

1937年11月13日，日本兵在白茆口登陆时我虚岁六岁，家里有父母亲、亲婆（祖母）、我、妹妹（小我五岁），共五人。父亲刘福生，1910年生，属狗。母亲陆南宝，太仓王秀人，1908年生，属猴，1944年过世时三十七岁。父母亲靠租种十几亩田过日子。亲婆毛金妹，出生在清光绪十五年（1889），缠过小脚。1988年9月5日过世，虚岁九十九岁。

日本兵在白茆口登陆时，打炮烧毁了农民家的竹园，竹叶灰一直吹到我俚何市，庭园里晒的被头上飘落不少竹叶灰，可见烧得蛮厉害咯。这样，我俚就知道日本兵打来哉，大家纷纷逃难，我家就逃到王秀外婆家。亲婆年纪大了，又是小脚，跑不动路，就留在家里看家。父亲则两头跑，隔几天回家看看亲婆，隔几天又跑到王秀看看我和娘，还有小妹妹。这样一直躲了两个来月，看看日本兵登陆时的风吹草动过一点了（不是完全没有）。娘就带着我和妹妹回到何市老家。晚上，我是和亲婆睡的，为了预防不测，亲婆要我穿了棉袄睡觉，准备随时起床逃难。

驻何市的日本兵住在许家，有十几个人，门口有日本兵站岗，电线也可能是电话线，是从支塘镇上拉过来的，用竹竿当电线杆。看到日本兵训练拼刺刀的时候，穿着皮的护胸，护胸外面还有竹块或木块做的一条条串起来的硬壳壳，两人一档练习对刺。

我在读何市小学四年级时，听五六年级的同学在学习日语，到我读五年级时，日语不教了，什么原因不清楚。

日本兵驻何市的时候，经常滥杀无辜，举两个例子：第一个例子是庄基村大横浜有个四十多岁的农民叫张根，一天他到何市街上去，刚到何市镇上就看见日本兵正迎面走来，他因为害怕转身就跑，奔逃途中要过条河，就在他准备过河时被日本兵一枪，子弹从后背进，左前胸出，他熬到家里不到半天就因失血过多死了。当时张根儿子张大生才十六岁。

第二个例子是1940年8月14日，日军一边炮轰庄家宅基，一边搜索前进，在庄家宅基附近的马路桥旁抓住许永泉。许永泉是我祖辈的亲戚，当时二十多岁，是个青年农民，但他穿得比较清爽，看上去与田里的农民不大一样。日本兵抓他的时候，先一刺刀刺中他的手腕关节，许永泉转身就逃，日本兵追上去又是一刺刀，当场杀在稻田里，肚肠都流出来。打庄家宅基的日军是从何市镇上或归庄过来的，装小钢炮的轮子在我家水稻田里留下轧过的车轮印。

过去我在瓶套厂工作时，听同厂的工友说过，当时驻何市的日本人要寻花姑娘，幸亏俞××去顶替了下来，否则，镇上的青年妇女、大细娘一齐要被日本人糟蹋干净。俞××是何市镇上人，她只为日本人的头头服务，同日本人混熟后可以在日军驻地直出直进。

采访于2016年6月9日

盛振麟：巷中房子全烧光

盛振麟，何市归市乡石家角人。1936年3月31日（农历丙子年三月初九）生，属鼠。高中文化。曾任企业领导，1996年3月退休。现住虞山镇菱塘北村。

我出生在归市乡石家角一个贫苦农民家庭。父亲原名苏小六，因家境困难，从小送给支塘一家顾姓人家学剃头，改名顾云卿，和我娘石南姐结婚后，改名盛永元，实际是个入赘女婿。我母亲是农村家庭妇女，但很能干，吃苦耐劳，手脚利索，她和好婆包氏住在一起。由于我父亲是剃头师傅，他经常在青浦县朱家角一带走街串巷，流动剃头。1936年早春，我母亲已有八九个月身孕了，她带着女儿一起去青浦找我父亲，不久我就出生在朱家角。那个女儿也就是我的阿姐叫盛彩华，今年八十五岁，住在昆山。

当时我俚家租住在朱家角一个姓陆的中农家里，房间很小，只有六平方米，放一张木床、两只木头椅子。我俚烧饭是借用主人家的锅灶，每次都是等主人家吃过后，再烧我俚吃的。陆家有蛮多人，对我俚还算客气，我俚也很本分。

1937年抗战爆发后，日军的飞机轰炸上海。父母亲为了保护好一双儿女，就向陆家借了两张旧的矮桌子，一张大一点，一张小一点，采用台子叠台子的办法，把我放在最下层，第二层是阿姐。一次，日军的飞机轰炸，幸好炸弹炸在附近，我俚躲过一劫。不久，我俚全家回到何市石家角，老宅基距白茆塘只有几十米，虽然日本人没到过，但心里总不踏实，成天担惊受怕。形势稍微平静一点，父亲又去了朱家角。听父亲讲，当时出去剃头就像讨饭，一路上担惊受怕，生怕遇上日本鬼子拉夫，甚至殴打、枪杀。当时农民生活很苦，剃了头有的给一点钱，也有的给一点米、几颗菜或者给几根酱瓜当剃头钞票，还有的啥都没有，也就算了。

娘和我俚回到石家角后，家里生活就由我娘主内，好婆主外。娘除了织布外，还要种菜，家里有一亩六分菜地，好婆负责卖菜。当时好婆五十多岁，我娘三十一岁（二十九岁生我）。我七岁学纺纱，阿姐也从小学纺纱。

听娘讲过一件事情，有一年，归市钱家塘岸有一条巷埭，因为影响日本鬼子背纤，结果日本鬼子就把这条巷从东到西的房子全部烧光，全村百姓无家可归，真是造孽啊！

我所说的这些是从小听娘讲的，也有一些是阿姐讲给我听的。在我印象中，娘经常同我俚讲逃难的历史，讲受日本人欺压的苦，叮嘱我俚一定要好好工作，珍惜幸福生活。

采访于2016年10月23日上午

徐质田：关押审问我爹娘

徐质田，何市陈泾村徐家老宅基人。1937年10月13日（农历丁丑年九月初十）生，属牛。大专文化。教书为业，1998年退休。现住何市社区何东村。

1937年11月13日，东洋人起岸，我出生刚满一个月，娘抱了我躲在秆稞冈里。

1941年3月，我父亲徐凤书（字翰青，1871—1953）被抗日民主政府委任为何市区公所区长，知道他是清朝秀才出身，饱读诗书，对文化很有研究，又热心地方公益，就让他分管教育工作。同年7月，日军大"清乡"，到处抓人、杀人，要剿灭抗日武装，不久，也就是闰六月初三（公历7月26日），我父亲被地痞殷阿狗告密，说他私通共产党，家中藏有枪支，被驻太仓沙溪的日军尾樾部队手下的谍报团抓去。一再审问，要他讲出枪支藏在什么地方和地方上的抗日干部名单。他都说："不清爽，不晓得。"日军就让他看人家受刑拷打的场景，以此恐吓他。我父亲还是说："没有，不晓得。"我娘生怕我父亲吃苦头，就请姓胡的翻译官吸鸦片，结果被胡翻译连吓带骗，敲竹杠敲了去两百元钞票和几件好一点的衣裳。父亲在何市镇上被关了靠十天，被日军宪兵队中正队长带到太仓沙溪后河沿的职业学校中审问，同他讲："我俚知道你家中藏有枪械，一定要交出来。"我父亲说："三年前，乡里办自卫团时看见过武器。但不久游击队到何市来，枪支都被他们收了去。现在还到哪里去找枪支？"那个宪兵队长见问不出啥，不死心，就将他拉到屋后，要他站在一个高土墩上，下面是个深坑，然后拔出东洋刀，驾在我父亲颈脖上，说："你再不招供，就死啦死啦！"父亲很镇静，说："你说话要有证据。你证据都没有，就要杀我，实在太冤枉了。"日本人没有办法，只好收起东洋刀，给我父亲戴上手铐，关到牢房里。又过了三天，日本人再次提审。这次审问，不再是面目狰狞，而是假装有礼貌的样子，问他一些新四军如何办教育的情况。父亲就做了些简单介绍，告诉他们新四军不发教材，只发歌词。以此应付审问。到了闰六月廿一日，父亲被释放，释放时还加以训斥，要他将家中墙上写的"毋忘五三国耻"的抗日标语清除掉，凡有关抗日的图书也都要彻底烧毁。

父亲回到家里一看，只见家中早就被日本人翻箱倒柜，搜劫一空，心中对日军的仇恨更添一层。他想起文天祥《正气歌》中"人生自古谁无死，留取丹心照汗青"的诗句，就将自己的字"翰青"改为"汗青"以表示他热爱祖国、坚贞不屈的决心。

再说说我娘。我娘何茂月（1900—1956），我父亲被日军抓去后的第二天，太仓的抗日干部金秉义来到我家，提出躲避两三天。我娘就将他隐蔽在邻居汪三先家中，改名汪阿福，并编好说法，统一口径，以便应付外人打听。如有人问，就说是汪三先的堂弟，叫汪阿福，在昆山谋生。父亲被抓去的第三天，也就是金秉义来的第二天，日本人冲到我家里，把我娘绑起来押到楼上。我看见娘被押上楼去，就哭着、喊着跟上去，被日本人一把从楼梯上推下来，然后把楼门关上。我娘被他们吊在梁上拷打审问：一是枪藏在什么地方？二是抗日干部藏在什么地方？我娘都说不知道。日军打了一阵见问不出啥，就回太仓璜泾去了。当天晚上，我娘对金秉义说："我一个女人家，恐怕保护不了你，你还是另外想办法吧。"金也表示理解，因为躲在地方知名士绅徐凤书家里，也容易被人注目，所以他就去了别处。"文化大革命"中，扬州有人来我家外调，我俚才知道金秉义是扬州市委副书记，来调查他在何市有没有被日军逮捕叛变。当时我娘已过世，是我和老村长周阿连接待的。

再说我娘被日本人关在楼上审问的时候，另外有日本人胁迫附近百姓在我家附近的河里摸枪支。摸了一阵，都说没有。其实，枪就沉在河里，但摸到了也不敢拿起来，害怕日本人就此大开杀戒，滥杀无辜，所以都说没有。

在我家附近有座小学，叫陈泾小学，学校里有两间教室，一间办公室，都是地板房。日本人到这里搜查，在课桌里发现了抗日教材，就将教室里的课桌椅拖到一起叠起来。下午两三点钟，日本人临跑时就放了一把火，要烧毁学校。日本人越走越远，学校里的火越烧越旺。烧到后来，藏在地板下面的一箱箱子弹爆炸了。这是我父亲的侄子徐寿康组织民间自卫团时购买后藏在下面的。大家都帮着浇水救火，房子已经烧得差不多了。由于地板下面的子弹箱是分散放的，因此有的在地板燃烧时爆炸了，有的没有。为了杜绝后患，当天半夜里，周边乡邻又一

徐质田：关押审问我爹娘

起把地板下尚未爆炸的子弹一道搬出来，丑到河浜里。到20世纪50年代干河积肥时从河里捞起来许多子弹还有枪，都已经锈了，枪柄也烂掉了。

采访于2016年6月9日

[支 塘]

陈涵树：轰炸烧杀罪恶多

陈涵树，支塘镇上人。1930年9月21日（农历庚午年七月廿九）生，属马。大学文化。教书为业，1990年9月退休。现住支塘镇南街。

1937年"八一三"事变后，经常有东洋兵的飞机到支塘镇上空盘旋侦察，学校和有钱人家都挖了防空洞。农历十月初十（11月12日），日军在支塘投下第一颗炸弹，苋在支浏路1号桥，当时有伙子在那里挖战壕，当场炸伤和炸死了三四个人。老百姓人心惶惶，感到战争要来了，纷纷逃难。我父亲陈泽民（1893年生，属蛇）在支塘镇抗敌后援会从事宣传工作，那时他正在外面宣传抗日，炸弹爆炸后，他先赶回家，再到镇公所了解情况，回家后要我俚做好逃难准备，打算去白茆李市避难。第二天，天还未亮，白茆口的炮声"轰隆，轰隆"地响了，很厉害。紧接着，有九架日机轰炸支塘，循环往复，爆炸声不断，震耳欲聋。父母亲带着我俚四个子女赶紧出去躲避飞机，准备逃难的东西啥都没拿。大约走出二十米，我家隔壁陆家的楼房就被炸毁了。除此之外，还有五六家房子被乩了炸弹，人员伤亡不清楚。我俚离家后往锡沪公路西南面离支塘镇有三里路的杨泾口跑。我俚啥都未带，想要回家拿东西，发现公路上都是往常熟方向撤退的国民党军队，川流不息。我俚根本穿不过公路，只能停留在杨泾口一个周姓农民家里。周家和我俚虽然非亲非故，也不认识，但很热情，留我俚住下来，以后我俚还攀了亲眷。当天晚上六点左右，锡沪公路大洋桥到支塘镇上这段三四里距离内，枪声、汽车马达声响成一片，非常激烈。从杨泾口望过去，只见镇上裕泰纱厂正熊熊燃烧，火光冲天。后来了解到，日本飞机不但乩炸弹，还乩燃烧弹，引燃了棉花、棉纱，尽管工人拼死救火也无法扑灭，这场大火烧了三天之久，损失惨重。

我俚在杨泾口农民的坟堆里躲了一夜，身边用棉田中的棉花稘（棉花桔秆）作遮蔽。半空中有日本人放的两颗照明弹，寒光闪闪，亮了一个多小时。我俚都是第一次看到照明弹。第二天天刚亮，我俚看到锡沪公路两边的房子都在烧，浓烟滚滚，焦烟扑鼻。父亲估计支塘镇已经沦陷了，于是就带领我俚往白茆李市跑，因为母亲的姨母家在李市季巷，我称她舅婆婆。在季巷住了四五天，听说日本人从昆山过来了。我俚向舅婆婆家借了一条船，摇到昆山靠近石牌的乡村里避难。船上乘了十二个人，我家六人，杨泾口周姓农民和我俚一起逃难，他家也是一对夫妻带四个孩子，由周姓农民帮助摇船。

当时一直有日本人下乡骚扰，我俚听到风声就要转移，整天心神不宁，提心吊胆。一次，在万团圩刚烧好饭，听到有人喊"日本人来了"，我俚赶紧摇船逃难，饭也顾不上吃。那次，日本人真的来了，幸亏跑得快，未有损失。我家往昆山逃难时，向舅婆婆借了几口袋米，菜就挑点路边的野菜，柴是割的野柴。每天将就度日。后来，我俚逃到昆山周市的平庄甸，在这里住了一个多月。逃难到平庄甸的支塘人很多，大家互通信息，相互关照。待局势逐渐平静，在这里避难的人也逐步返回支塘。我俚先回到杨泾口周姓农民家，父亲去镇上看看动静，然后再带着我俚回到支塘家中。回家的路上，到处残垣断壁，满目凄惨景象，死尸已经有人掩埋掉了。到家一看，门窗全无，火沿着木柱往上烧，差一点烧坏阁楼，父亲就请人用砖头另外砌了立柱，顶住阁楼。后来听人说，房子着火后是佚子帮助浇水扑灭的。屋里除了马桶还在，各种家具都被烧的烧，散失的散失，父亲的好多书被乱了一地。我家邻居三十多岁的唐阿宝、剃头师傅陈二司都被日本人打死了。附近陆家、宋家、陈家的房子都烧光了。

回到家后，母亲要去芦泽塘看望自己父母。芦泽塘在支塘镇东面一里多。一路上都是废墟，有几个巷埭上的农民房子都被烧光了。我外婆家的房子也被烧光了，住在临时搭的人字形的简易棚内。母亲还了解到，日本人先后三次到芦泽塘，每次都去杀人、放火，共杀了十几个人。我外婆是何市乡下人，日本人来时，她逃难去了何市庄子上，家中留下外公，还有我娘舅、小舅舅，当时，日本人闯到外婆家里，我外公卧病在床，日本人用刺刀戳戳他，见他勿动，就说"死了死了"，然后跑别的人家去。我小舅舅才五岁，他陪在外公身边，娘舅也只有十五六岁，他被日本人往外赶到周洪兴打谷场上，赶到此地的还有十来个来勿及逃难的农民。当日本人要进行屠杀时，我娘舅看见那阵势吓来得逃走，有个日本人要去捉他，另一个日本人说"小孩的，开路开路"就放他走了，他成为芦泽塘血案的幸存者。

回家后，生活无着，我父亲学过针灸，就在太和堂药店里摆了张台子，帮人家针灸，赚几个小铜钿养家糊口。以后他仍回到小学里当老师。1937年，我在支塘小学上一年级，辍学两年上私塾。1944年小学毕业，到城里读省立第七中学。在读小学五六年级和初中时，都要学日语。初中里的日语老师姓徐，对学习抓得很严格。

支塘镇上的慰安所先是设在南街上一家有大楼的人家，后搬到褒亲寺前面一座沿街平房里，有四五个从城里找来的"雌头"（妓女）充当慰安妇，她们穿旗袍，年纪接近三十岁。慰安所由镇上维持会管理。

采访于2017年2月23日

[白　茆]

陆和生：杀人强奸不堪忆

陆和生，白茆上塘村人。1930年7月7日（农历庚午年六月十二）生，属马。小学文化。务农。现住古里镇白茆紫芙社区上塘村。

日本兵打来那年我虚岁八岁，家里有好公、好婆、娘、老子、我和弟弟。老子陆瑞春，三十二岁；娘王杏宝，三十七岁；好公陆根根有六十多岁了；好婆方大。1937年十月初十，日本兵在白茆镇上丢炸弹，炸掉好多房子，尹桂余的娘被炸弹炸掉一只脚，炸死不少人。在前两天，先是在常熟城里炸，白茆塘里的浮尸随着潮水汆来汆去，一直有的。丢炸弹那天，刚好我叔叔病死，因此我俚比别人家要晚两天逃难。先是想逃难到李市去，离我家有好几里路，父亲说："你人小，跑不动，和好公好婆在家里。先把你娘和弟弟送去，回转来再接你。"当时我娘正怀孕在身，弟弟陆和林只有五岁。好公好婆也对我说："勠逃吧，日本兵就要过的。"后来父亲把娘和弟弟送到了昆山石牌乡下。到十月廿三，父亲回转，走到白茆南桥头，离家只有里把路时被日本兵杀死在桥埭头。我俚都不晓得，直到十月廿六，跑过路人看见了才来告诉我俚。过去看时，尸体面孔已经发黑，好公好婆向人家借了一口寿材收尸，就安葬在南桥附近。

我父亲有点文化，他一手握笔，一手打算盘，在任阳米行做账房兼董浜木行账房，很能干。娘是董浜弄堂圩（距董浜镇两公里）人。结婚后，父亲在任阳做事，娘在家里种田，好公是挢挽子的，帮人家做搬运工，好婆是小脚老太，做做家务。父亲被枪杀后，家里生活更加困难。娘逃难回来生了一个女儿，因无力抚养，只好含着眼泪送给人家。

日本兵打到白茆时，坏事做了勿勿少少（许许多多）。逃难回来，到处断墙残壁，一片惨象。就我晓得，新泾、葑泾的房子被烧干净，一个地方三十多家，两个地方就有五六十家，虽然是草棚棚，烧掉后，这许多老百姓就没地方住，只好再搭点篱笆壁脚草棚棚。老百姓出去逃难后，家里的鸡、鸭、牛、羊、狗都被日本兵杀来吃光。有一个从别的地方逃难来的年轻妇女，只有二十多岁。被日本兵强奸后杀死在上塘村竹园里。被日本兵强奸的事情蛮多的，有些人咽在肚里勿肯讲。

我十一二岁在白茆中心小学读二年级，校长张素，有两个老师教我俚，一个姓王，一个姓陈，都是三十岁不到，教了一个月不满，就被日本兵捉到支塘镇上枪杀了，说他们是新四军。

常熟沦陷后，日本兵在白茆并无驻军，但镇上的保安队、警察都是他们扶持起来的，一样要吸老百姓的血汗，人头税、猪税、羊税、烟囱馆税……多得勿得了。1941年大"清乡"时才有部队驻扎，就驻在冯二少家中。冯二少是我俚村上最大的一户人家，他本人在温州做官，家里有两幢三进四院堂，一幢新的，一幢老的，可以住交关（许多）人。当时是大热天，他们捉来两个女新四军，不许她们穿衣裳，任其轮奸，后来这两个女的都死了。

采访于 2017 年 3 月 17 日上午

陆瑞英：奸杀妇女随处见

陆瑞英，女，白茆乡上塘村人。1932年6月12日（农历壬申年五月初九）生，属猴。读过半年私塾。务农。现住古里镇白茆紫芙社区上塘村。

1937年时，家中有好婆顾妙和五十岁，好公陆全全三十二岁就去世了，父亲陆鼎二十九岁，娘张安金，白茆庄浜人，小爷叔（叔父）是遗腹子，叫陆福遗，只有十二岁，和我俚住在一道。本来我上面还有个阿姐，大我三岁，因生病，在我出生那年不幸夭折。娘、老子都是农民，家中有一造（所）新瓦房和三间草棚棚。当年农历十月里，日本人先是在白茆镇上丢炸弹，老百姓纷纷逃难，往南逃到十廿里路外的杭埭上，因为是水网地区，都是摇船去的。躲过风头才回转，具体几天说不清了。回家一看，上塘村上百户人家，就烧了我家那造瓦房。因为没地方住，娘就回到自己娘家，老子只好住到猪棚里，好婆、爷叔和我缩到三间草棚棚里。老子还要赌铜钿，娘以后就改嫁了，所以我是好婆一手拖大的。后来慢慢弄清爽，我家隔壁是三进四院堂的金家，住了几十

· 103 ·

个日本兵，在我家里烧饭，失火将房子烧掉了。

逃难回来后，为了生活，好婆织布，我纺纱，每夜纺到十点钟模样，在小酱油盆里倒一点菜油，捻三四根纱头做灯芯，火头小来像粒谷。有只灯谜，叫"一粒谷，绽来满间屋"就是说的油盏头。要是不纺，第二天就接不上布。我只有七八岁，好困，好婆为了当心我纺纱睡着，就给我唱山歌、讲故事，我记性好，好婆唱的、讲的，我都记在心里。我念过半年私塾，先生说我聪明。逃难回来时，他看我不去念书，就对我好婆讲："让瑞英来念书吧，她一来，就可以为其他同学做榜样，我可以不收铜钿教她。"好婆讲："先生，不是不想让她念书，实在没办法，我俚要靠纺纱织布吃饭呀。"

稍微大点，我学会一只小调，我来唱唱看，背倒背不出，唱唱就一句一句接上来哉："月亮渐渐高，照在我眉梢，小姐妮在房中，心中好苦恼。（问：为什么苦恼？）思想我的郎，死得真冤枉，日本鬼子乱炸弹，乱在我郎身上。（问：为什么不去报仇？）思想要报仇，家里有三岁小孩童，解决哪一个？（问：你想什么办法？）组织妇女会，做鞋子、做袜子，慰劳我军队。（问：慰劳哪一个军队？）新四军，游击队，打掉日本鬼子狗强盗，宁死也甘心。"这是我八九岁时学唱的。

再讲讲我晓得的日本鬼子的坏事。我姑妈十九岁，嫁给同村宋家大儿子宋兆玉。宋兆玉二十三岁，他下面有两个妹妹一个弟弟，两个妹妹，一个十九岁，叫菊囡；一个大一两岁，叫二囡。日本兵来时，宋兆玉带了我姑妈和妹妹、弟弟出去逃难，男主人老早死了，就留个娘在家里。隔了几天，两个妹妹要阿哥回家看看娘，阿哥胆小不吭声，两个妹妹立起来就跑，回到家里，刚好碰到两个日本兵在问她们娘："老婆子，鸡子？"两个女儿刚踏进家门，就被日本兵一人一个拉到柴房里强奸。

娘扑上去拉，被一脚踢在她的小腿上，她就跌在地上了，小腿当场像馒头一样肿起来，都是血，以后又溃烂，烂脚烂了三年。两个细娘被强奸后，仍旧逃回逃难的地方，啥都不敢响。

日本人打来时，陆福兴娘子有二十多岁，她家里不敢蹲（待），就躲在船上，结果还是被日本兵发现后遭到强奸。屈家明的娘当时只有十六七岁，她剃光头，装扮成男小孩，倒蛮太平。

我娘的妹妹张安银，十九岁，还没嫁人。一天，看见日本人来，她出脚就跑，日本人追到牛车盘里要强奸，她不肯，被一枪打在心口，当场被杀，惨是惨来！

采访于 2017 年 3 月 17 日上午

[碧　溪]

王溥季：彩阿姐受辱惨死

王溥季，碧溪徐六泾人。1919 年 3 月 20 日（农历己未年二月十九）生，属羊。高中文化。教书为业，1987 年 4 月退休。现住碧溪镇浒浦乔家浜新村。

1937 年抗战爆发时，我在上海市立新陆师范读高一，即将升高二。"八一三"事变发生前，我回到家中度暑假。当时我俚家距碧溪徐六泾口只有一二百米，小地名叫王栈房。我俚家和叔父家住一起，三进四圆堂十间包厢，两家各一半，包厢很小，用来堆放杂物或者做柴房用。我父亲原在马渡桥小学教书，在我九岁时他就过世了。家中有母亲和她的五个子女等七八个人。大哥王承季，属猪，大我八岁，在上海租界的和安小学教书，这是租界内唯一的市立小学。我在上海读书就依靠大哥资助。二哥王荣季在上海丝绸染织厂务工，"八一三"事变爆发后他也回到家里。大阿姐王渠季，小阿姐王季婵，我最小。我叔父家也有七个人，叔父王叔颐（王自求）也是教书的，先是在西周市小学教书，我父亲过世后,家中缺少照顾,他就在自己家里办了个私塾。

抗战爆发前,因我家距离江堤近,家中就住有国民党驻军的一个班,经常轮换。驻军告诉我俚,日本人要打进来了,这里要打仗了。这样一来,母亲就带着阿姐和我先搬出去,住到碧溪东面的洪长泾。搬出去时就想着可能会在外面住段日子,所以还带了些粮食、被头和替换衣裳等。叔父不肯走,他们一家还住在原地老屋里。

当时,长江里就停有日军的兵舰。日本人是在半夜里登陆的,先是埋伏在江堤外,等到天亮上岸,炮声、枪声连成一片。日本人上岸后,见人就杀,见房就烧,纵深一里范围内的所有房子都被烧光了。住在我家的中国军队撤退后,房子就被日军占用。

11月13日,枪炮一响,住在老家的人就来到洪长泾和我俚会合。母亲带着我俚,随同洪长泾的老百姓,一共二三十人,跑到沈家市南面二三里路的一个宅基上避难,在这里我俚无亲无眷,全靠当地村民出于同情之心让我俚住下。从洪长泾到沈家市,我俚走了整整一天,路上逃难的人群像蚂蚁阵,前不见头,后不见尾,中间还夹有撤退下来的中国兵。晚上,我俚在沈家市往北望去,只见半边天都是红的,犹如火烧赤壁。在沈家市避难半个月后,局势稍有稳定,我俚全家又回到碧溪洪长泾,回去的路上看到好多被五花大绑后扔在河里淹死的中国兵的尸体。其实回到洪长泾也不太平,天天有日本兵出来打家劫舍,猪呀,鸡呀,什么都要。白天,我俚就离开洪长泾,往徐市、吴市方向跑,和日本兵抄圈子,晚上回到洪长泾住,第二天再跑。这样又过了半个月,全家才回到徐六泾老家。

回家一看,家里就像一个马棚,门、窗、桌、椅被拆个精光,都被日本兵烤火烧干净了,天井里的灰堆有方台高,马粪也有四十厘米厚。

家中一无所有，我俚只能以日军离开时吃剩下来的马料（大豆）当粮食。以后的生活，一是家里还有十亩地，我俚就以种地为生；二是靠在上海工作的大阿哥寄些钱回来接济，虽然吃了许多苦，总算一家人并无伤亡。叔父家损失就大了，日军登陆后，叔父的女儿王季彩（当时二十二岁左右，我称呼她彩阿姐）就惨遭轮奸，以后叔父就带着她外出逃难。一天，让日军看到后，又要抓彩阿姐，她失魂落魄地拼命跑，但还是跑不过日本人，眼看又要落入魔爪，彩阿姐就毅然跳进路边粪坑里，但还是被日本兵一枪打死在粪坑里了。我俚族里还有一个五十多岁的叫王宝琛的亲戚，在马渡桥开一家小的中药店，日本人登陆后，他还留在那里看店，结果被一刺刀刺杀在店门口。

又过了些日子，常熟与上海的交通恢复了，我和二哥就回到上海，我继续读书，二哥就回到工厂做工。当时，大哥一直留在上海教书。

采访于 2008 年 8 月 6 日上午

殷增兴：殷家宅基血泪仇

殷增兴（曾用名殷稼农），碧溪谢家泾人。1932年4月19日（农历壬申年三月十四）生，属猴。初中文化。吴市公社民政员退休。现住碧溪新区聚福苑。

1937年农历十月十一早晨，有雾，长江里的日本军舰一个劲往岸上打炮，有颗炮弹落到我家竹园里，因是沙土，直钻到地下，未冲着硬头，没有爆炸，事后殷祥祥用竹竿顺着洞去戳，深不见底。当时我和大人们躲在自家挖的防空洞里，里面藏了十来个人，家中父母和亲婆（祖母）藏在另外一个地方。

我俚家住的地方是占地二十亩的殷家大宅基，距离日军起岸的野猫口约有三里路光景。殷家大宅基是个大族，宅基前面是围墙。后三面环河，正面围墙有三个大墙门，宅基后面有跳桥。宅基前面有片大场，冬天我俚就经常靠在围墙边孵（晒）太阳。

日本兵的大部队登陆后，向常熟城里进犯，留下一个连队驻在浒浦洞坝巷花边商张生家里。他们经常出来骚扰、拉女人、捉鸡、要鸡蛋，老百姓听不懂日语,他们就用手比画。我亲眼看到日本兵吃早饭时,将鸡蛋敲在饭碗里生吃。有一天下午,我俚正在孵太阳,我亲婆(她当时六十二岁)出来倒马桶,那是个红漆马桶,日本兵看到后以为有新娘子,就跟她说"姑娘、姑娘",意思是让亲婆帮他找大姑娘,亲婆听不懂,被日本兵猛地一推,跌倒在粪坑边的大水沟里,马桶也打翻,人也爬不起来。我父亲很心痛,他看到日本兵欺负我亲婆,就赶紧走过去对日本兵说:"先生,你要大姑娘,我带你去找。"说着就往北面巷上走了,把日本兵领到张建宝家里,张家房屋很大,有两进。进去转了一圈,未见人影,日本兵发火了,知道父亲戏弄他。我父亲当年三十一岁,身高力大,本来看见日本兵一肚皮的火,现在看日本兵未带枪,就要教训教训他,便出手一拳,日本兵一闪,拳头打了一个空。不料日本兵从腰里拔出小刺刀,刺我父亲,我父亲伸手去夺,一把握在刀口上,顿时鲜血直流。鬼子连刺,父亲连夺,几次下来,手掌心里被勒得皮开肉烂。鬼子一共刺了七刀,因我父亲穿了两件老棉袄,所以其中六刀仅刺破棉衣,未曾伤及身体,第七刀刺在胸口,约有2厘米的深度。父亲感到心口"阴冰冰",晓得不好,就用手捂住心口,朝张建宝屋后的竹园里跑。竹园旁边是谢家泾河,河边有个芦滩,杂树丛生,父亲就躲在芦滩边。冬天天色暗得早,下午四点不到,太阳已经歪西,像傍晚光景,那个鬼子随着血滴追过来,没有找到我父亲,就回部队去了。过了一会儿,父亲见外面没有动静,就回到家里,由于身负重伤,他面无血色,口干舌燥,周身发抖。这情景很快就被宅基上人知道了,他们都来关心,其中殷友泉、殷永生、查根寿三个是我父亲经常相处的,人称大气力的要好朋友,他们天不怕、地不怕,看到我父亲伤成这个样子都很气愤,提出找鬼子讲理去。他们扶父亲躺在藤榻上,抬到日军队部,当即有个翻译过来问什么事。一同去的人就告诉他:"我俚一个好好的百姓,被你们弟兄戳成这样!"翻译进屋同日本军官一说,那个军官就出来集合部队,要我父亲指认。因日本兵都穿一样的军服,一时认不出,父亲就装作昏迷过去。同去的人就说,他现在已经昏过去了,还是先看伤要紧。日本军官就叫军医过来,将我父亲的伤口清洗、敷药,用绷带扎好,然后三人将我父亲抬回家中。回家后一商量,担心日军会来报复,当晚就将我父亲转移到离我家一里半的陶泾巷上,在我舅妈家里养伤。

第二天,果然来了十多个日本兵寻衅报复,他们害怕大宅基里面有埋伏,因此也不敢贸然进去,就分散跑在几个地方,有几个日本兵在围墙外面的麦柴萝上拔柴,点火烧着后抛到围墙里面,里面的人早有防备,大水缸里都挑满了水,因此一抛进去就被浇灭。在围墙外面的老百姓看见日本兵拔柴点火,有的人上前劝止,双方推来推去。幸亏我俚早有防备,故未形成火灾。

后来日本兵连续来了几天,有一天将在围墙外面孵太阳的二十来个老百姓分成两队,要一队站在太阳光里,一队站在阴头里。老百姓一是听不懂,二是不懂啥意思,有个大我五岁叫殷泰全的小朋友就靠在父亲身上哭起来,日本兵看到他哭,朝他就是一枪,子弹穿过殷泰全胸背,打到他父亲殷松琴腰部,正好顶在他口袋里带着的铜水烟盒上。殷泰全当场身亡,殷松琴痛失儿子,回家躺在他床上,伤心至极,宅基上的老百姓都去看望他,我也站在他床边,亲眼看他撩起衣服,只见腰部有块皮肤已经发红,说:"要不是水烟盒挡住,子弹就钻到我肚子里去了。"又过了几天,宅基上有两个叫殷顺泉(殷友泉的哥哥)和殷寿泉(殷友泉的弟弟)的农民被日本兵强行拉夫,兄弟俩因不愿意替日本兵干活，途中逃跑被开枪打死，当时他俩只有三十多岁。

殷家大宅基的北墙有一道门叫"塞门"，塞门上面有精美的砖雕，刻着人物、花鸟等，都是吉祥图案。一次，殷松琴的母亲看到日本兵用枪上装着的刺刀在戳砖雕上的人头，就上前阻止，日本兵朝她就是一枪，幸亏她儿子在旁边拉得快，子弹钻进了她身后的墙头里，留下个子弹洞，老太险些丧命。

后来日本兵接连不断地出来骚扰，除了抢东西、找大姑娘外，还开枪杀人，闹得人心惶惶。从此，老百姓白天就离开宅基，到外面避难，天暗以后再回自己家里。一天到晚，提心吊胆，唯恐遭遇杀身之祸。

采访于 2009 年 4 月 23 日上午

陈浩兴：祖父刺伤爬回家

陈浩兴，碧溪西玄湖浜人。1932年10月8日（农历壬申年九月初九）生，属猴。初中文化。机关公务员，1992年11月退休。现住虞山镇花园新村。

我家老家是碧溪西玄湖浜，1937年时我虚岁六岁。当时我俚都在苏州，因为好公（祖父）、父亲都会缝纫手艺，在苏州娄门有名的粮商黄旭仁家租墙门间开了个裁缝店，又称成衣铺。裁缝店已小有规模，有四只作台，两台缝纫机。自家人有五个大人，三个小人。祖父陈忠奎，光绪三年（1877）生，属牛；父亲陈永生，属鸡，四十一岁；母亲殷荷仙，与父亲同年；还有四爷叔，三十岁左右；六爷叔，二十岁；我的二老兄陈仁林，比我大三岁；我下面还有妹妹陈翠娥，虚岁三岁；另外有两个学生意和三四个做生活人，共有十几个人，吃饭要两桌方台。那些做生活人，都是碧溪一个巷埭上人，是我父亲带到苏州的。我好婆（祖母）陈殷氏，与好公同年，留在碧溪老家种田、织布。

日本人要打到苏州来时，苏州城里人心惶惶，争相逃难，哪来心思做生活。父亲决定先回碧溪老家再说。祖父执意一个人先跑，四爷叔也单独跑，两个人是分开跑的。父亲和六爷叔轮流抱着虚岁三岁的妹妹，九岁的二哥和六岁的我都是靠步行回常熟，因为三个大人除了抱我妹妹，还要带点行李，也就腾勿出手来搀我俚或背我俚。一路上，只见日本兵的飞机窜来窜去，一看危险，就赶紧躲到马路边上的坟窠罗里。走到辛庄往北是东始庄，这里有我父亲一个姓叶的朋友，父亲说先到朋友家去歇歇脚。于是我俚就在东始庄住了八天到十天，然后再回碧溪。回到老家后一看，祖父还未回转，大家心里蛮急，生怕有啥勿测，父亲想出去找，但闪了腰勿能动。这时在上海打样公司做小职员的大阿哥陈浩如（十九岁）回到碧溪，听到祖父跑了将近半月还未回转，就说由他去找，结果一走未回。后来才知道他没有找到祖父，就回到上海，靠拾垃圾过日。我还有个大阿姐陈媚英，十岁就领出去做了童养媳妇，后来到了上海住在东自来火街，1937年时她十七岁。一次大阿哥拾垃圾时刚巧被我阿姐看见，就一把拉到屋里，问他哪能桩事体（怎么回事）。不久，大阿哥到了浙江宁波，参加了国民党军队，投身抗日战争，直到1948年才回到碧溪家里，以后又去了台湾，因为他的上司已将他的老婆、孩子送到台湾，他就勿能勿去。

我祖父去了哪里呢？我俚从苏州回到碧溪后，又过了几天，祖父一瘸一拐回来了。他告诉我俚，他走到陆墓时，夜里在路边一个破房子里歇夜，身上随便盖点破棉絮毯和破衣裳。半夜里日本兵进来搜查，拿刺刀枪在暗头里东戳戳、西戳戳，结果他脚底心里被戳了两刺刀，无法走路。祖父说幸亏年轻时当过兵（清兵），有熬劲，虽然刺骨疼痛，还是咬紧牙齿勿出声。受伤后，他就熬着痛一路上慢慢爬转来。听他诉说一路上的痛苦，我俚全家人的心里都充满了对日本鬼子的仇恨。

由于西玄湖浜偏离大官路，日本兵走不大到，除我家前面隔房好婆家被日本兵弄白相烧掉一间草房外，其他的生命财产损失勿大。我六岁回到老家后，八岁那年在宅基上陈四公公开的私塾里读了两年，读的《三字经》《百家姓》。

我父亲在 1939 年又回到苏州做裁缝。原先的裁缝店在日机轰炸苏州时已经炸毁，仅有的一点资财都损失干净。1940 年，父亲在苏州东北街华阳桥塊再次租房开裁缝店，由于缺少资本，规模勿及原来一半，就父母亲，另外再用两个人，这次开店只有两张作台板，勉强有口饭吃。我在 1941 年 10 月也到苏州，在善耕小学一年级做插班生。1943 年 10 月，父亲得伤寒症过世，只有四十六岁。父亲过世后，裁缝店转让给白宕乡的丁姓裁缝，与我家牵亲带眷。母亲和我回到碧溪老家，靠做田里过日脚（日子）。

采访于 2016 年 12 月 18 日

[浒　浦]

戴祥生：姐夫惨死炸弹下

戴祥生，浒浦邓家坝人。1916年11月2日（农历丙辰年十月初七）生，属龙。务农。现住碧溪镇浒浦绳网弄。

日军在浒浦野猫口登陆是1937年农历十月十一，但早在八九月份，日军飞机就经常到镇上来轰炸。当时我姐夫陈元邦，又名陈老元，在浒浦镇新东街自己家中开了个小米店。当时，在镇上北桥河边万盛南货店楼上有只警报钟，遇有日军飞机轰炸，就有人敲钟，提醒百姓躲起来。九月初五上午近十点钟，姐夫去万盛南货店附近办事，刚巧日军飞机来轰炸，他就躲在万盛旁边的厕所内，结果被当场炸死，两条大腿就像被刀劈开一样，上半身被炸弹片穿了几个洞，血流不止。

有人来报信后，我与哥哥戴根，还有姐夫的学生一起拿块门板，将姐夫遗体冒雨送回马渡桥家中。姐夫死后，家中留下我阿姐戴秀珍（1976年去世）和一个两岁的小外甥陈正芳，那种日子真苦啊！

采访于2005年8月31日上午

季月英：胞弟二人遭夺命

季月英，女，浒浦塘西人。1923年7月16日（农历癸亥年六月初三）生，属猪。务农。现住碧溪镇浒浦绳网弄。

1937年时，我家中共有五人。当时父亲已经过世，母亲支凤玲四十岁左右；哥哥季金生，1918年生，属马，在上海某轮船公司工作；我是第二个小人；大弟季金宝，1928年生，属龙，小弟季金荣，比大弟小两三岁。

1937年农历十月十一，日本兵的冲锋队起岸，又是飞机炸、大炮轰，又是杀人放火，老百姓四处逃难，当时我家住浒浦塘西靠近江边的港口上，我家附近有家开缸甏行的女人，四十来岁，就是被日本飞机炸死的。冲锋队过后，局势稍微安定一点，为了谋生，母亲经人介绍去城里贩送鸡蛋，结果蛋送去了，钱未要到。母亲只得假扮叫花子讨饭回家，走了两天，回到母亲娘家，当时我也在宝娘（外祖母）家，母亲进门来，只见她拓花仔面孔，穿一身破衣裳，我俚认都认勿出。

我当时十五岁，母亲害怕日本兵出来抢"花姑娘"，就把我送到问村过去一个叫"宅子庙"（梅李胡琴村，现属银塘村）一个孟姓家中躲起来，白天戴顶笘笠帽，穿作裙，假扮成男孩子，担惊受怕地躲了几个月，在第二年开春后才回到浒浦。我去"宅子庙"后，两个弟弟仍留在浒浦。1937 年 11 月底，两个弟弟躲藏在浒东小居家（现属浒西村）河边秆稞里，日本兵经过看到秆稞叶在动，举枪就打，我两个弟弟被当场打死。母亲得悉后，哭得昏了过去。还是我老伯伯（父亲的哥哥）找几块板，钉了口棺材，将两个弟弟合葬在一起。

我母亲后来也在日伪时期，发大水那年八月，得"瘪螺痧"而死。

采访于 2005 年 8 月 31 日上午

樊菊芬：家产悉数化灰烬

樊菊芬，女，浒浦野猫口人。1923年11月1日（农历癸亥年九月廿三）生，属猪。小学文化。1983年从浒浦衬衫厂退休。现住碧溪镇浒浦乔家浜新村。

我老家在浒浦野猫口，因经常有强盗抢，就逐步向里面搬迁。我十岁那年搬到梅李东街，向邓家租房居住，房子较大，楼上有三间，有花厅，还有大房间、圆堂、灶间。在此之前，我家已搬过两次。当时我父亲在苏北姜堰面粉厂工作，家中有八十三岁的好婆，我母亲、大阿嫂（大阿哥樊庆笙在南京工作），二姐和三姐已经婚嫁，二姐就嫁在梅李镇上，我上面还有四哥、五哥、六哥，我是第七个，我下面还有一个妹妹樊和芬。

1937年农历九月底，是捉棉花和割稻季节，当时我家在野猫口和西周市各有几亩地。在捉棉花时，经常遇到江堤外的日军从军舰上向岸上打机枪，子弹飞过来，吓得人心惶惶，几次下来，就不敢下田了。眼看形势越来越紧张，全家人就商量着如何逃难，决定还是往姜堰跑，因父亲在那里工作多年，与他在一起，我俚都感到有了依靠。这样，父亲就租了条捉黄鱼的船，先到浒浦老家装了些要带走的东西，然后到梅李接我俚，乘船往姜堰去。临行前，我二阿哥还向棉农收了三十包棉花存放在邓家房子里，准备做生意用，同时将收下来的稻谷装在三个大木柜里。

　　第二年，在梅李的二阿姐写信来说，由于日机狂轰滥炸，我俚租住的邓家已被炸为废墟，所有东西都在炸弹下化为灰烬。消息传来，全家人无不恨之入骨，一家人赖以生存的财产没有了，今后又该怎样维持生计？到了第二年，母亲和四哥、五哥先行返回梅李，我与好婆、阿嫂、侄女（1938年出生在姜堰，属虎）在1939年返回江南，而六哥德生、妹妹和芬留在父亲身边，后来妹妹不幸得了重病，死在姜堰，死的时候才十六岁。

采访于2008年8月6日上午

王瑞良：颠沛流离逃难苦

王瑞良，浒浦王家湾人。1930 年 9 月 20 日（农历庚午年七月廿八）生，属马。机关公务员，1983 年 2 月退休。现住虞山镇颜港新村五区。

1937 年时，我家三代五人。祖父当时已去世，祖母王夏氏，五十九岁，属猴；父亲王洪祥，1909 年生，属鸡；母亲王朱氏，1904 年生，属龙；我是大儿子，八岁；妹妹王瑞芬，四岁。当时我家住浒浦王家湾，距野猫口三华里。父亲在梅李金源兴布庄当职工，平时很少回家。因我家房屋较多较好，驻有国民党守军一个卫生连的连部，在日军登陆的前一天才撤离。

1937 年农历十月十一凌晨，天蒙蒙亮，听到打炮，一阵紧一阵，我被惊醒后就跑到天井里去看，只见炮弹飞过时一道一道的火光从天井上空掠过，向浒浦市镇方向轰去。浒浦镇上的许多居民、店员就跑到王家湾邻村的顾家巷埭避难。有一个店员被日军炮弹片击中大腿，顿时血流如注，村民将他扶送到我家，以为国军的卫生连仍在我家驻扎。我在天井里望进去，只见那人脚下一摊血水。因无医治，当天下午有我村王海二（推小车为业）与王炳炳、王锦康父子借用我家的藤榻、被子，将伤者送回梅李老家。

农历十月十一那天，日军登陆后未进我村。次日凌晨，只听机关枪一阵扫射，我俚赶紧躲到竹园旁边事先挖好的地洞里。枪声过后再出来，大屋里是不敢待了，我就与邻家的四五个小孩一起，躲在大屋后面的柴屋里，大人躲藏在另外一个地方。我家园子四周有竹篱笆，进出的竹篱笆门还上了锁。有几个日本兵要进来，打不开门，就哇啦哇啦叫，我祖母听到后就出去开门，因她缠过小脚，走路慢，日本兵进来后不由分说，就用装在枪上的刺刀背猛地打在祖母的肩胛上，还好未伤性命。

家里不能住了，我俚全家，包括村上所有人家都纷纷外出投亲靠友避难。农历十四日晚上，我俚逃到王家湾前面一个叫山家湾的村子，日军尚未到这里。山家湾是个四面环水的转水墩，为防止日军进入，河上的桥板已经抽掉，我俚就找了条罱泥船摆渡过去。进村后，分散躲藏在村民家中。谁知第二天，日军就进了山家湾，在各家各户进进出出，翻箱倒柜，闹得人提心吊胆，鸡犬不宁。有一个妇女还遭到多名日军轮奸，连路都不好走。当夜，我家四人随对门邻居五人一起逃到碧溪白宕桥附近一个叫金圈里的村子上。那个对门邻居有个年轻媳妇，我与她丈夫以堂兄弟相称，故平时就称她嫂嫂，但是她结婚不久，丈夫就去世了。到金圈里后，我俚就住在对门邻居的一个亲戚家里。不料，这个村上已经住有日军了，因我俚是在半夜里到的，双方都没有发现。

第二天（农历十月十五），日军把全村百姓赶到空场上，叽里呱啦地说了一通，我俚一句都没听懂。说完后，日军就搬来柴草，把我俚逃难住的那家村民的房子点烧，同时，还当众强奸了和我俚一起来逃难的嫂嫂，她才二十四岁。由于那家村民的房子是瓦房，房子蛮大，日军点火后就跑了，老百姓就帮着把火灭了。我站在空场上向四周望去，只见周边宅基东在烧房，西在烧房，一片火光。一看待不住了，我俚又继续逃。因白天路上日军部队来来往往，不安全，所以都是在晚上逃难。这一次，母亲和我妹妹到吴市虎路圈外公家避难。两天后一清早，我母亲抄小路，跨小塘，到碧溪将我和祖母一起接到虎路圈。到外公家后，祖母再回到虎路圈附近谢桥巷的老宅基（祖母娘家）去避难。当时，我父亲一个人逃难在外，直到年底，才回到吴市外公家与我俚团聚。

从浒浦老家出来逃难后，我俚都是什么都没带。刚开始，我母亲在晚上借助黑夜的掩护偷偷回家找一点吃的东西出来。但第二次回去，就发现整个村子十二户人家八九十间房子已烧成一片废墟，烧房的日子在农历十月十四至十七之间，是陆陆续续烧的，连菜棚、牛棚都烧了，老百姓说，烧得连筷子都不剩一双。由于我祖父祖上留下产业并且种田较多，家境尚属富裕，家中盖有六间瓦房，上有天花板，下有木地板，比较洋气。室内家具较多外，还有盘担、花轿等喜事用品，除此之外，还有大屋、包厢、园堂、柴屋共十九间房屋，这也是他一辈子的心血，但在日军铁蹄下一起化为灰烬。母亲回去看到房子烧了，就摸到原来存放东西的地方，扒开瓦砾堆，找到一些烧焦的麦子和黄鱼干，带给我俚充饥。

据我所知，我俚村上还有四个人成为日本兵的刀下冤魂。一个是吴姓男子，被抓到浒浦镇上绑在人家屋内活活烧死。另外两人（其中一个是女的）在逃难路上，被日军无故枪杀。还有一个老人就是王海二，日军进村时，王海二舍不得离开老宅基，后来他家房屋被烧，就借住邻家在田里搭的看菜棚内，被日本兵发现后，故意纵火焚烧，王海二未来得及逃出，被活活烧死在菜棚里。死后又无人掩埋，尸身被野狗啃得一片狼藉。

1938年开春后，我俚才回到浒浦王家湾，没有房子，就借住在亲戚家中。不久，再在老宅基上整理整理，在原来的包厢地基上，用烧剩下来的木料和断砖残瓦搭了三间房子，勉强度日。

采访于2005年8月12日上午

[梅　李]

马洪元：梅李商家损失重

马洪元，浒浦文村人。1921年9月18日（农历辛酉年八月十七）生，属鸡。1934年定居梅李镇东街。梅李商业退休职工。现住梅李镇东街新村。

1937年，我到东唐市沈大昌绸布庄当学徒。同年秋冬之交，因抗战爆发，局势动荡，沈大昌老板全家出去避难，许久未回，我就由原来的荐头重新介绍至恒丰盛绸布庄当学徒。日军入侵常熟时，因东唐市地处水网地区，交通不便，故当年日军未曾到达东唐市。

清末民初，我祖父在梅李市镇中心开办协成森南货店，我十四岁至梅李时，该店已至鼎盛时期。记忆中，红、白糖每次进货一二百包（每包一百多斤），红、黑枣每次进货四五十包（每包一百多斤），迷信品"小连"每次一两千块，菜油每次一千斤左右。店内从经理到学徒有十多个人，每次进入冬令旺销时节另请季节工四人。因此，该店具有相当大的规模，是梅李本帮人开办的四大南货店之一。就是这样一家凝聚着我家两代人心血，有着相当影响的南货店在 1937 年农历十月十一被日机完全炸毁。此外，我家在东街的住宅有四进楼二进平屋（总长五十四米），也被日军先抢后烧，夷为平地。住宅楼底层存放的六十包棉花也被劫掠一空。当时，我祖母和我两个姑母逃到梅李沈四浜避难。我父亲被日军拉夫，二十多天后才逃回家。当时一家人无以为生，我父亲到浙江余杭去找老客户催讨陈账，装回一船"小连"，再向城里老朋友处赊欠了一些南货，重新摆个南货摊，养家糊口。

　　据我所知，当时梅李镇被炸毁、烧毁的商号有：金元兴土布庄，慎余南货店（由浙江南浔人开办，客帮人在梅李开办的南货店中首屈一指，其资金在协成森的十倍左右），时升、裕通两家典当，恒裕鸿烟纸店，恒昌绸布店，天来福银楼，裕泰祥茶食店，日新成绸布店等。梅李东街、西街长达一千余米，被烧成一片火海。裕泰祥茶食店老板全家避难至万渡桥甘裸坟内，结果遭日军机枪扫射，全家十多人当场遇难，无一幸免。其余的逃难出去后也东飘西散，历尽苦难。

采访于 2002 年 1 月 20 日上午

王鸿生：杀我亲人恨记心

王鸿生，梅李塘桥将泾村人。1928年8月30日（农历戊辰年七月十六）生，属龙。读过两年私塾。1990年8月在企业退休。现住虞山镇前漕泾。

1937年，日本人打来时，我家有十人。好公王福六十多岁，好婆霍咏梅是个小脚老太，年纪与好公差不多；母亲霍芬芬，父亲王仁宝在日本人打来的前一年病逝，逝时三十六岁，父母生育两个儿子，就是我和阿哥王鸿兴，阿哥大我三岁，1925年出生；还有爷叔（叔叔）王二唠，婶娘顾翠翠，爷叔、婶娘生育二子一女，分别是王兴兴、王四四、王琴琴。我俚两家住在一起。姑妈王三唠已经嫁给中医任天石，所以不在这十个人里。日本人打来时，我家逃难在小周家宅基的周小妹家，这个宅基是个转水墩，离我家有里把路，只有两户人家，逃到这里的百姓不多。

1937年，日本人打进来时到处烧杀抢掠，梅塘河里的水既不敢用，更不敢吃，远远看见河里的黑头发一沉一沉，一歇歇就有一个死人氽过来。到了第二年,日本人仍旧要到村里来烧杀抢掠,一到就先要寻大姑娘,躲在床底下、床背后的都被拉出来强奸,被日本人糟蹋的女人蛮多的。日本人的队部驻扎在梅李西街,西街是东西向的,两头都有日本人站岗,老百姓经过时都要搜身。西街上有日军慰安所,那里的女人都穿和服,背上背个包包的那种,具体情形不清楚,我也只是经过时看到。

任天石是梅李塘桥人,1934年秋天在上海医学院毕业后,先是在常熟城里东殿巷开诊所,一年多后回到塘桥行医。他和我姑妈王三嫚结婚后,我叫他姑夫,那年我九岁。1937年4月,任天石的儿子春嘉出生。1938年由任天石领导的"民抗"在大周家宅基成立,第二年5月,任天石任"民抗"司令。"民抗"建立后不久,任天石全家(任天石母亲卢月芬、任天石、王三嫚、任春嘉)和任天怀家主婆(妻子)赵××就搬到横泾镇边上一个宅基上住,宅基南面有条大河。任天石阿姐任彩芬有没有一道去就记不得了。一天,姑妈在洗衣裳时突发肚皮痛,有人送信给任天石,他回来一看是急性盲肠炎,要手术治疗,送医院已来不及,又没其他办法,姑妈活活被痛死。父亲划着小船,乘了好婆、婶娘和我一道去横泾奔丧。姑妈死后,有一段时间春嘉由我家照顾,我比春嘉大十岁,日本人下乡时,经常由我驮着他逃难。

1941年夏天,日本人大"清乡",任天石已经突围走了,日本人只当他还在梅李,就经常来搜查,闹得鸡犬不宁。塘桥西巷上出了两个叛徒颜祖慰和徐小二(徐小二后来去了十一圩港,死在那里。颜祖慰后被新四军武工队处死),颜祖慰是"双料",既是"民抗"叛徒,又是日本人奸细,塘桥百姓对他恨之入骨。他们一起向日本人举报将泾村有任天石的亲眷。日本人就来捉我爷叔王二嫚,那天王二嫚躲在隔壁宅基李家段的夹溇里,日本人没抓到他,就把我好婆霍咏梅、婶娘顾翠翠捉去，关在塘桥天尊堂庙里，由日本人看守。同时，日本人放出话来，只要王二唔去，她们两个就可放出来。第二天，李元元（李是王二唔的寄阿哥，一个村上人）、毛鹏华（原来也在"民抗"任职，后因故退出）听了颜祖慰的话来动员我爷叔，说呒啥大事体格，只要你去同日本人见个面，娘和家主婆就好放转来格。王二唔听了他们的话，就到天尊堂日军队部里去。人是放出来哉，但一歇工夫，就见王二唔被日本人反绑后押到汽艇上，送到常熟城里。看到王二唔被绑到汽艇上，李元元晓得上当，嘴里喊"来么完"当场在桥上哭，其他人也号啕大哭。隔了几天，颜祖慰还来敲竹杠，说他有办法让王二唔放出来，但需要多少钞票。当时已经由地下党解二保（何村人）来通知说不要上当。没几天，就有消息传来，说王二唔、卢英奋、沈××（梅李镇上人）被日本人装在麻袋里，绑到西门外头活活戳杀，连尸体都勿让收。他们的牺牲时间在1941年农历六月里。这三个人都是任天石的亲眷：王二唔是任天石的舅子，牺牲时四十岁出头；卢英奋是任天石母亲的亲眷，也是做郎中的，沈××是梅李镇上开银匠店的。

  王二唔被杀害后，日本人还经常到村上来搜任天石。第二年十月的一天傍晚，又有一百多个日本人到我俚宅基上，看见我好公王福（任天石丈人）就一枪打在他的肩胛上，然后就跑了。好公在伤口上涂点香灰，坐在放祖宗牌位的冷台肚里。谁知日本人跑到葫芦潭（离我俚住的宅基有半里路）又回来捉他，没看见人，就吓我好婆。虽然隔了几间屋，好公听到后就说："我在这里，有本事朝我来，覅欺负女人。"日本人听见声音就一间一间搜过来，朝坐在冷台肚里的好公打了三枪，好公被当场打杀。当天夜里，我俚就将好公遗体用箩席卷卷，埋在自家麦田里。当时稻已经收割后播了小麦。

日本人打死好公的那天夜里，就住在将泾村。当夜，有三个三四十岁的妇女被日本人强奸。第二天早晨，日本人又打死一个老百姓。那个老百姓是隔壁村上的，估计是从街上茶馆店里回转，日本人喊他，隔得蛮远，有三百米，看老人没回音，日本人就是一枪，那个老人被当场打死。

任天石的隔房舅子王金金（是我隔房爷叔）也是参加"民抗"的。在抗战胜利那年在打何村警察所时牺牲。

虽然事体过去几十年哉，但我从未忘记。日本人害得我俚家破人亡，被日本人杀害的有好公、爷叔、隔房爷叔，还有任天石的亲眷和好多老百姓，对日本人的血腥暴行我是勿会忘记格。

采访于 2017 年 2 月 12 日下午

任春嘉：抗日亲属遭杀戮

任春嘉，梅李塘桥人。1937年4月21日（农历丁丑年三月十一）生，属牛。中专文化。常熟供电局工程师，1997年退休。现住虞山镇环城北路。

我是1937年4月21日出生在梅李镇塘桥一个世代中医家庭的。我的曾祖父、祖父都是老中医，在塘桥家里看病。我父亲任天石、叔父任天怀、姑妈任彩芬也是中医。我父亲任天石1932年8月至1934年在上海就读中国医学院，学成回来在常熟城里东殿巷挂牌开业，1936年祖父过世后回到梅李行医。小时候的事，都是听祖母卢月芬、姑妈任彩芬、叔父任天怀告诉我的。

日本鬼子在常熟起岸那天早上，对梅李狂轰滥炸，到处墙坍壁倒，烟火缭绕。老百姓从睡梦中惊醒，纷纷弃家逃难。我父亲、母亲、祖母、姑妈夫妇带个小人，比我大一点，还有叔父夫妇（婶娘叫赵秀琳）一起分乘两条小船逃难，由梅塘向西行驶，准备越过沪宁铁路去宜兴山里避难。梅塘到处都是逃难的船，老百姓拖大带小，神情焦虑。当小船行至兴隆附近，回头望望梅李上空，只见日军飞机还在疯狂轰炸，市镇上空依然火光冲天，硝烟弥漫，飞机俯冲时的怪叫声，炸弹的爆炸声惊心动魄。姑夫梅祖培挂念梅李家中的情况，坚持要赶回去看一看，说大约一个时辰后回来，要我俚将船停在兴隆等他。万一失散，就在宜兴碰头。不料姑夫走了没多久，日军飞机已经飞到我俚头顶上轰炸了，炸弹一颗接着一颗，大家人心惶惶，船只已无法在梅塘里停靠，只得弯进白龙港，经福山塘去无锡。直到第二年，我俚回家后，才听人讲，姑夫随逃难人群去了南京，生病后滞留在小旅馆内，在南京大屠杀时惨遭杀害。而姑妈的小宝宝也在逃难途中不幸夭折。姑妈一家三人，在日军大举发动全面侵华战争的初期就有两个不幸罹难，给姑妈造成极大伤痛。

我俚先是逃到宜兴，后又辗转去了苏中兴化。1938年1月，我父亲先行回常，想看看家乡情况，一路上他看到了日军奸淫掳掠的种种暴行。马路上、河道里、田野里到处都是来不及掩埋的尸体，心中充满了对敌人的仇恨。我父亲在上海读书时，就关心国家命运，追求进步，而日军暴行更激起了他对日本侵略军的刻骨仇恨，于是他就着手在家乡塘桥组建抗日游击武装，提出打日本、保家乡。得到了乡亲们的支持，他也成为"民抗"部队的领袖。因为我父亲是"民抗"司令，敌人就到处抓他，但他有部队和老百姓掩护，每次都能安全脱险。敌人见抓不到他，就想办法抓我和祖母（我母亲王珊，原名王三嬰，在我两周岁时病故）。得到消息或看见敌人身影，祖母就在腰里围个捉棉花袋搀着我到棉花田中，当时正是收棉花时期，祖母和棉农一道摘棉花，我则躲在棉花田中，棉花田密密麻麻，外面根本看不清里面的情况。

我母亲家在梅李塘桥西巷，外公全家都支持抗日，小娘舅王二嬰还是"民抗"战士。1941年日伪大"清乡"时，汉奸颜祖慰向日本鬼子告密，说出了任天石和我外公家的关系，于是敌人就到我外公家里，一看我外公和娘舅都不在，就将外婆霍永梅和小舅妈顾××抓去关起来。我小娘舅王二喑知道后，就挺身而出，将外婆和小舅妈替换出来。敌人对他严刑拷打，胁迫他讲出任天石的藏身处和隐藏起来的枪支弹药，小娘舅宁死不屈，最后被敌人装在麻袋里活活戳死。一年后，外公王福也惨遭杀害。他们牺牲时，小娘舅四十岁左右，外公六十多岁。新中国成立后，他们被追认为革命烈士，小娘舅隐藏的武器也在家中竹园里发现。

我父亲任天石 1947 年 1 月 30 日在上海被国民党抓捕，后移解南京。次年 4 月被秘密杀害，牺牲时才三十六岁。被捕前的职务是中共华中十地委常委兼社会部长。我姑妈任彩芬在承受失去两位亲人的极大痛苦后，勇敢地面对人生，在我父亲影响下，毅然参加"民抗"部队，踏上了抗日革命的艰辛道路。1946 年，她在海安执行政治交通员的任务途中，突染重病，不幸殉职，年仅三十六岁。父亲和姑妈的牺牲，都给我留下痛苦记忆和深刻教育。

我所晓得的日军暴行，主要有这些。因为当时我还小，好多事情都是听长辈讲的，我一直记在心里。

采访于 2016 年 6 月 17 日

[董　浜]

李瑞英：杀父之仇铭记心

李瑞英，女，董浜市镇人。1918年3月24日（农历戊午年二月十二）生，属马。23岁嫁到浒浦。1979年5月从浒浦手套厂退休。现住碧溪镇浒浦乔家浜新村。

我小时候生长在董浜市镇上，家中有父亲母亲，他们生有四个女儿，我是老大，因家里开了家紫阳面馆，所以还有两个伙计，一个是炒菜撩（下）面的宪福生，另一个是烧火的。

1937年11月13日（农历十月十一），日军飞机在支塘、梅李乱炸弹，"轰隆轰隆"的爆炸声很大，白天我还在街上往支塘方向看，只见炸弹爆炸后的烟尘遮天蔽日，一到傍晚，从沿江过来的逃难人群就像潮水一样，看见人就喊"东洋人起岸哉""中国兵撤退哉"，闹得人心慌乱。我父亲一看情势不妙，就嘱咐我俚归归东西准备逃难。

当天宪福生还不在店里，出去为喜事人家烧酒水，为了等他，等掉了一些辰光。我俚原本想往低乡跑，宪福生回来后说要往高乡跑（他家在高乡），还说在他家的宅基上住了好多逃难的人，这样一来，父亲就听宪福生的。当时，我家大门开在街上，后门是赵家巷，两侧是弄堂，弄堂内有不少厕所，所以又叫臭弄堂。父亲挑了副装有被头铺盖的担子与宪福生在前面跑，我跟在他们后面，再后面是母亲和大弟弟李润康、小弟弟李保康、弟媳妇珍珍（当时只有九岁，是童养媳）。出后门转到臭弄堂里，刚走了一半，突然"乓乓"几声枪响，声音很响，我还没有反应过来，父亲和宪福生已经倒在弄堂里，子弹飞过来又将我和弟媳妇的小腿擦伤，我顾不得痛，急忙奔上去一看，只见父亲头部中弹，宪福生肩胛中弹。母亲和我俚急忙把父亲拖回家中，好在我家隔壁邻居给了些伤药，给他们拓拓（安排休息），当天母亲留在家中护理父亲和宪福生，其他人都到淼泉附近的一个宅基上逃难，第二天再回到家里。以后逃难就逃到徐家湾大弟媳妇的家里，直到形势平静后才回到家里。后来店也开不下去了，只好租给人家开。几天后，我父亲因头部中弹，伤重而死。镇上人都去逃难了，连做棺材的木匠也找不到，只好用家中的作台板钉了口棺材，将父亲草草安葬。宪福生的伤，也在我母亲照料下渐渐好了起来。后来听人说，日本人过来经过市镇时，生怕有埋伏，看到弄堂就要打枪，我父亲就这样无缘无故地死在日本人的枪口下。我一生一世都不会忘记日军杀害中国老百姓的深仇大恨。

采访于 2008 年 8 月 6 日上午

陆根林：烧杀抢奸罪难赦

陆根林，董浜站浜村应家角人。1932年8月31日（农历壬申年七月三十）生，属猴。务农。现住董浜镇站浜村应家角。

1937年时家中共有四人，父亲陆桂兴，1906年生，属马，务农；母亲陆妹珍，1898年生，属狗，务农；姐姐陆招媛，大我十岁，1922年生，属狗，务农；当时我虚岁六岁。

1937年11月14日（农历十月十二）下午两点钟，日军登陆后冲到董浜时，与国民党军队广西兵有过激战，日军飞机飞得很低，只比树梢高点，但国民党军队不去打飞机，为啥？因为没有打飞机的炮。记得当时，国民党政府从野猫口到支塘刚修了条公路，压路机刚压过，还只是路基。日军就是沿着这条公路打过来的。到傍晚，仗不打了，日军开始烧房子。我清清楚楚看到巷上应炳元家先烧起来，旺了以后再烧到隔壁人家。

我俚应家角一条巷上有十五家人家，五六十人，每户人家除住房外，还有羊棚、猪棚等，共一百三十多间房子，日军来时烧剩两家半，陆金生、陆三两家未烧，我家房子烧掉一半，是烧着烧着熄掉了。施家房子较好，连包厢八间，全部烧掉。应家角有两个大坟，一个是施家坟，有半亩地大，与施家坟隔河是归家坟，有四五亩地大，有专人看坟，都是家族墓，是老坟，里面杂树丛生。日军打来时，我俚巷上四五十人都躲在施家秆稞坟里。

日军来时，见人就开枪。应永生母亲六十多岁，逃难在施家坟，被枪杀；应永生本人，近四十岁，在往曹家坝逃难路上腹部中了一枪；应传传的好公应连连，一只脚有点毛病，当时躲在家里，日军放火烧屋后又去烧隔壁人家的屋，这时应连连从家中逃出，不料被日军转身看到后，又把他推进屋内活活烧死；应中林的父亲应妙妙四五十岁，被日本兵拉夫，一去未回。

我家躲在施家坟的秆稞里，因人多，危险性大，到半夜，就往西面逃到严家巷，躲在一只牛车盘里。我没有睡着，起来朝应家角巷上望望，看见火还在烧。严家巷有户人家有九间新造瓦房，还有船坊，被日军飞机甩了硫黄弹，全部烧光。我俚在严家巷躲了一天，又被娘、老子领着逃到洋华浜（现名华浜村），晚上住在友生麻子开的茶馆里，天亮就躲到秆稞庄里，一共躲了十几天。躲了几天后，娘、老子替换回家看看，家里两亩半稻烧光了，养的七八只鸡、三只羊也被日军抢走了。

日军放火厉害，杀人也厉害，一不对劲就要拔出枪来打。日军上岸时，我俚邱家外公（徐市镇蒋湾村邱家巷邱凤玲祖父，蒋湾村在站浜村的东面）和巷上几个老人没有逃，等到第二天或是第三天，巷上人回去一看，七八个老人全被日本兵推在地坑（粪池）里，身上压了不少石头，全部死掉了。我娘在新中国成立后几次上台忆苦，一提到这件事，就要哭。

一次，一个日本兵跑到张家角里（董浜砚泾村辖区），看见一个年轻小媳妇，便上去挡牢了房门，一定要搭她困觉。那个女人蛮争气的，死都不肯。结果，被日本兵打死了。

采访于 2005 年 8 月 22 日

[珍 门]

何耀文：轰炸烧杀沈家市

何耀文，珍门乡沈家市人。1932年4月10日（农历壬申年三月初五）生，属猴。师范文化。机关公务员，1994年离休。现住虞山镇西门大街。

1937年抗战爆发前，我家有曾祖父、曾祖母和父母亲四个大人，父母亲生育我和弟弟两个儿子，我是老大，弟弟是1935年出生，全家共六人。1938年6月，我第二个弟弟出生，逃难时他正在娘的肚子里，祖父母当时已经过世。曾祖父母当时都已六十多岁了。父亲何晋德二十五岁，在沈家市镇上开何长春中药店，店不大，只有一开间门面，母亲邱娥宝二十六岁，做田里。我家在沈家市北市梢。

11月13日早上起来，只看到沈家市街上的茶客纷纷奔逃，嘴里在喊："日本人打来哉！日本人打来哉！"这天上午，沈家市吃了三颗炸弹，炸弹都勿大，一个炸了被称为洋学堂的沈市小学；一个炸了张厅，又叫张家厅；一个炸了沈小六家。沈小六是开肉庄、酒店的，他们家的房子是一统沓格（一长排），被炸毁半段。炸弹一响，老百姓都慌慌张张地纷纷逃难，我俚家也匆匆忙忙上挞门关店，然后拎着饭筲箕，里面盛些冷饭，搭乘邻村朋友家的农船逃难。我俚经过沈小六家时，听到里面有个老太正在喊救命。我俚乘的那只农船搭有船棚，船上乘了两三家人家。船从沈家市出发，经鲇鱼口，穿过白茆塘到东湖南横泾。一路上，到处都是逃难的船和逃难人的声音，彻夜不息。我俚的船也是一夜未停，几个人轮流摇。日本人的照明弹打到天空中，隔一段时间就打一颗。船到横泾后，就停在荒野处的弯煞兜里的树底下，我俚吃住都在船上，肚皮饿就捏个冷饭团吃。有时候，船就停到附近村庄农民家的船坊里，因为看到村庄上有人，晓得太平了，才敢靠岸停上去，要是看不见人影，就不知岸上情形如何，船就不敢摇近。在横泾这样东躲西藏半个月左右，后有消息传来说："东洋人过哉，可以回转哉！"我俚再摇船回沈家市。回转路上，我俚在船舱里，隔一歇就听摇船人讲，河里有具浮尸，过了一段，又喊那里有具浮尸。记忆中，一路上看到四五具浮尸，他们都是逃难的冤魂。

　　逃难回到家里一看，家中一片狼藉。我曾祖父母上代是做木匠的，有蛮多点房子，分家时，曾祖父这一支就分到十几间瓦房和四间附房，附房也是瓦房，只不过是单壁墙、冷摊瓦。回到家里一看，四间附房已经烧掉了，主房里只有一张床是好的，其他台凳、桌椅、抽屉台等已全部坏了，养的鸡鸭也都没有了。

　　常熟沦陷后，东乡陈震寰拉了支抗日保家乡的游击队，对外称六梯团。我父亲和陈震寰要好，经常到徐市街上与陈震寰见面交谈。1938年四五月的一天，父亲在徐市同陈震寰见面后骑车回家，半路上，在沈市与徐市交界处的祖师塘桥，刚好遭遇六梯团与浒浦赵培芝、赵培芳、张慕芳的土匪游击队打仗，实际上是小接触。赵培芝他们拉的部队虽然打着抗日保家乡的旗号，实际上就是摊派钞票、欺压百姓、鱼肉乡民的土匪武装。梅李寨角战斗（1938年5月16、17日）后，他们就拉下了抗日的假面具，投降日本人。父亲看到打仗就停下车来观望，还和六梯团里熟悉的人打了个招呼。谁知这情景给躲藏在麦田或是菜籽田里的赵培芝部队的人看到了，回去就向赵培芝报告了。赵培芝很快派人来沈家市，要我父亲去一趟。父亲也不知什么事就跟着去了，结果一到浒浦，就被绑了起来。有人将此消息告诉我曾祖父，曾祖父只当是赵培芝搞绑票，要勒索钱财，就马上想方设法将家中七亩田拿出五亩抵给人家，带了钞票和药店里的伙计殷祖光一道去营救，他们先到碧溪找到殷玉如（殷玉如也拉了一支民间抗日武装），请殷玉如出来做保人，接着再赶到浒浦，曾祖父先将钞票交给赵培芝，不料，他和殷祖光也被绑了起来。当天父亲就被赵培芝杀害在长江边上，尸首抛进长江里冲走了。所以安葬时，父亲只有衣冠冢。父亲被杀害后，赵培芝才放我曾祖父他们回家。父亲因同抗日武装相识就被假抗日、真投敌的赵培芝、赵培芳、张慕芳土匪武装无辜杀害，年仅二十六岁。

抗战前，我俚家家境还算殷实，父亲被杀害后，家里失去了顶梁柱，生活一落千丈。家中药店盘给了别人，原有的七亩田只剩下两亩，家中就靠种仅有的两亩地和出租一些房子过日子。此外，外祖父也经常接济我俚，我俚才能苦度年辰。外祖父姓邱，家住梅李邱家小桥，种田为生。曾祖父在1941年日本人"清乡"期间过世。

1941年，日伪大"清乡"时，沈家市有三四个人被捉了去，从此音信全无，现在还记得有胡海民（在地方上发发花边，和新四军有联系），还有一个是朱惠年（音），还有两个姓名记不得了。

采访于2016年6月20日

[周 行]

薛伟良：薛家宅基惨象多

薛伟良，周行陈塘薛家宅基人。1921年2月28日（农历辛酉年正月廿一）生，属鸡。机关公务员，1982年12月离休。现住虞山镇七弦河。

1937年农历十月十八上午十时左右，日军冲锋队冲到我家所在宅基，将我父亲薛根林、我和堂兄薛生生抓去带路。途中，只见梅塘河里和两岸，被杀害的老百姓的尸体随处可见，看到一个老太被枪杀在淘沙泾河口。到兴隆、九里一带，只见茶坊酒肆，缸缸甏甏被打得落花流水，门窗破败，一片经过浩劫后的凄惨景象。到大东门外三里桥，日军先将我和堂兄放回，我父亲则一直抓到泄水桥。放回时，日军在我和堂兄衣袖上系一布条，作为已拉过夫的记号，回程途中日军不可再拉夫。下午四时左右我俚回到村里，就有人告知，说我祖父薛陆先（八十岁）被日军枪杀了。我赶紧回家，叫"好公，好公"，祖父睁眼看了看我就咽气了。晚上，黑灯瞎火的，我请了几位邻居一起帮着押草窝头，放进去草草安葬了老人，连灯都不敢点，因为距梅塘河仅四五百米，生怕日军发现灯光后会乱打枪或者赶来滋事。当时我母亲病重，卧床不起，无医无药。父亲被拉夫后，天天被日军看押着专门摇船，从梅塘到泄水，泄水到梅塘，循环往复，运送军用物资。直到一个月后，日军大部队离开常熟了，父亲才虎口逃生，这时他已经被折磨得骨瘦如柴。

日军冲锋队来的那几天，到处杀人放火，枪声不绝，烟雾腾腾，昼夜不宁。牛场村、陈塘村、张家泾这三个自然村都被烧光。当时下雨路滑，日军将老百姓家的门板、被褥、田里的稻萝和柴堆全部抢来铺在路上以便行军。

农历十月十八日的日军冲锋队没有在村里住宿，当天就走了，三天后来的日军有四十多人，在村上住了两夜，算是休整。这两天闹得人心惶惶，鸡犬不宁。门窗、桌椅被劈劈踩踩作烤火之柴，鸡、鸭、猪、羊都被宰杀吃光，油、盐、酱、醋不但在当地用，还要带走准备路上用。挨打的人不知其数，都是被抓夫抓来的，他们要为日军挑水、烧水、做饭、洗衣。日军每天要洗澡，没有浴盆就将水烧热倒在水缸里，帮忙烧水、倒水的人提心吊胆，因为水烫了要被打，冷了也要被打。我堂兄薛金哄为日军干活，日军嫌他动作慢，就将他倒背在肩上掼成重伤。当时有句民谣："如若嘴巴犟一点，日本人枪柄像雨点。"村民薛三弟（当时六十多岁）被日军开了一枪，子弹头从肩胛穿过；汪家桥村民周才民，子弹从鼻梁进去后脑勺穿出，也算命大，两人都未丧生。

约一个月后，又有日军下乡骚扰，先是在汪家桥放火烧了周家祠堂（有两进屋）和老安先开办的布厂，进村后又枪杀了周大大、周雪宝两个青年农民。

自日军入侵，当地百姓年轻的大多背井离乡外出逃难，老弱病残因行动不便，只能在家听天由命。青年妇女均远避他乡，或者躲藏在荒坟堆、芦滩或地洞里。薛家宅基就有一位二十来岁的大姑娘不及躲避，惨遭轮奸，痛不欲生。我姐姐为了不受凌辱，早作准备，在猪棚旁边挖了个地洞，上面盖一块木板，再堆上柴草，成天躲在洞里，到半夜才偷偷地给她送一点水和吃的。她一直躲了两个月，到局势大致平稳了，才得以重见天日。

采访于 2002 年 1 月 24 日下午

邵翠云：少年不忘日军仇

邵翠云，女，周行乡大虹桥横泾人。1924年6月30日（农历甲子年五月廿九）生，属鼠。务农。现住海虞镇里泾村章浜。

1937年农历十月十二，日军冲锋队沿着国民党部队架设的电话线一路冲杀，到达我家所在宅基——周行大虹桥横泾。宅基上有三四十户人家。当时我俚全家五口人，父母亲、姐姐、我和弟弟。姐姐十七岁，随父母亲躲了起来；我十四岁，长得比较瘦小；弟弟十一岁，所以我俚两人并未躲避，但也担惊受怕，恐遭不测。日军来了后就家家户户去捉鸡，要鸡子（鸡蛋）。他们把鸡杀后，将鸡头、鸡脚甩在河里，鸡身放在一只锅子里煮。他们先在桌上放一只翻转身的小木凳，四脚朝上，鸡被烧好后连锅端到桌子上，先让我俚小孩子"吃"，然后他们再吃——怕老百姓投毒。吃煨芋艿也一样，先叫我俚吃给他们看，然后他们再吃。农历十月十五、十六日落小雪，道路泥泞，不便行军，敌人就将路边的稻箩随手乱拔，铺在路上。日军过后，老百姓没有饭吃，就去田埂上剪稻穗，只感到马尿的臊臭刺鼻，没有办法，剪下后先在河中细细淘净，晒干，再在石臼里舂成米。没有糟蹋的稻箩都被点上火，烧得烟雾缭绕。宅基上有几家江阴人开的小布厂，日军来后就在厂内随地便溺，将布机上的布随手扯下来擦屁股。由于天气寒冷，雨雪连绵，日军还把老百姓家中的家具拆了烘烤衣服。

日军来后叫着要"大姑娘"，村上的姑娘、妇女有的躲在夹丝弄内，有的躲在荒坟上，一躲就是一整天，下大雨也不敢出来。到晚上日军回到周行镇上后，她们才敢出来。农历十月十五那天，邻居家有个五岁的孩子随母亲躲在荒坟中，又冷又饿又有病，第二天这个孩子就死在母亲怀里。

我堂兄邵启生被日军拉夫后，一直拉到南京，直到第二年清明节才回来，诉说九死一生的遇险经过，合家痛哭，这还算不幸中的大幸。宅基上还有鱼老炳、殷永兴两位男青年，被日军拉夫后至今未回。

日军登陆后，盐成了控制商品，不易买到。老百姓就到大东门长发隆酱园里去买黄酱板代盐烧菜。宅基上有个邵老伯就是在买黄酱板的时候死于日军的枪口之下。我母亲去买黄酱板时也挨了一枪托，被打昏在路旁，过了好久才苏醒过来，捡回一条命。

采访于 2002 年 9 月 27 日下午

王治平：冲锋队非奸即杀

王治平，梅李区塘口乡渔阁村人。1930年9月8日（农历庚午年七月十六）生，属马。初中文化。机关公务员，1990年8月退休。现住虞山镇五星三区。

1937年，我虚岁八岁。在11月10日以后，天天有日本人要打进来的消息传到村里，说日本兵烧杀淫掠，无恶不作。村里人听了都人心惶惶，纷纷议论这该怎么办？当时我娘三十多岁，她是1906年生，属马，1985年4月过世。我父亲是经营土布生意的小商，在我四岁时他就病故了。母亲就生了我一个。伯娘马氏，四十来岁，也是个寡妇。她生了三个女儿、一个儿子，当年大女儿已经二十来岁，另外两个，一个十岁，一个十二岁。一个儿子大一点，在城里学生意，日本兵打到常熟时，他就跟人逃难去了广州，三个月后才回到家里，把伯娘差点急煞。

我俚两家人住在一起。那几天，母亲和伯娘都在商量怎么办。我俚两家人家合有一条农船，商量后，她们就忙着给船装一个芦席棚，准备外出逃难用。又过了两天，从北面长江边传来轰隆轰隆的大炮声，大路

· 147 ·

上已经有逃难的人群,一切显得格外紧张,村上的人也都在准备逃难。在十三四日,我俚两家就带了点米、油、盐、菜干头、黄鱼干,还带了些法币、银圆和替换衣裳到船上。母亲和我在前舱,伯娘一家在后舱,行灶放在船后梢。把船摇到大塘(海洋泾)里一看河里都是船,有的往南,有的往北,毫无秩序,相互都在问"逃到哪里去",摇了半天,兜来兜去,仍旧在渔阁村周围。最后,我俚听一个姓王的人讲,离村半里路左右,有个瞿横溇,是个弯煞死角,边上有王氏家族的大坟和大树。母亲说:"就摇到那里去吧,靠老祖宗保佑我俚。"一共去了三只船,另外两只船也是村上王姓人家的。当时我祖母戴氏六十岁左右,中风后卧床不起,还丧失了说话能力,由于行动不便,就把她留在家里,母亲和伯娘每天清早和晚上回去看看,给她送些吃的,帮助搞搞卫生。过了三四天,母亲回去听村上人说,日本兵的冲锋队已经来过了,见人就杀,见女就淫,隔壁张家海村上有姐妹俩被日本兵拖到灶间强奸,张家荡一个张姓中年农民被日本兵打死。我俚听了就更不敢回家了。为了预防万一,伯娘家的大女儿永芬姐还把辫子拆散了,弄得蓬头散发,还把灶灰抹在脸上、手上,看上去邋里邋遢,以此防备日本兵的侮辱。那时天天下雨,三只船上的人家也都利用早晚回家看看。此外,村上还有十几个人躲在瞿横溇附近的坟圈里,他们也要偷偷回到村里看看家里有没有损失,这样走的人次数多了,湿一脚,滑一脚,小路上就留下了脚印,三个日本兵就跟着脚印寻过来,把坟圈里的十多个农民和我俚三只船上的人赶在一起,由于语言不通,他们就做手势,要大家拔了坟圈边的油菜秧种到田里。有个张家荡的农民张坤明不知是吓哉还是内急,他拔了一歇歇就弯了腰往稻厅边上跑,日本兵看到后就喊,但是我俚都听不懂他喊的是什么。张坤明仍在跑,日本兵举枪就打,枪子从后背进,前胸出。收尸时，我俚发现地上都是血。可怜张坤明死的时候才二十多岁。日本兵打死张坤明后仍旧要大家种菜，但所有人都吓得不敢动，过了一会儿他们就走了。就在这天夜里，母亲、伯娘回到家，发现祖母已经死了，两只眼睛睁得老大，估计是被日本兵吓死的。第二天夜里，母亲请人用几块门板钉了口薄皮棺材，当晚就将祖母安葬入土。自日本兵来过后，我俚三只船上的人感到再待在瞿横溇已经不安全了，要赶紧转移。我俚这只船就转移到渔阁村西北角杨家后面的狮子溇，在狮子溇河口的杨家是个独宅基，只有杨家老夫妻（五十多岁）和一个五六岁的孙子，他们说在这里从未来过日本兵。我俚一听就胆大了，晚上也不蜷缩在船上了，而是住在杨家草屋的包厢里，用稻柴打个地铺，比船上舒服多了，吃饭也在杨家烧来吃了。再回家一看，凡值点钞票的东西已被搜劫一空，衣裳、布匹、粮食，还有我家和伯娘家合养的一只大猪也不见了。幸好八家人家合养的一头牛还在，这头牛由隔壁堂房元叔饲养。

  过了一个多月，局势比较安定了，日本兵的冲锋队也不来了，我俚再回到家里。回家后就修修补补，修理修理门窗、家具，衣橱也被日本兵砸坏了，橱里的土布也不见了。我俚渔阁村由八个小宅基组成，全村有近百户人家，人数比较多的是王、张、杨、陶、屈姓。由于我俚村不在大路边上，周围又都是河，大河小河交织成网，到处是桥，交通闭塞不便，所以村上除两家人家的草屋被烧掉外，未曾发生大规模烧杀。

采访于 2016 年 4 月 22 日上午

[王　市]

曹敬元：放火烧房夫妻死

曹敬元，王市南街人。1939年10月24日（农历己卯年九月十二）生，属兔。中师毕业。长期从事农村文化工作和教育工作，1999年10月退休。现住王市镇南街。

1937年时，我家祖母曹唐氏五十多岁（1949年初七十多岁时过世）；父亲曹祖生1905年生，属蛇，当时三十多岁（1961年54岁时过世）；母亲汪月和，属猪（1972年六十四岁时过世）。祖父过世早，我没有见过。我父母生了六个小人，我是第四个，第一个、第三个是阿姐，第二个是阿哥，还有两个妹妹是在抗战期间和抗战胜利后生的。最大的阿姐曹巧珍大我十二岁，也属兔。大阿哥曹庆元大我六岁，二阿姐曹杏珍大我三岁。我家祖上住赵市乡塘坊桥，从太公手里搬到王市镇上耿泾塘边上开"曹恒记"布庄。布庄勿大，是两开间的矮平房，只有一人一手高。当时做土布生意的有三种：一是布贩子，那是走乡串村流动的；二是布庄，开个小店；三是布行，资金多，业务量也大，王市的汪凤水布行是比较有名的。我家收的土布，有固定的布商来收，是安徽歙县徐国梁到我家里来收的，他是浙江金华一家布行的采购员。

我老子（父亲）耳朵勿大好，生意也勿大会做，还有三个小人，收入少，因此生活比较拮据。为此，娘、老子经常有矛盾。我外公汪二先，在王市东街开米店，生意蛮好。看见娘、老子为了开销经常闹勿开心，就劝告说，不要吵了，再开个酒店吧。于是，由外公帮助向耿泾小学斗台弄南面的邵家租一幢一上一下加后隔厢的小楼房。这样，生活才稍有改善。

谁知刚刚开了一年多，东洋兵就打过来哉。我俚一家逃难逃到王市南塘葫芦圩，这是一个弯煞兜（旁人不常走到的偏僻之处），有蛮多点人家逃在这里，每家人家都挖个坑躲在里边，躲了一个礼拜才回到家里。一看，王市镇北街到东街被东洋兵烧成一片废砾场。我在前几年做了个调查，计有三十一户人家一百六十七间房子被烧光，具体有：居民杨吉修店面四间，后进八间；陶致和店面一间，后进两间；何政玉布庄店面两间，后进四间；尹雪宝店面两间，后进四间及所有家产被烧毁；周东记店面楼两上两下，后进四间；笪宝宝南货店店面两间，后进四间；笪祖生店面四间，后进生间四间；陶祖兴店面四间，后进楼房四间；陶宝贞药店店面楼房两间，后进四间；程三司裁缝店店面两间，生活用房五间；蔡传根米店一间；徐林生房屋三间；吴绍基茶馆店面两间，茶室五间；张淑琴庆余堂药店店面两间，后进四间；程浩云瓦房八间；严惠家厅房五间；杨企凤家八间和所有家具；程瑞荃住房四间；朱浩云茶食店店面楼房两上两下，工场两间；金二咪油条店两间；钱庆元店面两间；金老二油漆店两间；喜司理发店两间；张佛生茶馆四间；严美住房三间；汪二先米店两间，生活间四间；朱关如茶食店楼房两上两下，生活间四间；金人山住房四间；瞿正东银匠店楼房一上一下，后进四间；陆云祥店面楼房两上两下，生活用房两间；汪浩明绸布店店面四间，后进四间。

南街虽然未烧，但家中财产已经掳掠一空，我家布庄里的土布没有了，酒店里的台条椅凳被用来烤火了，客堂间里的火堆还未熄灭，火堆上面的楼板也被烤得发黑，可见当时火烧得蛮旺的。当时酒店只卖两种酒，老白酒和黄酒，家中这两种酒已经全部喝光，敲坏的酒甏碎一地。娘、老子跑到楼上一看，只见东洋兵跑得匆忙，一条军毯落在床上（我现在还保留着，这是东洋兵留下的侵华罪证）。

外公家的房子在王市镇东街，是朝北两上两下的小楼房，还好损失勿大。为了生存，又是外公资助我家，将小酒店重新恢复，才使我俚一家人得以养家糊口。

我二阿姐曹杏珍的丈夫朱文庆家的损失就非常大。朱文庆一家住王市南塘岸，家中兄弟两人。阿哥朱文云生两个小人。上面还有娘、老子，朱家是做收破布头生意的，有十来间矮平房。东洋兵打来时，两个小人由姑妈带出去逃难。朱文庆的娘、老子因年纪大又舍不得家产就留在家里，结果东洋兵放火烧房子，老夫妻两个被活活烧死在房子里。

东洋兵经过王市小泾岸时，村民章普安家四亩稻谷被烧毁；在路过张巷时，将村民已收割的近百亩水稻约三万斤铺在地上践踏并烧光；在经过尹巷时，村上四位年轻村妇惨遭强奸，并将不甘受辱的村妇尹凤妹枪杀在竹园里。

采访于2016年9月23日

[赵 市]

陆顺泰：惨绝人寰大屠杀

陆顺泰，赵市先生桥人。1940年4月24日（农历庚辰年三月十七）生，属龙。中师文化。教书为业，2000年4月退休。现住梅李镇北街。

我出生于1940年，因此有关日军暴行的事情都是听好公（祖父）和娘、老子（父亲）说的。

1937年11月13日，日军从高浦口、徐六泾口、野猫口登陆后，有一路日军从浒浦到先生桥，我家住在先生桥李巷里，离长江边有二里路。日军来时，好公陆士宝（五十多岁）、好婆陆周氏（五十多岁）、父亲陆金存（三十多岁）、母亲顾桂媛（三十多岁）就带了我哥哥陆乾泰（当时七八岁）逃难到当地一个叫花芦圈的地方。这里秆稞多，土地高低不平，又有树木遮掩，一般人跑不到那里，也看不清里面。附近有不少人家在这里挖坑躲藏，他们亲眼看到日军在河对岸烧自家房子，心里撕心裂肺一般又不敢响，全村十几户人家的草屋棚棚被日本兵全部烧光。没有饭吃，娘就到她姐姐家烧了半筒箕麦稬饭讨了点酱瓜回来，全家人吃了几天。当时日日提心吊胆，夜夜担惊受怕，度日如年。房子烧掉后，娘、老子从灰堆中翻出两根乌焦的木头行条，以后重新搭草屋棚棚时做了行条仍旧用在上面。我十几岁懂事时，大人就指着那两根烧焦的木头跟我讲当年日本鬼子打到先生桥时犯下的种种罪行，这就是历史的见证。

我家住在赵市先生桥李巷里南段。一次，我好公陆士宝听见北段传来青年妇女喊救命的声音，他出去一看，只见有日军在强拉花姑娘，他还没走过去，日军就"乒"的一枪，子弹在好公左大腿上穿了个洞。好公回忆说，还好没伤到骨头，要是伤到腿骨，就要落个伤残，游乡做小生意就不方便了。这一枪使他亲身感受到日军的凶残本性。我好公从小学铜匠生意，手艺好，是远近闻名的老铜匠。日军打来常熟之前，他每天挑着铜匠担走村串户，为老百姓修理各种铜器。20世纪50年代，他经常对我俚忆苦思甜，控诉日军暴行。他七十多岁时去世了。

1961年，我从常熟师范毕业就从事教育工作，一干四十年。在梅李小学当教师，之后当小学校长。在梅李工作期间，我也经常留意、搜集、整理日本鬼子在梅李犯下的种种暴行。

1937年11月13日，天下着蒙蒙细雨，日军从常熟沿江口岸登陆后，兵分几路向常熟县城进犯，其中一路打到梅李。梅李是个历史古镇，商贸繁荣，人口稠密，有国民党军队驻扎设防，日军在打到梅李之前，先是飞机炸，又是大炮轰，光炸弹就扔了三百多颗，梅李西街上一片火海，墙坍壁倒，死尸累累。当时老百姓认为今天下雨，日军不会来的。等到飞机炸、大炮轰时，老百姓措手不及，纷纷逃难。梅李镇上横跨梅塘的通海大桥（现名梅李大桥）被炸坏，南岸的百姓向西往寨角、古里方向逃难，北岸的百姓向西北往梅李景巷村和赵市何村方向逃难，不分男女老少，不分田野道路，大家扶老携幼，肩背手提，有的哭，有的喊，还有的跌倒了爬起来再跑，一片惨景。有的老人实在走不动，只能靠在路边树下等死。听焦康寿（梅李南街上人）老人说，当时他搀了妹妹焦满芬从梅李南街向寨角方向逃难，妹妹年纪小，饥寒难熬，边哭边喊，直到古里才向老百姓讨点东西充饥，没有地方住，就找个稻柴堆睡觉。

梅李师德村王家小桥河边有一片秆稞，日本兵来时见人就杀，见物就抢，见房就烧。王家小桥村上有十几家人家，被烧得只剩三家。有二十二个老百姓躲在秆稞里。当时农民家的房子基本上都是茅草屋，大多用毛竹做梁柱，日本兵烧房子时，毛竹被火烧着后竹节就会发出"啪啪"的爆裂声，响声很大。有个张老伯六十二岁，听见竹节爆裂声就站起来看自家房子有没有被烧掉，结果他被日本兵发现后用机枪一阵扫射，二十二个老百姓全部殉难，最小的只有三岁！

有十几个被拉夫的吴市农民，从常熟城区返回，当时有一张回乡证明，到梅李途经师德村石井头时，碰到一队日本兵盘问，这些农民窝了一肚皮的火，回答"我俚有一张证明"时声音响了点，就被日本兵认为是游击队，当即开枪扫射，将他们全部杀害。时间一长，尸体在梅塘边上发臭，才由当地老百姓挖坑埋葬。据不完全统计，在日军经过梅李那几天，有一百七十九人被无辜杀害，有几十个人被拉夫，有的生死不明，至今没有消息。

1937年11月，有七八个日本兵从珍门过来，到寨角万渡桥，遭到国民党军队一个排的抵抗，激战半小时，国民党士兵除少数几个撤退外，其余全部英勇战死。

采访于2016年9月23日

[福　山]

陆永魁：福山镇成兵灾地

陆永魁，福山镇下塔山（现名七峰村）人。1929年6月10日（农历己巳年五月初四）生，属蛇。未进过校门。1983年3月于福山镇政府离休。现住海虞镇福山办事处七峰村。

1937年农历十月十二，有七艘日本军舰从上海沪淞港驶来，停在福山港与涛山之间的江面上。涛山是福山七座山峰之一。第二天，先是日军飞机炸，镇上大人家的鲍家厅、曹家楼、小菜场和老百姓的民居和店铺都毁于一旦。炸过后还要用军舰上的大炮轰，萧家桥都吃着炮弹，一时间福山街上火光冲天，大哭小喊，逃难的老百姓成群结队像无头苍蝇。因日本兵从东面起岸，老百姓就朝西逃难。逃难有两条路，一条是羊福路，撤退的国民党军队大多走羊福路，所以大多数老百姓就跟着军队跑。还有一条路是往金家村、恬庄去的路，这条路与羊福路基本平行。金村路起点是下塔山（七峰之一），到金家村约三公里，再从金家村往西四公里是恬庄镇，恬庄再往西是河阳山（现名凤凰山）。

1937年时，我家就在福山镇西面三公里的下塔山，家里有娘、老子。老子陆高坤，人称陆高先。娘叫陆曹氏，20世纪50年代过世，去世时年纪不大，才五十多岁。娘、老子生了两个儿子，阿哥叫陆松宝（1920年生，属猴，当时还未结婚，1996年过世），一个是我，当年十岁。日本兵起岸后，娘、老子带了我俚跟了巷上人往西跑，一直跑到河阳山山坳里避难。逃到山坳里的有四五十人，大家打通铺，躲了三日三夜才回转。娘缠过小脚，小脚伶仃，出来逃难，一路上不但脚上夹出泡来，而且泡已经磨穿，当时心急慌忙也不觉得痛到哪能（怎样），后来要回转，脚痛跑不动，跑一段歇一歇，路上拾一只日本人扔弃的竖口钢盔，跑一段就垫在地上当矮凳坐，坐了一歇再跑，跑跑停停，从早上直跑到傍晚才回到下塔山家里。一路上只见公路两边的房子还在烧，烟雾缭绕，火光处处，被日本人打死的老百姓倒在路上、田里、河里、马路沟里，横七竖八，满目凄惨。

回到家里一看，破草屋还在，米、蛋和养的几只鸡、鸭已经全部捉光。屋外场上的稻萝已经烧成白地。娘说，幸亏是逆风，顺风的话草屋也烧光哉。即使这样，草屋的门、窗也被撬的撬、砸的砸。娘的心里火得不得了，就将那只钢盔扔在墙壁角落里，以后做了喂狗的狗食盆，直到抗美援朝时政府动员捐献废铜烂铁才送给村里。

逃难回家后，娘、老子捉了只小猪养在家里，几个月后长到百把斤重。为了防止日本兵下乡掳掠，就将猪养在屋后场上，放只旧方桌，把猪拦在桌肚里，桌子四周和上面用秆稞围着、盖住。一次，日本兵又闯到我家里掳掠，猪听见人声音，就"咕噜咕噜"地叫。日本兵听到后很快就把猪从桌肚里拉出来，当着我俚的面朝猪头上一枪，猪被当场打死，然后剥皮、开膛，把肚肠下脚（猪下水）一起扔在地上，再把猪头砍下来,把肉都扛走了。我俚在边上看着吓得响都不敢响。

日本兵驻在福山镇上,有四五十个人,别看他腰里别的盒子里放着水果糖,那是拿来骗小孩子的!日本兵勿像人,做的坏事说勿尽,每天下乡骚扰、掳掠,寻女人。

1941年,日本兵在福山塘上筑了竹篱笆,在福山北街和羊福路交汇处设立检问所,进出都要检查身份证。经常有女人被拉进去糟蹋后再放出来。冬天,有个日本兵吃了中饭到金家村八段头泾岸困女人,这个女人叫梅×。困过女人后,日本兵到河岸上大便,把枪交给梅×,要她拿好,梅×一肚皮的火,看见他蹲坑,把枪一甩,又将他用力一推,日本兵就滚到河里了,他浑身湿透,冻得要死。从金村回到福山还有几里路,日本兵一下子回不去,爬上岸后,就跑到宅基上,将盖在水车上用稻柴和秆稞编织的"拖茅苫"拆下来点火取暖。人围着火堆走来走去,等衣裳烘干后再回到福山驻地。以后这个日本兵再未见过,有人说他烘衣裳,寒气侵入骨子里生病死了。

虽然,我俚家中未有人性命出入,但听娘说,在下塔山老宅基周围,还是有不少老百姓惨遭横祸。在老宅基前面的徐家村有个不到廿岁的青年妇女王××,被日本人强奸后投河自尽,后被人救起;有个青年农民窦三根,当时三十多岁,被日本人抓去当挑夫,他人长得矮小瘦弱,由于担头重,他挑勿动走得慢,一路上就被日本兵用枪托敲他背心,家里人也不晓得他后来去了哪里,直到一年后才回到家中,打伤加劳伤,窦三根已经成了驼背的残疾人。

采访于2016年9月13日

缪洪祥：穆老福救牛丧命

缪洪祥，福山缪家宕（旧名浦潭）人。1938年10月25日（农历戊寅年九月初三）生，属虎。初小文化。曾任农村基层干部，社办企业供销工作。现住海虞镇福山办事处七峰村。

日本兵在福山起岸那年，我家中三个大人，老爹（祖父）缪兴先，1893年生，1976年过世；父亲缪三先，1916年生，属龙，八十八岁过世；母亲周翠宝，小我父亲三岁，1919年生，属羊，六十九岁过世。日本兵起岸时，老百姓人心惶惶，纷纷外出逃难。我家三个大人朝福山杨巷我好婆家逃。因为这儿是个弯煞兜（旁人不常走到的偏僻之处），一般人不会去。我父亲的堂妹缪琴生（2015年过世时九十三岁）当时十五六岁，她从洞塘坝往杨巷逃，被官路上的日本兵看到后一枪打在小腿上，血流不止。她熬着痛，好不容易跑到杨巷，被我娘舅舅用熬熟的猪油涂在伤口上止血，还好子弹在小腿肚上穿了个洞，没有伤到骨头。

当时逃难的路有两条，一条是往西南方向的羊福路，大多数人跑这条路，好跑。还有一条路是泥路，但老百姓称为总路，又称官路。这条路的起点是七峰村，往西经金村、恬庄、河阳山，至江阴北漍，再往哪里就不清楚了。缪家宕的缪叶头一家是夫妻两人带了四个小人（两个儿子，两个女儿）分两处跑的。缪叶头当时三十来岁，他随着逃难人群跑到河阳山时，日本兵朝逃难人群开枪，缪叶头被当场打死。缪叶头的老婆姓金，缪叶头死了以后，她未再婚嫁，拖了四个小人，吃尽了苦头，新中国成立后没几年就过世了。

紧靠羊福路有个自然村叫穆家宕，一座草屋就在马路边上，屋主叫穆老福，日本兵冲过来时，他躲在屋后竹园里，看见日本兵烧屋，他急得不得了，边上的人听他讲："来么拉倒！来么拉倒！"他舍不得牛棚里的牛，就奔出去牵牛，还跪在地上向日本兵求饶，结果人也死了，牛也死了，草屋也烧成灰了，真是家破人亡！当时被烧掉房子的有好几户人家，据说是日本兵为了给后续部队行军做记号。这些事情都是我听老爹说的，他念经出身，记性好。

采访于 2016 年 9 月 20 日

支根涛：金家湾屠杀幸存

支根涛，福山乡南桥堍人。1940年12月18日（农历庚辰年十一月二十）生，属龙。苏州农业大学毕业。从事农技工作，2001年退休。现住海虞镇福山办事处新肖家桥村。

我父亲支傲根，1911年生，1983年过世，享年七十三岁，读过两年私塾。娘叫张裕媛，小我父亲两岁，七十五岁去世。我1940年出生，日军暴行的事都是听娘、老子说的。

1937年10月12日本人起岸（登陆）时，我的老子、娘舅都跟人逃难，一直逃到江阴北漍。啥人晓得，这里也有日本人登陆。我父亲当时二十六岁，被日本兵抓住后，原本是要同其他被抓的老百姓一道枪杀的，有个日本兵看见我父亲一副老实相，就要他帮着背枪，而他自己则去小店里抢东西。我父亲趁日本兵不注意，就将枪甩在地上，自己出脚就逃，七弯八绕，总算拾回一条性命。

我从小就听娘、老子讲，日本兵起岸后，支家门里被杀掉五个人。他们是支锦贤、支惠祥，还有三个名字记不得了。

还有件事，农历十月十三，日本兵起岸后，福山塘东面支家宕有十二个老百姓拖儿带女逃难逃到金家村金家湾，这里是个河浜兜，有竹园也有树，外头人一般看不清里面，总以为不要紧。不料被日本兵发现后一个个拉到场上，要用机枪扫，有个六七岁的叫支惠惠的小男孩躲在阿哥支惠祥的长衫里。他很机灵，听日本兵喊"预备"时就先扑倒在地，等枪声响过，其他人倒下来就将他压在下面。日本兵机枪扫过后还要检查有没有人没死，用刺刀一个一个戳，日本兵看见他在动，就一刺刀戳下去，将他耳朵旁边的一块头皮戳掉了。日本兵不仅杀人，还将稻柴盖在死人身上烧，点火后才离开，支惠惠听日本兵走后才从死人堆里爬出来。他头上的伤口好了以后，再也不长头发，不晓得原因的人都叫他惠癞子。支惠惠属猴，1932 年出生，八十一岁过世。支惠惠也就成了日本兵残害中国老百姓的亲历者、见证人。

听我娘讲，我娘有三个兄弟，分别是张裕兴、张裕元、张裕民，前两个逃难到江阴北漍，被日本兵枪杀，第三个躲在家里活了下来。

采访于 2016 年 9 月 20 日

[港 口]

祁龙威：丁丑避难惨状多

祁龙威，常熟港口镇人。1922年2月18日（农历壬戌年正月廿二）生，属狗。东吴大学物理系毕业。扬州大学教授、历史学家，1995年4月退休。现住扬州市大虹桥路。

我家世居常熟县港口镇（今属张家港市），羊福军用公路在宅前经过，家宅较大，卢沟桥事变前夕，就常被军队借驻，先是张治中部八十七师，以后是陈诚部十四师，再后是西北军七十六师、三十三师等。当时我刚从常熟孝友初中毕业，报考苏州东吴大学附中，考试那天正是"七七"事变，一时人群激动。不久淞沪战起，兵荒马乱，因此东吴附中无法开学；胞弟祁虎文自学前小学毕业，考取了省立苏州中学初中部，也辍学家居；二姐待字闺中，我俚均随父母居住，只有大姐已婚嫁在西塘桥夫家。因家中被部队借用后，诸多不便，我俚就搬出来住到数里路外的坟堂里，表兄杨无恙也住在附近他家坟堂里，两家隔一小河，朝夕相见，共商避难之计。

11月中旬某夜，只听得机枪声不息，遥望常熟城区火光冲天，令人惊心动魄，又见羊福公路上逃难人群络绎不绝。于是父亲决定连夜避走他乡，等时局平稳再行回家。匆忙找了一条木船，船上除我家五人外，尚有殷姓等船夫四人，船夫女眷二人，婴儿一人及我父亲的顾姓学徒夫妇二人。一时不知往何处去，好在无恙表兄也举家避难，便跟他往溧阳去，因为他在那里有熟人，于是两船就结伴而行。次日午后抵洛社。前面是沪宁铁路，船驶过铁路即进入运河，无数难民船只挤在一起，溃兵又在捉船、劫财，十分混乱。桥上面不断有火车通过，都是向西撤退的溃散军队。因我家的船小，所以比较灵活，就先过了铁路桥洞，而无恙表兄家的船大，挤不上来，两家就此失散。进入运河后，难民的船只和军队的船只相并行走，河中漂浮着死尸和遗弃的杂物，看到此种惨景，我等十分恐慌，就叫船夫往运河边上的小河浜里摇，果然清静了许多。于是，找个地方停船烧饭，饭刚烧好，枪声响了，树叶被枪弹打落下来，吓得饭也不敢吃，带了饭锅就上岸步行。由于前两天下了雨，田埂很滑，加上我母亲脚小，需人背着方能行。一时既不知地名，也不辨东西，一路也无人可以打听问讯，天黑走到南国，承一家守坟堂农户留住了一晚。次日往东走，来到江阴顾山周东庄之北陈巷落脚歇息。回忆"一·二八"淞沪抗战，我家曾避难陈巷，此番竟重临陈巷避难！

不久，待战火稍远，我俚重返家园，只见家中已是颓垣残壁，清末建造的三进房子的后堂一进早已化为灰烬。场上两个大稻萝（秋收时将三十多亩地稻子收割后堆放在一起）烧得光光，在灰堆中有被打死的我军尸体。我家寄存在乡间农民家中的一头水牛总算幸免于难。我已故的二伯夫妇喜养鸽子，平时爱鸽如命，鸽蛋都舍不得吃，故越养越多，由最初的数十羽繁殖到两百余羽。等我俚避难回家，只残剩一二十羽。鸽子看到主人，便一个劲咕咕地叫，犹似哭诉，鸣声凄惨至极。无恙表兄家里的藏书狼藉满地，有的已被日军当大便纸用，污秽不堪。字画均被日军将画芯掠走，把装裱的头尾撕下，也是满地狼藉。因有家难归，我俚只得仍去坟堂栖身。这里靠近羊福公路，白天常有日军往返，有时停下车来就进村抓"花姑娘"，有一张姓邻居家的童养媳惨遭强暴。还有一家农民的闺女，也遭日军轮奸，几乎身死。次年春天，我俚逐渐向家搬近，先寄寓附近农民家中，到夏天才回家居住。我也于8月末赴上海读书，因东吴大学附中已迁往上海租界复学。

现在，我年已八十，离乡日久，但对昔年外敌入侵、国破家亡、生灵涂炭、颠沛流离的惨象犹历历在目，现就记忆所及口述于此，以示后人，愿永记不忘。

采访于2002年9月13日

[大 义]

罗珍唔：恶毒折磨我婆婆

　　罗珍唔，女，沙洲罗巷人。1915年12月23日（农历乙卯年十一月十七）生。文盲。务农。现住虞山镇大义光明村许巷。

　　我出生在沙洲罗巷，二十岁嫁到大义许巷，小官人（丈夫）叫许和尚，大名许坤林。家里有九亩田，为了打水，买只洋龙船，是旧的；在城里西门头还开个垄坊。许巷只有六家人家。从罗巷到许巷两地相距十里路。我二十二岁农历十二月廿二生儿子许忠明，东洋人打来时，村上人都乘我家里的船逃难到江阴北漍，一船人当中，我家有六个人，婆婆、我俚夫妻两个带个儿子，还有两个姑娘（小官人的妹妹，已定亲还未结婚）。其他人家的人头没有我俚多。逃难路上，东洋人将船拦下来，把船上一个漂亮媳妇拉到岸上，她小官人在船上急来呀，全船人也跟着急，后来我俚拿船上带的七只咸鸡上岸送给东洋人，把人换转来。

　　当时我儿子十个月，长得清清白白，东洋人摸摸他头，我儿子对他笑，东洋人看见小孩笑是开心的，就跑开了去。我吓是吓来，等东洋人一跑，赶紧给儿子喂奶，生怕他哭出来。因为在此之前，就听说有个陌生人也带个小囡，小囡看见陌生人就哭，结果大人、小囡全杀忒（枪杀）。东洋人看见小囡哭是犯忌的。

我俚逃到江阴北漍乡下，当地农民不肯让我俚借住，连稻柴都不肯给一捆，我俚近二十个人只能分住在两个坟圈里。坟圈四周有大树，我俚就在露天住了五六天。听听风声平静点哉，就开始回转。当回到沙洲上塘桥五鹤墩时，听说我家附近的蔡巷有个七十来岁姓陶的农民被东洋人枪杀在秆稞里，大家吓得不敢回转，又想往别的地方跑。我婆婆不肯再跑，就一个人先回转。

我婆婆回家后，一天她正在洗屁股，突然有东洋人闯到屋里，婆婆就骂他们。东洋人就用家里的洋油（开洋龙船要用的）烧红了东西烫她屁股，烫得皮开肉烂，还把她一只脚打折，更恶毒的是用洋油滚（浇）她眼睛，婆婆的眼睛从此瞎了，一直瞎了二十四年，直到她死。

东洋人到徐家宕，先把宅基上几家人家的男人拉出去关在一个地方，然后搭他们的女人困觉，那几个男人乘机逃走。东洋人在大墅桥放火烧房子，把猪猡都烧烂了。东洋人坏来呀，最坏哉！

采访于 2017 年 4 月 15 日上午

崔斌：逃难在外家焚毁

崔斌，大义镇上人。1918年7月25日（农历戊午年六月十八）生，属马。初中文化。常熟市农机推广站工作，1971年4月退休。现住虞山镇颐养院。

1937年时，我父亲崔传（原姓周，入赘给崔家后改姓），四十二岁，文盲，但对做生意很精明。母亲崔定哦，四十岁。父母生育四个子女，当时我已经二十岁，下面还有两个弟弟，一个妹妹。我家祖上先是在镇上开"南园"茶馆，有二十来张八仙台，到我父亲手里开"公盛草籽行"，专卖草头籽。我十七岁从城里孝友中学初中毕业，语文老师陆星北推荐我去太仓师范读书，父亲不答应，他说："草头籽是需要人出去推销的，你再去读书，就没有人去搞推销。"于是我放弃读书，改为跑外勤。草头籽是季节性的，交小满（五月中旬）开业，到农历八月半歇业。

那年农历十月，日本人打来时，镇上百姓大逃难。镇上不少人家都有洋龙船（打水机船），有一家人家单独买的，也有几家人家合伙买的，一只洋龙船好拖七八只木船，一般一家人家乘一只船，我家和远房爷叔（叔父）合一只船外出逃难，是由别人家的洋龙船拖着走的。我俚先是逃到宜兴分水墩，住在农民家里。几天后，逃难在分水墩二里路外的老亲浦念祖（和我是孝友中学校友，高我两级）从他组装的收音机里听到消息后告诉我，说常熟已经在11月18日沦陷，顿时感到一阵心酸！我俚一起逃到分水墩的有十几家人家三四十人。在分水墩住了个把月，我俚这些人又往溧阳跑，因为大义镇镇长王北山的丈人家在溧阳，王北山是直接逃难到溧阳去的。大家认为去溧阳就会有人对我俚这些人生地疏的人有个照应。到溧阳后我俚住在汤家头，是王北山舅子戴阳春帮忙安排的。汤家头离县城有二三十公里。王北山去溧阳时，把大义商团的几十支枪一齐运到汤家头。我俚到那里后，他就组织我俚搞冬防。距汤家头一公里处是太仓难民的集居地，他们也有枪，但没有我俚多，知道我俚搞冬防后，就有人来联系，提出如遇到险情要相互帮助。常熟平桥街堃源五金店老板出来逃难时在船上装了不少五金商品，外头人望上去只见船吃水蛮深，就以为装了许多值钱东西。这只船和太仓的难民船停在一起。一天，有个土匪捎了枪到船上去打劫，船上人吓来急忙上岸逃命并报告给太仓人，太仓人再派人过来和我俚联络。我俚马上派人拿了枪赶过去，结果发现，太仓人的武器比我俚的好，他们有轻机枪，往地上一架，那个土匪就逃走了，而我俚的武器都是老式步枪，外加两支盒子枪。这件事情发生后，我俚觉得这里不安全，就商量着换地方。当地保长晓得后不放我俚跑，认为几十个难民要换地方住，是对他管理能力的不信任，使他有失脸面，因此竭力挽留，一再力保安全没有问题，但我俚一定要跑，他实在没有办法，就介绍我俚搬到二三十里路外的官村去（现在叫官林）。我俚在官村住了个把月。

我俚出来逃难时，好多人家都没带米，再说时间长，即使带了，也有吃完的辰光（时候）。怎么办呢？我俚到一地，就向当地农民买稻谷。因为洋龙船一到冬天就卸掉水泵，安装轧米机，可以买了稻谷自己轧米，也可以到乡下帮助农民轧米。溧阳农民从未见过轧米机，他们都是手工在石臼里舂米，每逢我俚轧米，就有许多农民围上来看，感到蛮新奇。

我有个族叔叫崔顺春，他孤身一人，无正当职业。当我俚还在汤家头时，他从大义过来，夜行日宿，先到宜兴周铁桥，再过来找到我俚。因为我俚在附近乡镇茶馆、酒店里贴纸头，告诉大家常熟大义的难民现在汤家头，以便联系。族叔说他在杨巷茶馆里看到我俚贴的告示，所以一路找过来，他告诉我俚说，周铁桥也有大义难民，他就是受那些难民委托过来与我俚联系。族叔来后，大家都向他打听家乡情况，他就将所历、所见告诉大家，其中我叔父的娘已经被日本兵杀害了，我俚家中五上五下的楼房被烧毁了。造这所楼房耗资一千银圆，其中六百银圆还是向王姓地主借的，刚造好一年多，就被日本兵放火烧毁。我父母听说后长叹一声，多年心血，毁于一炬，心里说不出多少苦和恨！族叔讲，大义老家的父老乡亲，都盼我俚回家，并说常熟已出安民告示，要逃难百姓回转常熟。我俚出来时间长了，都想早日回家，又害怕沿途不太平，会遇到日本鬼子危害生命。于是大家集资数十元，请他再回转一次，帮助看看家乡及来回途中的交通、治安状况，并要他带块大义镇上标明保甲的门牌回来，说明他确实回到大义。族叔应承下来，并说如果一个月不回来，就说明他已被日本人杀害了。我俚都叮嘱他一路当心，平安回来。过了十几天，族叔回来了，他在汤家头看到我俚贴在茶馆里的告示后找到官村。他告诉我俚："一路还算太平，我来带你们回去。"在族叔的带领下，我俚同样夜行日宿，避过日军搜查和烧杀淫掠，一直走了十多天，回到大义时已经是1938年初，当时常熟已经成立自治会。回到大义后，楼房烧毁了，我俚只能将烧剩的八间破房子整理整理，安家并开个茶馆过日子。草头籽行也在小满复业。当时草头籽行还是受欢迎的，川沙、南汇、奉贤及上海郊区的农民都要买，生意比较好做。造房子借的六百银圆，用两年时间就还清了。

回到大义后看到一片惨状，大义桥西几十户人家的房子已全部烧光，街上有十几个死人还没处理。大义桥东的房子损失不大。听其他人讲，日本兵冲锋队过来时见人就杀，见房就烧，镇上和附近农村里老百姓被杀掉好几十人，沿公路的房子和交关稻萝被日本兵烧干净。大义没有日本兵驻扎，但城里的日本兵几乎天天要来，每次两三人或四五人，各家人家就要凑些鸡蛋、香烟来应付他们，花钱消灾。当时常熟城里已经有慰安所，所以下来强抢民女的不多，事实上也找不到年轻妇女，因为只要得到日本兵来的消息，她们早就躲起来了。

采访于2017年3月22日

陶保根：老爹枪杀在秆稞

陶保根，大义西蔡巷人。1927年11月23日（农历丁卯年十月三十）生，属兔。小学文化。务农。现住虞山镇大义光明村西蔡巷。

我生养在大义西蔡巷，娘、老子都是。西蔡巷只有十来家人家，住的都是草棚棚。我还在娘肚里时老子就死了，到我九岁时娘也死了，我上面有个阿姐，大我两岁，就靠老爹（祖父）陶季生带我俚两个，相依为命。我俚宅基离开大墅桥有两里路。1937年农历十月，东洋人打到大墅桥时拼命烧房子，夜里望过去一片火光，枪声、哭声、喊声听得清清楚楚，我和老爹听见了难过得一夜没睡着。我俚附近没到过国民党的军队。我隔房阿哥陶景福家里杀了猪要腌咸肉，就到江阴顾山去买盐，回家途中走到大义北面鱼塘桥羊福路边上时，看见中国兵不断地往西撤退，他过不了公路，家里人心慌来，直到夜里十点钟左右，陶景福才回到家里，他告诉大家听中国兵撤退的情形。

到十月二十下午，我俚看见三个东洋人从西蔡巷前面的香花桥宅基挑了一担活鸡过来，老爹看见后躲到宅基后面秆稞里。当时有船的人家已经逃难出去哉，没船的留在家里。我俚宅基后面是横塘河，横塘河边上都是秆稞，当时我和阿姐还小，所以没到秆稞里。隔了一歇，听见一声枪响。到夜快（傍晚），东洋人已经跑了蛮多辰光（时间），看看老爹还没回来，阿姐和我出去寻，发现他死在秆稞里。有看见他死的人讲，老爹听见宅基上传来杂乱的声音，就从秆稞里探出头去看，被东洋人一枪开杀，子弹从前胸进，后背出。老爹死的时候七十来岁。从此，我和阿姐就成了没人管的孩子，吃饭有一顿没一顿，没啥东西好吃，没有菜，就蘸蘸盐罐头，尝尝咸味。

阿姐十五岁就被领到小官人家做童养媳。我十五岁到娘舅家割草放牛，后由娘舅介绍我到河阳山（现名凤凰山）丈人家干活。我十八岁结婚，二十三岁才回到西蔡巷老宅基。

东洋人在西蔡巷宅基没有烧房子，杀人就杀了我老爹。他们在周围几个宅基做的坏事就多了。徐家宕宅基有家人家三四个人逃到我俚宅基上，有个二三十岁的年轻妇女被东洋人拖到人家家里强奸，这是我亲眼见到的。西蔡巷东面二里路的顾巷宅基听说被东洋人杀了七个人，在万丰桥也杀了不少过路老百姓。从常熟城东面来的二十只逃难船停在我俚西蔡巷后面的横塘河里，被东洋人发现后将他们赶到岸上，船都被东洋人摇了去，又是大落雨，又是大冷天，冷得不得了，一二百人大哭小喊。有一个女人刚好生小孩，看她苦恼来呀，是宅基上的人把她接到家里照顾她。其他人到了哪里去就不清楚了。

采访于 2017 年 4 月 15 日下午

顾达元：老父亲死里逃生

顾达元，泄水陆桥大圩里顾巷人。1932年2月4日（农历辛未年十二月廿八）生，属羊。幼读私塾。机关公务员，1992年退休。现住虞山镇华丰园。

我家是世代农民，以种田为生。父亲顾四根成家后自立门户，仍以种田为业，勤耕俭种。除种田外，农闲时间做做小本生意，卖卖砻糠、卖卖稻柴。

常熟是1937年农历十月沦陷的，在沦陷前，日本人已多次轰炸常熟。当时我虽然年龄还小，不太懂事，但对日寇奸淫烧杀、狂轰滥炸、强抢财物等暴行也有记忆。印象最深的是父亲多次向我讲述他遭受日军飞机两次轰炸、死里逃生的经过。至今我仍然记忆犹新。第一次轰炸是在八月里的一天下午两点左右，我父亲和大女儿顾巧和（我称大姐，十六七岁）在常熟城里卖砻糠，三架日军飞机先是在辛峰亭一带盘旋，后来一个俯冲扑向西门湾菱塘，那地方靠近甸桥（西门外第一条石桥），当时我父亲正从菱塘岸边将船撑出来，父亲站在船头上，大姐站在船尾。一看飞机俯冲下来，我父亲急忙跳到河里，一个"鼻头攻攻"钻到甸桥桥肚里站定，一摸后脑壳，还好没有碰伤，转身一看，船已炸成两段，河里漂浮着碎木块，船上用来箍船篷的铁箍被弹片削到后露出银白色且已经撬裂，站在船尾的大姐被轰炸的气浪掀到岸上，人吓得发痉。随后，我父亲拉着惊魂未定的大姐，拿着残存的篷布和铁箍跑回家里。父亲经历的第二次轰炸是在重阳节，他到西门、南门一带的老虎灶人家去收买砻糠的钞票，当走到缪家湾时，只见日本人的飞机正从小东门老塔场方向飞过来，一看势头勿对，就急忙跑到人家墙门间里去躲一躲，人刚奔进去，炸弹就已掼下来了，墙门间坍下来，把我父亲压在下面，动弹不得。隔了一歇，父亲就喊救命，刚好有两个冶塘东杨园的农民经过，听见喊救命就跑过来，一看认得格："啊呀，是四根呀！"他们两个就帮忙把压在我父亲身上的横梁抬起，让他慢慢从瓦屑堆中爬出来。父亲回家后就病倒了，服了一段时间伤药，全家人都说他命大，又一次死里逃生。

　　不久，白茆口一声炮响，日本人在东乡沿江一带登陆的同时，对常熟城区、城郊狂轰滥炸，我家房子门窗都有震动。日本人一路烧杀掳掠，老百姓纷纷逃难。我家父母因怕再遭劫难，就向姑夫陈祖福家借了一条船，船上共有七个人：姑夫家的大女儿陈大、儿子陈和尚，叔叔家的儿子兴兴，我和大哥、大姐，还有我家的邻居周永根。先是往无锡方向逃，经过无锡铁路桥时，看到开过的各种车辆，有的车头上插着日本人的太阳旗。到无锡后，我俚又往宜兴汾水墩方向逃。前后一个多月才回转常熟，到家已经接近年底了。逃难期间，我俚吃住都在船上，一路上看到河里汆着勿少死人、死牛，一片萧条凄凉景象。

　　常熟沦陷后，县"自治会"建立前的策划就在泄水陆桥的六房巷，与我家住的顾巷相距一里多路。策划建立"自治会"的是住在城里西弄里的日本留学生沈炯，他父亲是大地主沈鹤书。日本人打到常熟后，沈炯表面上是为安定社会，稳定秩序，实际上是为出人头地，做官发财。他摸清在常熟的日本留学生的关系后，和父亲沈鹤书一起到六房巷活动、串联。据说驻常熟的日军警备队队长山本是沈炯在日本留学时的同学，沈炯就与山本有了联系，同时六房巷的地主王德爷也经常进城，与日本人有联系，他们和一些日本留学生和一些甘愿投降日本人的地主拼凑建立了"自治会"。"自治会"中的缪作霖住在城里西门大街，他就是澄锡虞三县地主集团的头领，此外还有东乡何市的徐凤藻、城里教育界的蒋志范等。至于那个王德爷，抗战期间被老百姓打死，有民谣说："栀子花开心里黄，王德爷被打煞在落星岗。"

日本人到顾巷来骚扰的次数也不少。他们来时，老百姓就躲到荒坟、田野、秆稞岗或树园里。年轻妇女拓花了面孔找隐蔽的地方藏起来。日本人找不到大姑娘，便闯到人家里搜鸡、鸭和其他东西。我家隔壁乡邻顾小二嫁到顾巷附近的东浜，她常回娘家来，我听她说，东浜邹家宕邹姓道士家有个十六岁的女儿，日本人到邹家宕时她来勿及躲藏，遭到六个日本鬼子轮奸，造成大出血，十分凄惨，痛不欲生。

采访于 2017 年 1 月 9 日

[城　郊]

应小林：万丰桥畔杀人多

　　应小林，女，城郊毛桥乡河北宅基人。1932 年 5 月 3 日（农历壬申年三月廿八）生，属猴。小学文化。常熟市色织二厂工会干部，1980 年 12 月退休。现住虞山镇兴福管理区丁坝社区丁坝新村。

　　1937 年，东洋兵来的那年我家里有老子应根和三十三岁，娘唐二媛三十四岁，都是种田人。当时他们已生育了四个子女，我是第三个，当时虚岁六岁。我上面有阿哥，大我八岁，阿姐大我六岁，我下面有个妹妹。东洋兵先是在城里丢炸弹，听大人讲，东洋兵想炸老县场银行，结果炸偏了，炸了益勤布厂。东洋兵起岸后，娘、老子带了我俚逃难，那天夜里是糊霜亮月。逃难之前，老子把家里的鸡鸭杀干净，盐也不放个，我感到奇怪来，后来才知道是烧熟了带着逃难。往西逃过万丰桥（现在大义光明村）是我伯娘的妹妹家里，这是一家养牛人家。逃难时，阿哥十四岁，气力大，他又拉又吊着我跑，妹妹只有三岁，由老子挑在担里跑。当时田里稻已经收割，都是稻茬管头，我俚为了抄近路就在田里跑。我俚到的那家人家住在蛮弯煞，东洋兵没到过。我俚夜里从大屋前望出去看到，东洋兵在后面宅基放火烧房子。娘看见了讲："吓来，心跳来。"刚开始，东洋兵川流不息，老百姓连饭都不敢烧，东洋兵只要看见烟囱出烟，就会找到大门上，所以大家烧饭都是夜里烧的。等东洋兵的"风头"过了，娘、老子带了阿姐、妹妹先回转，阿哥和我多住了十多天才回家。我俚是上半日吃饭时回转的，后来听人讲，在我俚过了万丰桥半个钟头，东洋兵就在那里大杀人，见一个杀一个，塘滩上一大堆死人，血流成河，杀的都是逃难的百姓。有一个人被割断了颈，气管未断，他装死倒在死人堆里，等东洋兵离开就逃走了。

逃难前，我俚村庄上的人聚在竹园里看东洋兵在飞机上从谢桥丑炸弹，飞机发出"昂——"的尖叫，从天上冲下来，随着"轰隆"一声，只见一蓬青烟飞起来，飞机就飞走了。飞机多来，来来去去，丑了交关炸弹。

回到自己家里后，东洋兵到我俚村上来，我家狗围上去叫个不停，东洋兵开枪打狗，我和妹妹正好从墙门里跑出来，子弹从我肩胛上飞过，我与妹妹小，还不知道危险，我娘吓煞哉。

东洋兵经常到乡下来找大姑娘。好多大小姐都拓花了面孔，蓬头散发，扮老太婆。东洋兵发现了，会摸摸你额角头。我娘就被摸过额角头，看她不像大小姐，就放了她。有个桥头阿娘，东洋兵将刀架在她脖子上，逼她要花姑娘，差点杀了她。东洋兵经常来要鸡和鸭，有次冲到我家，端着枪，嘴里还说"咕啦咕啦"，我俚听成"蒲鞋蒲鞋"，我老子就回答说"蒲鞋呒没"。我俚四伯伯听得懂，说他要猪，就对东洋兵指了个方向，跟他们说："这边没有，你跟我到那边去。"引开了东洋兵才算过关。

一次，有群东洋兵到宅基上来，我俚宅基上有三个大小姐，我称她们罗家姐姐、金咪姐姐、彩姐姐。她们躲在河边牛棚里，门口有个三四十岁的大伯娘看住，不让东洋兵进去。过了一会儿，这群东洋兵翻箱倒柜找不到东西，也找不到大姑娘就走了。大伯娘就把三个大小姐放出来，谁知她们刚刚走出来，就被一个在我家房里翻东西走得慢的东洋兵看到了，就要去抓。三个大小姐都是本地人，路熟，七弯八弯就逃掉了。那个东洋兵就拿枪对准大伯娘怒骂，要花姑娘，要杀她。两个为东洋兵领路的人就远远地向大伯娘喊"脱衣裳！脱衣裳！"大伯娘就敞开胸膛给他们看，东洋兵见她是个老太婆，就放了她。

1941年，东洋兵搞"清乡"，沿福山塘筑竹篱笆，竹篱笆筑在福山塘西岸，有一个半人高，过隔离区要过关卡，谢家桥分南横头、北横头，进进出出要搜查，很不方便。凡是大人都要领"良民证"，小孩子不需要检查。我家与外婆家正好在两个隔离区，当年我十岁，娘、老子经常差我两边跑来跑去。

我姨婆婆（祖母的姐姐）是大义人，她小官人（丈夫）是吃米行饭的，在水北门菜园村买了房子，就住在那里。他们有个独养儿子被东洋兵拉夫后一去未回。他们的儿媳妇重身（怀孕）后正在家里生小孩。就在这时，东洋人飞机轰炸洋桥（现报慈菜场东侧），就炸在她家房子边上，她当场吓煞，一大一小两条命都没了！

我嫁到丁坝村后，听婆婆讲，东洋兵在丁坝村丁家义庄搜到一根童子军的皮带，就把正在义庄里的五个人排队枪杀。丁家义庄就在我婆婆家的隔壁，东洋兵杀人是她亲眼所见。婆婆还讲，她娘家宅基上有交关（许多）老百姓在逃难经过万丰桥时被东洋兵一齐开杀。

采访于2017年4月9日

吴虎宝：拒交银圆被戳杀

吴虎宝，常熟西门外大湖甸村人。1934年1月20日（农历癸酉年十二月初六）生，属鸡。高小文化。理发为业，1992年10月退休。现住虞山镇报本街。

我出生在西门外大湖甸村。大湖甸村背山面湖，从东到西有一公里长，是狭长地形，我家在中段。20世纪60年代，有关部门来丈量过，从东往西到我家是五百六十米。1937年时，家中六个人，是好公、好婆、父母亲、我和弟弟吴二宝，弟弟1936年生，属老虫（老鼠）。

好公做裁缝，在上海做过一段时间，抗战爆发后回到家里。父亲在家里开了个纸马店。好婆和母亲都是家庭妇女。东洋人来之前，我俚全家人逃难到张桥乡旺倪桥，湖甸上一道逃过去的有蛮多几只船，等局势平静后再回来。我从小就陆陆续续听大人讲过东洋人在大湖甸、虞山上做的坏事，有记忆后也看到一些。东洋人打到常熟时，大湖甸村的房子倒是未曾被火烧光。我家的乡邻是地主吴小章，当年他四五十岁。他家有厅，有塞门，塞门上面有砖雕，刻有耕读传家的字和图画。在厅的旁边有两间落脚屋。东洋人来时，他没有逃难，东洋人冲进去一看，吴小章躲在落脚屋里，就问他要钞票，吴小章说没有，东洋人就抓住他的胸脯把他揪出来，藏在他身上的银圆就当啷当啷落出来，结果吴小章被东洋人当场戳杀。

还有当地农民王四大也被东洋人打死在宅基后面的花园坟。在三条桥堍下，有个叫×癞癞的女的，惨遭八个东洋人轮奸，痛不欲生。村上的大细娘生怕被东洋人拉去奸污，都拿灶膛灰拓花面孔，看上去形老点。有从湖南（西湖南面）乘船过来逃难的一家人，被东洋人在西湖里把船截住，那家逃难人家还算有防备的，拿大细娘卷在被头里，粗看看勿出，但还是被东洋人发现了，在船上当场强奸。村上农民张传根当时二十多岁，他摇船逃难逃到西湖里，被祖师山的东洋人用机枪扫过来，一颗子弹从他面墩肉上穿过，牙齿未打坏一颗，成为稀奇之事。村上王根喃一次在落雨天穿了木屐在湖甸上跑，不知啥原因，有个东洋人要追杀他，王根喃见状奔逃，前面有条两三米宽的小河，上面有座小石桥，但桥面板已经跌落在河里，只剩桥栏杆。东洋人越追越近，情急之中，王根喃奔过去抓住桥栏杆，一跃而过，脱离险境。

我好公吴南兴和村上邵苕喃被东洋人拉夫摇船，还算额角头亮。隔了一段日子，邵苕喃先回来，我好公摇船摇到常州奔牛后也被放了回来。

在虞山南面登祖师山去的山路上有七十二个透气栈，透气栈的上面有座半山王灵官庙，是道教的三开间小庙，庙里有王灵官神像。东洋人在占领常熟期间，在庙的上面开两个大山洞，庙的下面开两个小山洞，洞口对准西湖。东洋人还在湖甸北面田里埋地缆线，从湖甸东面的桥湾里一直通向西湖，是用毛竹剖开后，将地缆线夹在中间，再用铁丝将毛竹绕住，沉在河底，不清爽（清楚）派啥用场。在湖甸上中桥头筑有钢筋水泥碉堡，有一人多高，蛮厚，没有装门，也没有看到派啥用场。炮楼在 20 世纪 80 年代道路拓宽时才被拆除。

采访于 2016 年 7 月 16 日

[兴　隆]

徐虎生：三死一伤岂能忘

徐虎生，大东门外兴隆桥陈家坝人。1937年10月6日（农历丁丑年九月初三）生，属牛。小学文化。在生产大队和社办企业工作，1991年离厂保养。现住虞山镇虹桥管理区景龙村。

1937年10月6日（农历九月初三），我出生于常熟城区大东门外兴隆桥陈家坝，祖辈及父母都是农民。按习俗，婴儿要请理发师剃胎头，就由母亲抱着蜡烛包里的我去剃头。这天是农历十月十二（公历11月14日），日机轰炸兴隆，剃头师傅心急慌忙，给我剃了一头的血。当时我家祖父传下来一只三吨的木船，看到村上人都在忙着逃难，我俚家也归拢归拢，与大叔父、小叔父全家加上邻居四户共十九人挤满了船，我俚逃难到城郊湖圩里后就隐藏在那里不走了。逃难到湖圩里的船很多，大家相互有个约定，各家都要看好小孩子，不许哭。谁家小孩子大哭大闹，就要拎到湖里沉煞（淹死），因为害怕哭声会招来杀人成性的日本兵，大家一起遭受杀身之祸。父母亲说我当时很乖，很少哭，而且一哄就不哭了。我俚在这里隐藏到日军大部队都已西进,社会局势稍有安定才返回老家。

1938 年至 1940 年,陈家坝成了任天石领导的"民抗"部队经常活动的地方。我大叔父徐海嘤当时在陈家坝开茶馆谋生,茶馆有两大间,约有 80 平方米。茶客主要是当地村民,"民抗"司令任天石也经常到茶馆里来。我大叔父认得他,但说话不多。"民抗"部队有时也住到村里,他们的纪律严明。1941 年 7 月 1 日起,日军和汪精卫的"和平军"在常熟搞"清乡"运动,在农历七月半左右的一天晚上,"民抗"的江琪生在天打浜夜堂茶馆(又称徐家茶馆)捉到两个"和平军"的探子,将他们押到杨家浜车沟场用挑担的担绳勒死。其中一个"和平军"是周行人,他的妹夫是"和平军"的毕队长。这个"和平军"被人处死的消息很快就被日军与"和平军"知道了,他们就组织部队要来捉人,但又不知道应该到哪个地方去捉。当地有个叫小滑头的酒鬼在酒后胡言乱语,在日本人面前自称"晓得",日本兵就让他带路捉人。其实,小滑头也只是道听途说那个"和平军"是在三官塘桥南岸茶馆里捉去的,具体哪个茶馆他也不清楚。南岸有三家茶馆,一家在天打浜,两家在陈家坝。当时农忙已过,茶馆里不少人在吃茶。小滑头领路领到了陈家坝,日本人将两家茶馆团团围住,一个都不许出去,然后对茶客一个个细细相面孔,看见有啥人面色不对,就要严加查问。

我大叔父徐海嘤并不晓得"和平军"被杀的消息,而且因为"清乡",敌人在陈家坝建有瞭望台,经常要到村里来,也就不足为奇。现在看见这许多日本兵与"和平军"涌到自家茶馆里,弄不明白,就问:"啥事体?啥事体?"小滑头反过来问:"你叫啥名字?"大叔父说:"我叫徐海嘤。"小滑头就开口说:"我就是要找你徐海嘤。"敌人当场将我大叔父抓起来，一面又在茶客堆里寻找其他人，当场捉了四个。其中一个叫徐老康，三十多岁，正患有疟疾，当地人叫"三日头"，身体虚弱，面色不好，敌人当是吓出来的，就把他抓了起来，审问他。后来知道他患有疟疾，就放了他。当天夜里，徐老康就死了，村上人都说是吓破了苦胆。还有一个叫朱锦坤，敌人一边拷问他，一边挖了个坑，要他说出是谁杀了"和平军"，他讲不出，敌人就把他推到坑里，然后填土，直埋到胸口，再问他，他实在讲不出，就把他放了。朱锦坤的一双手从此开始发抖，抖了几十年，一直抖到死，都说是被日本人吓出来的毛病。另外两人就是朱洪金和徐海唧，朱洪金也是陈家坝人，两个人年龄相仿，都是三十六七岁。敌人将两人吊在宅基上竹园里的大朴树上，用竹头死命拷打，直打得竹头都"朴"了，像马桶刮帚一样，又拆了晒衣裳的"三尖架架"，抽了根树棍打。朱洪金的身体被打得荡来荡去，心里实在火，就将打他的"和平军"踢了一脚，结果被打得更加厉害。两个人被打得奄奄一息才放下来问口供，都说不晓得。敌人不肯放人，就用船把他们运到周行，关在敌人住的关帝庙里，继续审问。朱洪金因伤势太重，当夜就死了，被拖出去埋在荒野里。过了两三天，日军将徐海唧押出去，绑在荒野里的柏树上，有一队日本兵排着队练刺杀，共对他刺了九刀。附近住的老百姓说，刺开头一两刀时还听到徐海唧痛得狂叫，以后再无声音。徐海唧死后，敌人将他埋在朱洪金旁边。第二天有人把消息告诉我父亲，我父亲就叫了几个人一起摇船到周行，将两具尸体运回来，两家人家各自开丧。当年我虽然只有五岁，但已经比较懂事，因大叔父未曾生育，父亲就将我嗣给大叔父做儿子，让他的香火有个延续，所以"喊五更"（民间丧家习俗"招魂"的意思）就由我喊。

嗣父被日本鬼子凶残杀害将近七十年了，他的死一直在我脑子里记得清清楚楚，对日本鬼子侵略中国，杀害无辜百姓，使老百姓家破人亡的血泪深仇，我一辈子都不会忘记。

采访于 2009 年 7 月 7 日上午

[虞 山]

姚根金：琐琐屑屑苦和恨

姚根金，常熟兴福寺路街人。1925年12月4日（农历乙丑年十月十九）生，属牛。文盲。当过农民、食堂炊事员。现住兴福寺路街。

1937年日本人打来时，我家住在寺路街中段，家里有好婆、娘、老子和四个子女。我娘属羊，十八岁生我，日本人来时三十来岁，老子比娘大五六岁。日本人来之前到处轰炸，轰炸常熟城里时，不但爆炸声听得清清爽爽，而且兴福的房子也有震动。一次，兴福街上吃着一颗炸弹，炸死了一个四十来岁的邵姓农民。炸弹爆炸时，寺路街的房子发"纵"（剧烈震动），声音响来，后来即使没飞机来，耳朵里还是有飞机声音。日本人轰炸有目标，先飞到辛峰亭上空，再俯冲下去氹炸弹。日本人来之前，北门大街往北来的公路刚刚修好，还是砂石路。日本人打过来时，马路两边滚满死人，有国民党军队的，也有老百姓的。后来专门有匠人去收尸，开潭埋葬。

日本人来时，我俚逃难在联珠洞，躲在联珠洞里的有四五十人。当时联珠洞筑有观音殿，有三四个和尚，由兴福寺监管。日本人的冲锋队来过两批，第一批来看看都是老百姓就跑了去，第二批来就把躲在这里的大人全部绑起来关在观音殿里。有个四五十岁的和尚蛮胆大，他写字给日本人看，告诉他们这里都是老百姓，要他们放人。当时有个国民党兵也躲在联珠洞里，身边还带着长枪，要是被日本人发现，不但自己危险，还要危及百姓，是兴福寺和尚帮他将穿的军装换成老百姓衣裳，还把长枪扔在洞沟里。

三峰汤家宕的汤畚金被日本人捉去后枪杀在北门城门口宁绍会馆边上；老王兴的老子被日本人杀死在张家湾。三峰寺的万松林有交关大树，在日本人手里倒干净，倒来一片白。

常熟沦陷后，日本人去打南京时，从虞山上飞过的飞机像鸟一样成群结队，飞得蛮高，有双翼飞机，也有单翼飞机，三只一队，排成三点角，接连飞了好几天。

年纪大哉，有些事情记不大清爽，想来想去，日本人来后好事勿做，坏事做绝，琐琐屑屑都是苦、都是恨，老百姓是有苦勿敢说，稍微有点犟头倔脑，就要捉起来开杀。

采访于 2017 年 2 月 14 日上午

张彩芳：藏匿坟窠避凶魔

张彩芳，兴福张家湾人。1927年8月22日（农历丁卯年七月廿五）生，属兔。文盲。常熟国棉厂工人，1980年退休。现住虞山镇乌衣弄。

1937年时，我家中有六个人，娘、老子和四个子女，我是老大，每个相隔三岁。我家住在兴福张家湾，附近都是坟窠，其中不少是地主人家的大坟，筑有坟圈。大家都晓得日本兵要强奸妇女，所以大细娘和中青年妇女都会躲起来。我姑妈当时十九岁，还没结婚，她每天天不亮起身，吃了点早饭就上山躲在坟窠里，她一个人冷清就要我陪她一道上山，好有个人说说话。当时娘年纪轻，只有三十二岁，所以她也拓花了面孔，头上包了兜头布，扮成老太婆，躲在山上。我老子当年三十四岁，他就在家种田。

我俚从山上望下去，看到日本兵过来把我家大门踢下来。他们站在高的地方站岗放哨。我俚夜里回转，也不敢睡在家里，睡在三间猪圈里，当时已经不养猪了，猪圈与房子相比总归要矮点、暗点，从外面望进去不容易看清爽。

日本兵来时，不少百姓躲在联珠洞前面的联珠庵里，我俚没去。听大人讲，张家湾附近就有大细娘不但被强奸，还被杀害了。所以，凡是女的都吓得躲起来。

我十三岁去大德顺布厂纺纱，摇车还是自己家里带去的。一道去厂里的还有乡邻张明宝，我俚每天早上四点就要起来往厂里去，因为大清早日本兵还没出来，在寿带桥附近有竹篱笆，我俚钻过竹篱笆就算进入城区了，每天如此，直做到日本兵败退。

日本兵在山上做了交关炮台，约有一人高，做炮台时，叫老百姓去掮木头，木头是从别的地方运来的。日本兵在城门口站岗，凡是进出的人都要向他鞠躬，啥人不鞠躬就要被打。

日本兵做了交关坏事，我反正对他们没好印象。

采访于2017年3月29日

周龙兴：瓶庐毁灭罪昭彰

周龙兴，虞山谢家浜人。1928年5月11日（农历戊辰年三月廿二）生，属龙。文盲。务农兼看护瓶隐庐。现住虞山林场谢家浜。

我家世代居住在谢家浜，在西湖（又称尚湖、山前湖）梢梢，离翁家瓶隐庐只有几十米。1937年时，家里有十几亩田，还有一只五吨头木船。我父亲叫周关福，母亲叫刘招云，是宜兴人。父母生育四个子女，两男两女，我是老大。弟弟小我十五岁，大妹妹小我十八岁，小妹妹小我十九岁。我父亲有老兄弟三个，老大关祖，我父亲是老二，老三叫关全。老兄弟三个造了两造（座）屋，都是平房，老大单独一造，和父亲（也就是我祖父）住一起，关福和关全合一造，五间平房，一家两间半。谢家浜共十七八户人家，陆姓、范姓、徐姓各一家，张姓两家，其余都姓周。

1937年，日本人还在沿江野猫口打仗时，国民党的第八十八师已经来了，指挥部设在瓶隐庐，门口有人站岗，中国兵在半里路外开壕沟，有大壕沟、小壕沟，总要开坏四五坵田。他们准备同日本兵打仗。

日本兵打来时，我好婆（祖母）和三个儿子就拖大带小，摇船往西湖里逃难，好公（祖父）没跑，他留下来看家，还要看护瓶隐庐。

瓶隐庐有十亩地大，进大门是四开间的大厅，里面放神主牌位，又叫长生位。大厅东隔壁有一间铺地板的厢房，听说以前停放过陆姑太太（陆秀姑，是翁同龢的如夫人）的棺材。大厅后面是四上四下的船楼，主要用来会客和读书。两所房子是相连的。大厅西面是五上五下的大楼，这是翁同龢被开缺回来后造的。两座楼里都是红木家具，有台条椅凳、琴桌、书橱，书多得勿得了。院子里铺的是六角形金山石，还有假山、池塘和两只半亭子，种了交关树，白皮松、大椐树、柏树、大木香、小木香、爬藤花树，还有花果树：枇杷、杨梅，围墙北面有交关大松树，假山边上是方竹，从假山边上上去就是船楼。我小时候，好公关照（叮嘱）我不许到这两座楼里面去，只许我和邻居家的小孩在院子里拔草，谁先拔好就可以白相（玩）。日本人打来那天，我俚都去西湖里逃难，远远望过去只见瓶隐庐浓烟四起，还传来一阵紧一阵的枪声、爆炸声。后来知道，日本人冲过来经过瓶隐庐时，看见大门上写有八十八师驻地，就用机关枪朝里扫射，引爆了放在屋里的弹药，随即火光冲天。大火烧了一整天，我俚从西湖回来时，看到有的房子烧坍后，下面还在冒烟，我俚都不敢去救，生怕下面还有弹药会爆炸，最后烧剩下几间附屋，其他楼房及屋里的东西都一无所剩，各种树木花草也都被烧煞。

回家路上，看到好多战死的中国兵，有不少是靠在树上被打死的，他们都穿水灰色军装。后来有土工匠将这些尸体抬到翁家坟西面的台地安葬。

日本兵冲到谢家浜时，天正下雨，我好公周根根（时年七十多岁，

周龙兴：瓶庐毁灭罪昭彰

原翁同龢随身仆人兼瓶隐庐守护人）穿了木屐从家里出来往瓶隐庐去，被日本兵一刺刀戳在腰眼里，他"啊"叫了一声，又一刀刺在喉咙头，连舌头都刺出来了。他当场身亡。村上还有一个叫张福兴，被日本兵一枪打在脚踝上，他倒在地上诈死才逃过一劫。还有一个叫周宁海，比我大点，大约二十来岁，被日本兵打死了。日本兵的眼锋准来，打人像打鸟一样，一枪一只，板（一定）跌下来格。

日本兵来后，在虞山脚下筑了不少地堡，先是朝下挖个大坑，上面架上倒伐的松树，再堆上泥，像一个个大坟墩。

采访于 2017 年 3 月 3 日下午

徐月娥：东洋兵是杀人狂

徐月娥，兴福寺路街人。1929年1月30日（农历戊辰年十二月二十）生，属龙。文盲。务农为业。现住虞山镇兴福管理区丁坝新村。

1937年时我家住在兴福寺路街上已经有好几年了，家中有四个人，老子（父亲）徐俊云，四十岁，他是王市人，娘潘根松二十八岁，我虚岁十岁，妹妹徐林芬，小我五岁。东洋人丢炸弹后，我家开始逃难，先是逃到长田岸，躲在豆腐师的作坊里。东洋兵经常下来瞓女人，大家就吓得躲来躲去。做豆腐要烧砻糠，我娘还有其他年轻女人就在砻糠间的屋角落里，用两张凳搁块门板，上面堆砻糠，门板下面躲人，墙角落里有个洞，人从洞里爬进爬出。一天，东洋兵要我老子挑一担抢来的鸡鸭送到啥地方去，我抱住老子的手，两只脚绕在他身上哭，"我俚阿爹呀，我俚阿爹呀！"不放他跑。有个东洋兵拿冰糖给我吃，我吓得不敢吃。老子仍旧被拉去挑担，好在半天不到就回来了。老子说本来东洋兵还要让他做啥做啥，他写字给东洋兵看，"小孩在家里哭，请先生原谅，放我回家"。东洋兵就放他回家了。我俚在豆腐师家里住了十来天，再往王市去。因为白天有东洋兵跑来跑去，不安全，所以，我俚是半夜里从长田岸开始跑，到谢家桥天亮。一路上在福山塘里、双忠庙场上看见交关（许多）死人、死马、死牛，有的横在路上，只好从死人身上跨过。开头看见死人很害怕，看见多了就不吓了。死人有老百姓，也有中国兵，作孽啊。

到谢桥后，我俚又躲了两天，再往王市去。我老子是王市龙墩村人，他到城里学看风水、念灶经的生意，以后就在兴福寺路街第二座山门边上买了房子，结婚成家。王市老宅基上还有娘、老子住在那里。我称他们"好公""好婆"。当时，东洋兵大部队冲过来的势头已经过了，我俚在王市住了一段日子，听说城里的东洋兵也少了，才回转寺路街。一天，有人看见三四个东洋兵正在联珠洞里吃酒，就回来告诉老百姓听，大家晓得东洋兵吃了酒要惹事，就想到张家湾人家里躲起来，我俚一家也跟着逃难，所以这批逃难人基本上都是寺路街上人，差不多都认得。东洋兵从联珠洞出来，经过张家湾时刚好看见老百姓正往人家里跑，就冲过去抓了十个男人，要他们站在老百姓家门口的空场上排好队，然后一枪一个，有人跌下去后身体还牵了牵，就再打一枪，最后一个跌下去后一动不动，这个人是兴福街上面店弄里的钱金生。东洋兵把十个老百姓打死后就走了。隔了一歇，钱金生的娘一边哭，一边跑来收尸。钱金生听见娘哭，就坐起来说："娘，我不碍了俚。"原来，钱金生看好了嘿，人跌下去只要不动，东洋兵就不再补枪。他运道蛮好，子弹从他胳肢窝里钻过，擦破一点皮，真是死里逃生。这次一下子死了九个人，这是我躲在张家湾人家里亲眼所见。第二天，又有东洋兵来，把我老子和一个湖北人喊住，命令他们脱衣裳，要看肩胛，检查他们是不是当兵人。我父亲解开衣裳给他们看，就没啥事体，那个湖北人解了一半纽扣又扣上去,被东洋兵拖到涧沟边一枪打死。昨天枪杀十个,死了九个,今天又杀一个,还是十个。东洋兵拿中国人是不当人看待的。

我家住在寺路街上,乡邻人家有个杏咲姐姐,十三岁,东洋兵跑到家里要强奸她。杏咲姐姐的娘赶紧过来抱住东洋兵,说:"先生,细娘小了,细娘小了!"我称杏咲姐姐的娘叫"阿娘"。杏咲姐姐乘机逃走。东洋兵就对阿娘"啪啪"打了两记耳光,又把枪靠在床沿上,强奸了她。事后,东洋兵还叫阿娘为他烧水擦身。东洋兵跑了以后,杏咲姐姐的娘哭来呀,劝都劝不住。

我娘的老家在张坝潘家宕。家里还有老爹(外公)、外婆和两个娘舅,逃难时他们四个人躲在两个地方。老爹和外婆躲在联珠洞附近张家湾大石坡的一个小山洞里,里面放些稻柴,好躲人。洞口小,人只能爬进去,根本立不直,爬进去后就用事先割好的树枝插在洞口,这样外面就看不清里面有啥。一天,外婆不放心家里,就和老爹一起回家看看,他们回到家不久,就有淋湿了衣裳的东洋兵闯了进来,要拆了床烤火烘衣裳,外婆关照老爹去求东洋兵阿能(能不能)不烧,东洋兵朝老爹两只手的虎口里戳了两刀,再朝头上开了一枪。外婆听见枪声,赶紧跑出去看,又是一枪。一歇歇工夫,老爹、外婆都被当场开杀。这笔血债我一直记在心里。

我十七岁那年到水北门外湖北人开的布厂里做工,二十一岁结婚。结婚后就从布厂里回转做田里哉。

2017 年 5 月 14 日采访于丁坝新村 187 号

姚美保：联珠洞里杀难民

姚美保，女，虞山兴福寺路街姚家宅基人。1933年3月13日（农历癸酉年二月十八）生，属鸡。文盲。山农为业。现住虞山林场季家山。

日本人来的时候我小，这些事情都是从小听娘、老子说的，一直记在心里。

1937年农历十月二十，我俚姚家宅基和附近浺家屋的百姓，总有十来家二三十人，一齐逃难到兴福寺后面西北方向的联珠洞。姚家宅基就是现在兴福寺对面的停车场底址，没几家人家，都是自族里人。我好公死得早，从小没见过，好婆搭我俚一道逃难。娘叫姚泉泉，当时三十多岁；老子姚炳生，大我娘一岁，四十多岁，是入赘女婿；大阿哥姚根金，属牛，大我八岁；二阿哥姚二，大我六岁；我是第三个，下面还有两个弟弟。

当年联珠洞旁边有一只蛮大的老庙，也有大殿，大殿后面是联珠洞，洞里供小的佛像。日本人的冲锋队冲到联珠洞，将躲在里面的老百姓赶到大殿上绑起来。当时我只有三四岁，睡在逃难出去时带的被头铺盖和衣裳堆里，日本人一边赶人，一边端了刺刀朝衣裳堆里戳，我娘看见吓来呀，要紧奔过去把我抱在手里。隔了一歇，听见"乓乓"的枪声，原来洞里还有从其他地方逃难来的一对夫妻带个小人没有跟我俚一道出来，就被日本人开杀在洞里。当地人晓得后就勿敢进去哉。

日本人来了后，我家日子一直很苦，格个苦真正苦。家里种一点点租田，空来就去捉蕈，我也穿了木屐套鞋上山捉蕈，家里靠卖蕈过日子。当时蕈还没人要，连兴福寺里也勿，卖到北门大街监生堂（尼姑堂）和各个尼姑堂里，父亲搭两个阿哥还要帮白相人（上山游玩的客人）扛藤轿。日本人在山上筑了交关炮台，王家山、季家山、祖师山、山居湾、维摩都有，炮台勿高，有枪眼，里面有三四张台子大。筑炮台的劳工都是当地山民，我也去过。去排队时我踮起脚，生怕日本人看我小，不让我参加，我去了就掮小方子。为啥去呢？家里呒没吃，去筑炮台的人可以领到一些麦片或者赤米（籼米）。

日本人坏足格。农历十月二十那天，季家山邓寿寿的儿子、媳妇和孙女、孙子逃难在兴福寺西南舜过井。邓寿寿自己发冷热病，老百姓称"三日头"，没气力困在床上，老伴到舜过井逃难地方去送早饭，勿嘞（不在）屋里。日本人冲到邓家屋里，把邓寿寿赶到屋外，叫他到啥地方去，跑了一段路，邓寿寿实在跑不动，就回到家里困在床上，隔了一歇，被日本人发现人不见了，又追回来，把邓寿寿拉起来，一定要他跑，邓寿寿鞋子都没穿好，拖了鞋皮，一面跑一面问："先生，要我到哪里去？"跑了十几步，就被日本人从背后一枪打死在邓家大桥头。当时邓寿寿只有三十几岁。这桩事是当地山民从自家屋里的小窗洞洞里看见的。日本人坏来不得了！

采访于 2016 年 10 月 6 日

[谢 桥]

顾纯学：终生不忘逃难苦

顾纯学，常熟旱北门外长田岸人。1933年10月18日（农历癸酉年八月廿九）生，属鸡。1947年至1962年为中药店职工。1962年5月下放回乡务农兼绘画，为农民画家。现住虞山镇谢桥管理区南方新村。

我家住在常熟旱北门外长田岸村，村上有好几十家农户，大多姓顾。年长日久，顾家的人多了，就有一部分人家迁到老宅基旁边另建新宅基，我家住在老宅基。长田岸村是大义归家城往常熟城里去的必经之路，路比较远，进城的人跑到此地就想歇歇脚、喝杯茶，这样，就开始有人在这里搭个茶棚，出售开水和糕饼、馒头等小点心，慢慢地就有人来开店，形成了小集镇，镇上有四五家茶馆，也有点心店、中药店、纸马店、酒店、书场等，蛮热闹。听我祖父说，长田岸的小集镇在清代咸丰年间就有了，在民国年间是蛮有名的。

1933年我出生时，家中有七个人，祖父顾芳祖；祖母陈秉松；父亲顾银生（字玉山），光绪三十三年生，属马；母亲孙荷宝比父亲小一岁；阿姐顾惠宝，属羊，大我两岁；叔父顾根生（字玉卿），1916年出生。三年后，我多了个弟弟叫顾惠学，属鼠。家中务农，向地主家租种二三十亩田，农忙时要请短工帮忙。1937年农历十月十一（公历11月13日），日本兵在野猫口登陆，当时稻子已经收割，但稻铺还在田里需要晒几天。那天，我父亲在田里看到一只红色的东西在缓慢移动。因早有风闻，说此物飞到哪里，日军冲锋队就会冲到哪里，祸害哪里，于是村民像看到瘟神一样，互相呼喊，乱作一团。当时因日军飞机多次轰炸常熟城区，所以我祖父的阿姐（年轻时嫁到城内瞿家）因形势紧张，就回到长田岸娘家避难。

身为一家之主的祖父平时治家甚严，都要以他为准。经他与父亲商量，决定我家分两路外出逃难，这样即使有危险，也不至于全家覆没。我父母带着七岁的阿姐、两岁的弟弟，跟随祖父的阿姐往甘露荡口跑。祖母和叔父带着我往王庄跑。为啥到王庄呢？因唐泽村有农民在农忙时要到王庄种客田，年年如此，所以我俚同那里的农民比较熟悉，而且王庄地处偏僻，交通不便，估计日军进犯也有困难，比较安全。祖父留在家里，当时他已经五十五岁了。临走前，还将家中的一头牛卖了五元银洋，一是缺少盘缠；二是兵荒马乱，难以喂养。

长田岸村有两条河，一条叫白龙港，一条叫五里浜，有几条航船来往于长田岸至常熟城区，每五天开一次。白龙港的航船码头在塘泽村，距我家有一里多路，船户张顺福同我祖父相熟，祖父就把我俚托付给他。傍晚，我叔父就挑副换灰篮，一头篮里放米袋，一头篮里坐着我，照顾着小脚的祖母，往塘泽村而去。坐这条船的共有三户人家十多个人，一路上只看到远处火光冲天，近处哭喊不绝，更有遗弃婴儿啼哭于荒野之处。我当时五岁，紧揪着祖母的衣服不放，以至于把衣服扯破。

三户人家十多个人匆忙离家，有的还顾不上吃夜饭，半夜饥肠辘辘，想用船头上的行灶烧饭吃，结果竟无人带有火柴，只得向过往逃难船只求助，国难当头慷慨多，邻船以十来根火柴、一片砂皮见赠，我俚则以两升白米回敬，互道珍重又各自逃生。

天明，船到王庄时家坝（现称立新村），善良的庄稼人邵老四、邵五唔招留了我俚，一直到十二月下旬常熟城贴出安民告示，才谢别离去。烽火中离家约一个半月，传闻城内成立了"维持会"，局势稍有安定，我俚才结伙回家，归途中河里有许多浮尸，湖桥口、鱼簖上更多，真是惨不忍睹。立在船头上撑篙的三毛爷叔，竹篙起落，竟跟着浮起一具女尸，脚趾上戴满了金戒指，估计是有钱人家的女眷。只见三毛爷叔用力一撑前篙，接着长叹一声说："要它做啥！"女尸戴戒指的脚，在船沿上擦过，又看她慢慢沉下。一船人没有一个提出打捞女尸获取戒指。

在我俚离家期间，祖父名为守家，实际是有家难进，天天在草丛中、秆稞里躲避，看着日本兵或强盗进进出出，把我家洗劫一空，也亲眼看见炮弹穿过我家东墙，飞到田里爆炸，东墙上钻了个豁口。回家后听祖父说，有日本兵将一捆一捆的稻柴靠在屋墙上，正准备点火烧房，听到集合令就走了，未及点火而使我家房屋幸免于难。祖父还说，我俚宅基上施元元的父亲施春唔被日本兵一枪毙命，任家湾任和尚被枪杀，恬庄陆二唔一门四人被机枪扫射而死，而他自己藏在床底下幸免，在顾家新宅基上有两个未曾逃难的年轻姑娘遭到日军强奸，痛不欲生，说罢满面怒容。我还听堂兄顾鼎华告诉我，我俚长田岸村还有几个人在逃难过后被日本兵开杀的，一个是任家湾的任八唔，当年他三十岁左右，未婚，正在麓铜路（从麓巅到铜官山）路基上跑路，被日本兵一枪开杀；

还有两个是施春唔和蔡惠根，他们被日本兵杀在大义湖桥头的农民家里。其中任八唔、施春唔都是青年农民，蔡惠根是我家叔公顾俊昌的女婿，蔡园村人，当时他在上海读大学，战乱后回到家乡，因剃了光头而被怀疑是国民党逃兵，被开枪打死的。

采访于2008年8月19日上午
补充于2017年4月13日下午

[冶 塘]

陆根保：滥杀无辜血债重

陆根保，冶塘乡蒋巷东浜人。1925年2月12日（农历乙丑年正月二十）生，属牛。小学文化。冶塘供销社工作，1980年12月退休。现住尚湖镇湖庄村。

日本人打来那年我十三岁，当时家里有十个人，娘、老子养了八个小人（孩子），我是第四个，上面有两个哥哥、一个姐姐，我下面是两个弟弟、两个妹妹。娘、老子靠种田过日子。八月半那天，我在割稻，城里白衣庵有日本人的飞机丢炸弹，九月二十五来了八架飞机，在县城上空钻上钻下，钻下来时声音大得吓人。练塘厂头轧稻场上也被丢过炸弹，炸坏了轧稻机。老话说：大乱到乡（城里人逃难到乡下），小乱请神（坏人将趁火打劫称为"请财神"）。八架飞机炸过后，老百姓都人心惶惶，四处逃难。十一月里，日本人打到冶塘时，有一二百个穿青布衣服国民党军队奉命抵抗，但壕沟里都是水，根本没办法打，牺牲了四五十人后就撤退了。日本人的冲锋队过来时都穿白衣裳，官路上日本人的铁甲车"轧轧轧"开过。常熟沦陷后,每天有三四十架飞机往西飞,有人说是往南京飞,日本人要去打南京了。

我俚东浜(村里)有六只船,往宜兴逃难时,我家因为有条船,还有只牛,老子不舍得,就挺死不逃。有个叫百搭金唔的谢桥人,他家里住过国民党军队的军官,离开时有件军装忘记在他家里,百搭金唔出去逃难时就把军装穿在身上,领了六条船往宜兴跑,一路上没有中国兵敢踏船(征用)。临行前,他特地来招呼我俚,说:"我俚开船了,家里有米,只管拿来吃,钥匙在窗口头。"逃难的人哭,我俚也哭,讲得断肚肠来,如同生离死别。我想:你们逃出去活命,我俚要等死。我家离外塘河有二三十米,从河里逃难船上传来"某人,一道摇""某人,一道摇"的喊声,只觉着伤心得来!山前湖边传来"乒""乓""乒""乓"的枪声和机关枪"嗒嗒嗒"的扫射声,天上还有照明弹,亮得针都拾得着。

东浜的人往外逃,颜巷后面郭家尖、宴泾塘的老百姓逃到我俚东浜,还牵来六头牛系在我家竹园里,家牛和野牛在一起"哞哞哞"叫个不停。逃难来的老百姓总有五六十个,在做米的垄坊里打通铺睡觉。白天还不敢烧饭,怕日本飞机看见烟会来丢炸弹。稻收了,白天勿敢掼,只好夜里掼。大家都是穷人,娘、老子体谅逃难人的苦恼,就把一头八十来斤的猪杀了,烧好后端到垄坊里请几十个人一道吃。住了几天,有两个四五十岁的妇女要回家去看看,路上碰到日本兵,一个膝馒头(膝盖)处被子弹钻了两个洞,一个两只奶奶(乳房)被子弹钻过打干净。两个人回到垄坊给大家看,大家一看都号啕大哭。

冶塘西面东水庵村有用秆稞编织的帘子斜靠在墙上,里面刚好可以躲人,被日本人发现后,掀起来一看有一排老百姓躲在里面,就把他们喊出来排队，然后用枪打，一枪穿过去就要打死几个人，像串田鸡（青蛙）一样，一共打杀三十二个人，有一个四五十岁的包小弟没死，子弹打在屁股上，他装死倒在死人堆里，日本人走后，他拾回一条命。

局势平静一点后，去宜兴逃难的六只船回来了，有两只船在经过练塘罗墩桥时，驻罗墩庙里的日本人要他们靠岸检查，被拉去一个十六岁的大细娘和一个二十八岁的青年妇女，拉去一个晚上，第二天放回来，那个十六岁的大细娘哭着要投河，被人硬拉住。城里逃难下来父女两个，老子叫丁家礼，女儿叫丁玉英，二十七岁，她脚上生疮，走路一瘸一瘸，被日本人拉到柴泾庙困觉。放出来后，为了掩饰女儿受侮辱的痛苦，丁家礼对看见拉去的人说，日本人说生的疮有毒，没有伤害他女儿。有一对姓魏的夫妻从城里西门大街逃难到冶塘后陆街，男的五十多岁，叫魏伯，女的四十五岁，叫魏英，魏伯看到日本人经常要下乡来强奸妇女，就对女的说，你如果被日本兵拉住强奸，我不会责怪你的。女的说，我宁愿死，也不会被强奸。一天，日本人下来，看见魏英就追，魏英就拼命逃，逃到葫芦潭底里眼看要追到了，她就跳河自杀了。日本人看她跳河，就"哈哈哈"笑。

城里花园廊的俞永球和家主婆妙妙带了刚刚十个月大的小人（小孩子）雪宝逃难到东浜丈人家。一次在行船途中，碰到日本人要搜查，他们生怕日本人会伤害雪宝，就把小人放在坐桶里，上面用衣服盖住。等日本人走后，掀开来一看，雪宝已经闷死了，夫妻两人哭来呜呜啼。后来日本人贴出告示，说在城里开东洋堂子（慰安所）了，到乡下来强奸女人的事情才有所减少。

后来经常有日本兵乘小划子船从山前湖里到东浜来，有时四五个，有时五六个。大细娘、后生家每天吃过早饭就在面孔上涂了灶墨（锅底灰）出门躲起来，宅基上剩点老人和小人。事先有人给我俚发个红套套，戴在手臂上，红套套上用墨笔写着"皇国良民"，看见日本兵要叫"先生，先生"。不能双手合十，要两只手的手指并拢弯曲放在一起朝他们拱拱手。日本兵下来先要问："姑娘？"我俚回答："先生，没得姑娘。""有！""没得姑娘。""咯咯咯！""先生，没得鸡。""有！""先生，没得鸡。"我家养了八只鸡，每次听到日本兵要来，都要想办法藏起来。有一次麻痹（疏忽）了，被日本兵发现一齐捉了去，还叫我和弟弟把鸡扛到船上。

1941年，日本人搞大"清乡"，元和塘桥上有日本人检查，沿河有竹篱笆，拉成封锁线。限令我俚每个人都要去拍照办"良民证"，建立保甲制。还要我俚去缴军米，按人头算，每人三斗，缴到练塘镇上一只庙里的仓库里。缴了军米，不付钱，给你几匹薄的花旗布，回家经过罗墩桥时，还要被"自卫团"敲竹杠，勒索两匹。

我和两个阿哥都被拉壮丁，你要是讲："我田里忙来，呒没工夫，不去。"他就会恐吓你说："要烧你房子，杀你头。"我十八岁那年，伪保长兴兴来关照说："明朝八点钟到下练塘吴家坟头顶仓库场上报到，再集中到蒋巷冯家场上接受训练，啥人不听，就要皮带吃肉。"没有办法，我只好每天上午去接受训练，时间一个月。第二年，又通知我到冶塘镇上警察所去训练了一个月，这次是全天训练。先由保安队来教动作，学会后再由日本人来教，做错动作，日本人就用指挥刀戳上来。训练后，要我俚去防夜，关照我俚看见有枪的要向上报告，没有枪的要抓住。日本人还乔装打扮，在半夜里来试探。有个叫王大保的伪保长用三石米买通翻译，日本人啥时候来试探，就让他事先通风报信，翻译收了好处就答应了，还关照我俚把日本人捉牢后不能打。得到信息后，我俚就做好准备，拿了棍子埋伏好，半夜里，看见有人来，我俚就追上去把他抱住，有的拿棍子吓他，那个日本人就点点头，表示满意。日本人连试三次，都被我俚抓住，他就认为我俚忠心了，就放心了。实际上他搞不清，我俚对日本人怎么会真心呢！八年里，日本人坏事做尽，几日几夜讲不完！

采访于 2017 年 2 月 27 日下午

[练 塘]

平金保：西湖遗尸密层层

平金保，练塘颜巷人，1926年10月21日（农历丙寅年九月十五）生，属虎。读过两年私塾。务农。现住尚湖镇颜巷村。

我父亲平银根，母亲吴小和，生四个子女，我最大。最小的弟弟在日本人打来时只有两岁，现在八十三岁，我下面还有一个妹妹和一个弟弟，他们都在1934年出痧子死掉了。

1937年11月14日（农历十月十二）那天大迷露（大雾），接下来落了五天雨，我俚村上和附近几个村的人都摇了船到颜巷西面两公里的徐家坟堂逃难。徐家祖上是做官的，坟堂有石人、石马、大松树、大柏树，还有祠堂，里面供祖宗牌位，只有一个姓莫的老太看坟堂。坟堂周围是河，有两座小石桥，逃难到这里后，有人将桥面板推到河里，成为一个活络墩，逃难到这里的船密密麻麻。大家都认为日本人没有船，跑不到这里。

几乎全大队（有好多村）的人都逃到这里了，其中有俞家坟堂的老百姓。他们在这里住了几天后，带来的米吃完了，陆三唔就摇船乘了六个妇女回家拿米。路经香塘湾陆家郎时，有日本兵朝他们招手，陆三唔不敢靠岸，只管摇，日本兵就开枪，陆三唔捏了支橹跳水逃命，船上六个妇女被全部打死，其中两个是拖身子（孕妇）人。船回到俞家坟堂，只见半船死人、半船血水！

我俚在徐家坟堂躲了八天，在农历十月二十回家。路上经过吴家郎，这是只有八户人家的宅基，被日本兵氒了六颗炸弹，三只砖窑和各家人家的房子被一齐炸干净。在这里打仗的中国兵死了一百多人，还死了几十只军马。日本兵的铁甲车就在附近路上开过，彻夜不停往南京去，半空中有个像条裤子一样的飞人在缓缓领路，这些日本军队跑了两天两夜。

路上都是国民党军队的兵衣、兵帽、脚绕（绑腿布），有的氒在麦田里，不计其数，还有满地的子弹、手榴弹。一个国民党兵背了一布袋铜板死在那里，地上也都是铜板，是背不动扔掉的。西湖里被大西北风吹下来的中国兵的尸体有几百人，重重叠叠。第二年春天，我俚摇船出去卖砖头，到湖桥口，仍有交关（许多）尸体没有烂尽，枪支不见了，但腰里还是缠满子弹，还有一捆捆的手榴弹。我家离顾家港半里路，那里也有交关中国兵的尸体，肉都被鱼吃了，骨头沉在湖底里。

回家后第二天，就有六个日本兵从城里闯到我俚宅基上。他们穿黄牛皮的半筒靴，帽子后面有块布一飘一飘的。当时有九个老百姓在一起晒太阳，看见日本兵来吓得不得了，朝他们拜，被日本兵"啪啪啪"打耳光，后来晓得日本兵看见有人朝他拜是犯忌的。日本兵要几个老百姓排好队，有个老伯伯胸口抱着小孩，马上要开枪了，被另一个日本兵拉住，说"不行，不行"，大家才松了口气。他们看见河里有十几只鸭子，就一枪一只，全部打干净。还要我俚将鸭子剥皮，宰头去脚，开膛破肚，然后带走了。日本人住在常熟城里，除了落雪落雨不下来，几乎天天要来，下来就是捉鸡、鸭、猪，强奸女人。来的时候没有马也没有车，背了根枪就下来了，人头少时来五六个，多的时候要来十几个。

一次，日本兵下来后，要平云云领路，平云云故意领错路，将他们领到西湖湖滩边的坟头里，一看无路可走，平云云被打了三记耳光。正在这时，日本兵看见一个女人从附近路过，就追上去强奸，平云云乘机逃走。那女的有二十二三岁，已经结婚，绰号叫"痴和珠"，她不是真的痴，只是人长得不漂亮。

有一天，日本兵到唐家郎捉了十几个人，又要枪杀哉。有个叫唐根云的农民，抱了个三岁孙女，日本兵问他"姑娘"，唐根云回答"姑娘没有，小孩有的"，日本兵火了，要扣扳机，被另一个日本兵拉住时，子弹已经飞出去了，从小孩子头顶上擦过，墙头上打了个洞。

一天傍晚，距我村两公里的洙泾村丁家湖滩，有个老伯伯喝了酒，将一个下乡掳掠的日本兵打死后藏了起来。过了一会儿，日本兵吹号归队，发现少了一个人，到处找也没找到。第二天，有二三十个日本兵下来报仇，结果跑错了地方，到了陈家湖滩，当时正是吃饭辰光，日本兵不管男女老幼，见一个杀一个，共杀了十个左右，记得名字的有陈根大、陈妹妹、陈瑞麟、朱阿大、顾根保……

一次，我俚摇了三只船在西湖里，被五六个日本兵看见后，他们招手让我俚靠岸。我俚不敢，日本兵就开枪，我俚躲在船舱里。西北风把船吹到下圩浜兜里，比我大两岁的大眼金金被打死，唐四船上被打了两个洞。后来，我娘舅的船被日本兵踏船（征用）到城里，为他们装运粮食，几天后才被放回来。

我好公为地主做了三十五年长工，家里还是穷得只有两间土坯壁脚的房子，走进去要碰头，里面很暗，家里只有一副灶头，两只镬子。我俚在灶间后面挖个洞，用稻柴遮挡洞口，便于危急时刻进出。有日本兵来时，村上年轻妇女就从洞外钻进来，躲在我房间里。一次，日本兵下乡，有六七个妇女已经躲进去了，还有一个十三岁的江北妹妹被两个日本兵抓住，比我大三岁的巷（村）上兄弟平云兴急忙写字给他们看："姑娘才十二岁。"他故意瞒掉一岁，姑娘在边上吓得只管哭，日本兵就放了她，没有强奸。之所以叫江北妹妹，并不是真的江北人，因为她父亲长得长，绰号江北人，所以他的女儿就被称为江北妹妹。

日本兵做的坏事交交关关（许许多多），讲都讲不完，想都想不全，老百姓吃足苦头，烧杀抢奸，没有一天太平！

采访于2017年3月4日上午

王杏宝：烧杀淫掠仇恨深

王杏宝（原姓张，1950年10月改为夫家王姓），练塘东镇村圩田里人。1930年2月17日（农历庚午年正月十九）生，属马。文盲。务农。现住虞山镇报本街。

1937年11月，日本人来时，我家有八个人，好婆金凤（好公已经去世）、父亲张根寿三十三岁（属蛇）、母亲朱银秀三十二岁（属马）、阿哥张根兴大我五岁，阿姐张二二（方言读音：妮妮）大我三岁，我是第三个，我下面还有大妹妹张四四、小妹妹张多多，属老虫（老鼠）。再下面还有三个是日本人来了之后养的，依次为弟弟、妹妹、弟弟，三个人的名字是张培兴、张巧云、张全兴。

东镇村在练塘镇东北，我家所在圩田里距汽车路（锡沪公路）不到一里路。我好婆和娘、老子都很能干，家中种二十八亩租田，养一头牛，有一只船，是装砖瓦的运输船，一年还要烧两只窑，窑也是向人家租来烧的。我家在河东，还和河西的吴云根爷叔合做一只垄坊，垄坊是用来打米的，家里养些鸡、鸭，但勿多。家中也算牛、船、屋宅齐全的。由于劳力少,小人多,做得很苦。养头牛,有个十来岁的看牛囡,他是张家氏族里人,是个孤儿,帮我俚看牛,在我家吃饭。一个礼拜要请个帮工到家里帮忙做做农活。我八岁就要帮忙掼砖坯,也要到垄坊里帮忙。

日本人来时,先派飞机把汽车路上的洋桥炸干尽,飞机勿大,但很多,像鸟一样,先是发出"昂——"的叫声俯冲,看清爽目标,再在往上蹿的辰光掼炸弹。我父亲摇船带了我俚一家(好婆年纪大了,留在家里)和隔房伯伯张招根一家三人,躲在州塘河边的秆稞里,看日本人飞机掼炸弹、扫机枪,机枪子弹像落雨一样。看看太平哉,我俚再回转,勿太平哉,再出来,成天提心吊胆。有时候来勿及跑,娘、老子就喊我俚几个小囡躲在台肚里勿要动,有时候伏在牛棚里或者车水用的木水沟里。一次,日本人来哉,好婆和我在宅基上没跑,娘、老子摇船躲在六里塘附近的秆稞里。隔房老伯伯一家也一起出去逃难。日本人将他家养的一头大猪一枪杀了,然后割下四条腿拿了就跑,其余丢在原地。日本人就住在我俚宅基上的垄坊里,有几十个人。我好婆不放心我和家里的牛,就在半夜里一只手牵了牛,一只手挽着我,悄悄跑到六里塘摆渡口,轻轻喊:"根寿,根寿……"我老子听到后就拿船摇过来,把牛牵到船上,我也跟了上去。娘一看,问我鞋子呢,因为当时是落雨天,烂泥路勿好跑,我的鞋子窝在烂泥里没有拔出来,我自己也没发现,赤了脚跑到船上,船再摇到州塘河对岸秆稞里隐蔽起来。把我和牛交拨我娘、老子后,好婆放心哉,因为日本人没船到不了对岸。当时有三四个老太留在村上看屋里,我好婆当年六十岁,还有季婆婆、三婆婆。

日本人来之前,麦已经种好。农民人家把稻收割后,就在自家屋里场上堆成稻萝,日本人来时是冬寒里,他们来到宅基上后将稻萝中间掏空了点火取暖、烧东西，夜里从荒野里望过去都是火光，空气里都是烧焦味。日本人的飞机掼炸弹时，有只塘网船在州塘河里摇，我俚喊他躲一躲，他勿听，说小囡"起筋"，要紧送他到练塘街上请郎中"推筋"，结果炸弹下来氚在他附近，爆炸出来的钢片把他鼻子削掉了。

我俚出去逃难后，日本人拿人家里养的鸭子一齐赶到我家院子里，然后拿长扁担打，打杀后，就扔在箩里，共装了二三十只，然后叫没有逃难的钟根根老伯伯和胡子公公（兄弟俩）扛到练塘镇上的炮楼里，结果两个人从此一去未回，被日本人枪杀了。一次，我长远（很久）没吃鸡哉，好婆就为我杀了只半大鸡，等到烧熟，好婆就斩成一块一块。斩的辰光，我从灶间窗户里看到有个住在村上的日本兵过来，就告诉好婆："日本人来哉。"好婆赶紧把斩好的鸡用毛巾包起来，藏在灶肚里，然后装作若无其事，坐在小凳子上望野眼。那个日本兵到灶间里，一声勿响，东翻西找，居然从灶肚里将毛巾包翻出来，拿了就跑。好婆搭我火来呀，又勿敢响。隔了一歇，好婆对我讲："来么呒没吃！"住在村上的日本人经常出来做坏事。练塘镇上有个剃头师傅的娘子二三十岁，她带两个小孩到我俚村上逃难，结果被日本人强奸。我俚后村王家荡有个二三十岁的女的，总想勿要紧，没有出去逃难，也被日本人强奸。金家荡村有个叫二二的细娘，只有十二三岁，也惨遭强奸。

练塘镇东街上的房子被日本人烧得一双筷、一副灶头都不剩，住在我村垄坊里的日本人跑了以后，东街上的一些老百姓就到这里避难，用芦帘、毛竹、稻柴搭点草棚棚住下来，直到他们在烧掉房子的老宅基上清理清理，重新搭了草棚棚再回去。

靠近练塘街上有两座石桥，叫前坟桥、后坟桥，这里是大人家的坟堂。日本人来时这里打过仗，过后有勿少尸体，在汽车路边上的多数。

大多是国民党士兵，也有老百姓的。估计是外乡逃难来的，因为本乡本土有名有姓的都会有人来收尸，这些尸体横七竖八，躺的、靠的、坐的、跌在河边的都有，因为天冷就冻在那个地方。到开春，才有人喊附近农民在荒野里开只大灰潭，另外有人用草席在尸体一卷，两头一扎，埋在大灰潭里。都是些无名尸体。

日本人占领练塘后，沿着镇子一抄圈用铁丝网围住，进出有日本人盘查。镇上建有圆形的高炮楼，有好几层楼高。在羊尖，日本人也筑有炮楼。

我俚村上还发生过打杀日本翻译官的事情。日本人驻在练塘镇上后，经常有日本翻译官牵着狼狗到各村去要老百姓"献米"，大家拼凑出来给日本人吃。我父亲是甲长，翻译官经常来催逼军米，来时就喊"甲长"，然后交代要献多少米。翻译官人长得蛮长大（高大），喉咙蛮脆，不是常熟人，但听得懂他讲点啥。他来时，先要到鸡窝里去摸鸡蛋，一看有就开心来，敲碎了吃生鸡蛋。隔房伯伯张招根拿勿出米来，翻译官当他将米藏在柴萝里，就要他把柴萝发（翻）出来看，发了一大半，张招根老伯伯说："先生，你看呢，真格没呀。"翻译官用日语对大狼狗嘀咕了几句，狼狗就扑上去把张招根老伯伯穿的作裙撕干尽，我俚看见吓来呀。

翻译官到吴云根爷叔家搜米，云根爷叔对翻译官说："先生，你看呢，米窠里没米哉呀。"米窠蛮高，总要大人齐胸口高。翻译官过来一看，就抓住云根爷叔竖顶顶竖在米窠里，颈颈（脖子）也差点别折。

这个翻译官仗势欺人，做了交关坏事，老百姓对他恨之入骨。一次，他又来催米，那天没带狼狗。就有几个胆大的农民合伙把他打死后埋在河泥潭里。隔了几天，感到不安全，因为河泥要发出来壅田，于是就把尸体移出来埋到芦苇荡的荒滩里。翻译官被打死后，日本人也来找过，老百姓都回答"没有来""没看见"，日本人因找不到证据也没办法。

　　日本人的坏事做了交交关关，几日几夜也讲不完，到现在将近八十年哉，我仍记得清清爽爽，我一直记住小辰光好婆关照我："妹妹，吃日本人的苦头勿能忘记啊！"

采访于 2016 年 7 月 30 日上午

吴锦行：祖父尸骨暴荒野

吴锦行，无锡羊尖人。1932年4月28日（农历壬申年三月廿三）出生于上海，属猴。高中文化。常熟市委党校工作，1993年7月退休。现住虞山镇颜港七区。

我是无锡羊尖人。我小时候的羊尖分属常熟、无锡两县，以羊尖塘为界，镇上有座石板香花桥，桥东属常熟，桥西属无锡。羊尖镇就在公路边上，商业发达，也有电灯，称为小上海。羊尖又是羊福（羊尖到福山）公路的起点，羊福公路是20世纪30年代初筑的军事公路。羊尖镇的南面是常熟的张桥卫浜，又称卫家塘。羊尖塘直通王庄。我好公（祖父）是练塘罗墩人，小名大福，在羊尖开爿铜匠店。

我好公生有两个儿子，大儿子在二十多岁时病死，还有一个就是我父亲吴志达，1901年生，属牛，小名根生，又叫铜匠根生。我母亲叫浦素琴，是个家庭妇女，1905年出生，属蛇。母亲生育了一男四女共五个孩子。我是第二个，我上面的阿姐叫吴碧云，大我三岁，1929年生，现在羊尖，我下面还有三个妹妹，叫夏莎蕾、吴文英、吴国平（抗战胜利那年生的，寓意国家和平）。阿姨没有孩子，夏莎蕾出生不久就送给阿姨做女儿，跟姨夫姓夏。我是1932年"一·二八"淞沪抗战后的4月28日生的，当老师的娘舅给我起名惊樱，"樱"指日本，因为日本又称樱花之国，"惊"是有"一·二八"重创日寇之意，希望我不忘国耻，长大了要保家卫国。1937年抗战全面爆发前，我一直住在上海。

羊尖镇上有个土豪叫卢宏毅，他在上海开永兴土行，专门经营烟土生意，有政府颁发的经营执照。公司里用的人大都是卢宏毅带出去的羊尖人，他认为用家乡的人放心。我父亲被他带出去后就当炼烟土的工人，收入还可以。

1937年"一·二八"淞沪抗战爆发，母亲带着我俚三个小孩回到羊尖，不久就逃到严家桥西街胡培麟家里，由他照顾我俚的生活。好公也一起来到严家桥。胡培麟是我父亲在土行里的朋友，曾当过严家桥伪乡长。过去严家桥也是蛮发达的，当地农民都养蚕，镇上有几家茧行。日本人经常到严家桥骚扰，老百姓人心惶惶。日本人来骚扰时我俚就到乡下人家里避难。后来，母亲又带着我俚逃难到卫浜镇上舅公家避难，舅公是给卫家看义庄的。开始，我俚住在舅公家，后来住到地主逃亡后留下的空屋里。我在卫家塘小学读书。我俚去卫家塘时，好公留在羊尖。

一天晚上，日本鬼子到卫浜骚扰，镇上一片慌乱，人们纷纷往乡下逃，路上还有人喊："日本鬼子来了！""日本鬼子来了！"我俚只能往地主家的密室里躲，但密室的入口，地主临走时钉死了，要进密室就得用梯子爬上走廊的屋面，再把梯子放到密室的天井里才能进去。母亲和另一个青年妇女带着我俚三个孩子（姐姐九岁，我六岁，还有一个吃奶的妹妹），又是在晚上，可想多么艰难，稍不留神就有跌下去摔死的危险。黑暗笼罩着小镇，天空中映着星光，枪声夹杂狗的叫声，两个妇女带着三个孩子蜷缩在潮湿、黑暗、布满蜘蛛网的小屋里，空气中弥漫着难闻的霉味。妹妹还在吃奶，常常要哭，母亲就用乳头闷住她的嘴，妹妹透不过气来，哭得更厉害了。小屋里充满紧张、恐慌、危险的气氛。第二天清晨，日本鬼子走了，留下的是用布条勒死后抛在河里的小镇镇长的尸体。

　　在我记忆中，日本鬼子来时祖父已是六十岁左右的老人。他身材魁梧，蓄着一大把连腮花白胡须。由于日军骚扰，我俚在卫浜待不下去了，羊尖更不安宁，真是有家难回。无奈之下，只能到羊尖以北五里多路的严家桥小镇上，那里离公路稍远，日军的骚扰要少一些。母亲带着我俚三个小孩和祖父一起，住在西街上父亲朋友的家里。那里的大门很小、很破，旁边有一个厕所，不引人注意，是避难的理想场所。遇到日军进镇骚扰时，再往农村朋友家躲避。祖父虽然身在严家桥，心还在羊尖，放心不下被炸坏的铜匠铺。有一次，他瞒着大家偷偷回到羊尖，在炸坏的房屋内，翻出一副残缺的铜匠担，挑到严家桥，路上碰到日本鬼子，看他年纪大了，叫他鞠了两个躬，给了他一面纸做的日本小国旗就放他走了，总算没有遇上大麻烦。事后大家都劝他不要再去冒险了，他口头上答应，但心里仍旧放不下那些糊口的工具。第二次，他又瞒着大家冒险去羊尖，半路上再次遇上日本兵，这次他没有逃脱厄运，被日本鬼子一枪打中后脑勺，惨死在路上。我俚从乡下回到镇上，四处找不到祖父。后来有人告诉我俚，说祖父被日本鬼子枪杀了。得此消息后，全家人悲痛欲绝。母亲只身冒险去羊尖收尸，刚要进镇，就见镇上的人纷纷往外逃，说日本鬼子在镇上抓大姑娘，母亲只能返回。隔了两天再去羊尖，花了些钱请人代为收尸时发现尸体不但腐烂，而且尸骨已被野狗啃食后拖散，只能从尚未烂掉的衣服辨认出祖父的尸体，于是就捡了几根残骨放在甏里，草草埋葬。祖父惨遭日军杀害，在我幼小的心里印上了仇恨的烙印。我从小就痛恨日本兵，发誓要为祖父报仇雪恨。

在我俚离开上海回到羊尖的同时，父亲随烟土公司去了广州，那时广州还没有沦陷，写信来要我俚也去。胡培麟就设法将我俚送上去广州的火车。由于路途遥远，我娘一个人带三个小孩十分困难，胡培麟没有孩子，母亲就将我最小的妹妹吴文英过继给他做女儿。这样，母亲就带着我和阿姐来到广州，住在一得路一幢五层楼内。但形势发展很快，我俚到广州没有多长时间，日本人的飞机就来轰炸了。遇到轰炸时，我俚就躲在烟土行挖的防空洞里，防空洞离我俚住的地方有一段路，来勿及跑时，我俚就躲在所住楼房底楼的楼梯下。1938年10月，广州也沦陷了，我俚只能逃回家。逃难前，将在广州购置的家具变卖，换成现钞，然后将钞票塞在长筒丝袜里，再将丝袜当裤带绕在母亲的腰间。虽说从广州到香港只有两百公里左右，但铁路多处中断，路上都是逃难的人，头顶上还有日本的飞机轰炸，一天到晚惊恐不安，我俚只能迂回前进，又是乘车，又是乘船，跑一段是一段，没有车、船时只好步行，十分缓慢。晚上带着火把在黑夜里逃难，饿时只能用煮熟的芋头充饥，一路上推搡拥挤，慌不择路，险象环生。一次，我俚所乘的汽车严重超载，过桥时差一点把桥压断。还有一次，我俚租了只小船逃难，遇到日本的飞机轰炸就靠岸，躲在岸上甘蔗田里，飞机飞走，再回到船上，谁知又来了第二批日机，将炸弹扔在我俚刚才躲炸弹的甘蔗田里，一声巨响，震得小船也晃动起来，侥幸没有被炸死。后来总算乘上火车了，谁知又遇上日机轰炸扫射，火车头开到隧道里躲避，车厢被一节节脱开后停在铁路上，人们纷纷下车躲在两边的农田里，飞机总算飞走了，大家都回车厢内，但火车头却迟迟不来。太阳慢慢落山了，天也暗了下来，谣传有人要抢劫，本来心乱如麻的人群更加坐立不安，车厢里开始骚动起来，父亲和母亲也紧张极了，如果身上的现金被抢走，我俚就要饿死在路上。父母亲商量决定分头跑，父亲和姊姊留在车上，母亲和我下车，还有父亲的一个广东同事也下车，他是当地人，母亲是文盲，又不懂广东话，没有当地人陪同是寸步难行的。当时约定在火车终点站佛山的某地汇合。我俚下车后不久，火车头就来了，我俚眼睁睁地看着它把车厢拉走。天更加黑了，远处闪耀着房屋燃烧的火光，路边有一堆堆篝火，是当地人用柴燃烧的火堆，把劈柴当作火把卖给逃难人，路上照明用的，一片战争惨状。当天我俚住在一所空荡荡的漆黑的房屋内，第二天我俚又加入逃难的人群里。花了几天时间，终于在佛山团聚，然后一起前往香港。在香港住了一晚后再乘大轮回到上海。经过三天三夜的风浪颠簸，到上海时，大家都像生了一场大病似的，脸色苍白，面容憔悴。父亲留在上海，母亲带着我和姐姐从上海到南京投靠姨妈（母亲的妹妹）。姨夫是南京白下路基督教圣公会的神职人员，有稳定收入，在白下路有所教会学校，教堂在太平路，两地相距很近。到南京后，姨妈帮我俚找了个住的地方，我母亲将在广州变卖家具的钱在这里买了两辆黄包车，然后出租，靠租金养家糊口。在南京有一年多时间，我和姐姐都在这里教会办的小学读书。住在南京毕竟不是长久之计，一年多后，母亲又带着我和姐姐回到严家桥，发现严家桥、羊尖、卫浜这几个地方都驻有日军，严家桥还有日本宪兵。

我在严家桥小学读三年级，后来又回到羊尖，父亲也从上海回来了。小学毕业后，我在羊尖读中学。为了防止日本人发现我名字"惊樱"具有抗日含义，娘舅帮我将"惊樱"改名为"锦杏"，到中学读书时，老师又帮我改为"锦行"，是"衣锦夜行"的意思，听上去音是一样的，但我始终牢记"惊樱"的真实含义，不忘我俚国家和民族受日寇侵略的历史，不忘老百姓颠沛流离、国无宁日的痛苦，所以我一生最大的愿望就是国家一定要强大，不强大就要挨打。

采访于 2016 年 11 月 29 日

[杨　园]

毛同生：乱世岁月苦难多

毛同生（又名桐森），杨园新开河毛家堂人。1931 年 11 月 27 日（农历辛未年十月十八）生，属羊。1990 年 3 月于杨园砖瓦厂退休。现住辛庄镇杨园新张村。

1937 年农历十月中旬，是种麦时节，麦还没有全部种好，日本兵就从北面过来了。当时，我父亲毛天生在上海做手工裁缝，母亲时小英在上海帮佣，家中只有好婆和我两个人。我们老家住在毛家堂，离州塘河不远。日本兵来时，天上还有飞机，离我家不远的小圆浜宅基被日机丢过一个炸弹。听大人说，日机原是想炸河里缸甏船的，炸偏了，炸弹丢到了河边秆稞坟里，威力很大，周边的房子、碗橱都发摇。日本兵一来，村上人都慌忙逃难，我也随村上大人一起跑，在新桥头一个老百姓家中住了一夜，第二天就回家了。好婆看见我回家才放下心来，说还以为我被日本兵开枪打死了。

日本兵是乘轮船从沈浜起岸的共一二十人。州塘河边上秆稞多，荒坟多，农民养的狗多，日本兵起岸后，先架起机枪朝荒野里一阵扫射，吓得鸡飞狗跳，以震慑百姓。

日本兵到村里后，先是找男人，要拉夫。村上有个叫严和尚的青年农民，有三十多岁，就被拉去在轮船上杀鸡，日本人把鸡头、脚、肚、肠、嗉子都甩了不吃，严和尚说："先生，这个嗉子给我吃。"日本兵点点头。当严和尚烧了吃的时候，日本兵看他能吃，以后就不再给他吃了。严和尚被抓去十来天后，才被放回家。

村上还有个毛阿根的，当时在外面撑船，被日本兵抓夫后，一去就是十一年，直到1948年才辗转回到家中，家中老婆当他亡故在外，已重新嫁人。村上人问起他被抓夫后到哪里去了，他说一直被抓到贵州，由于路途遥远，既没文化又没钱，所以就没法回来。直到攒了些路费，才总算回家了。

日本兵来后要找"花姑娘"，村上年轻妇女都躲了起来，有个十七岁的外地姑娘与本村毛阿祥新婚不久，那天没有来得及逃难，就被抓到我家小屋里，遭到四个日本兵轮奸。

州塘河是常熟至苏州的水路，有内河班轮船每日往返。途经沈浜停靠一个小时左右，日本兵就上岸捉鸡抢粮。一次，有家农户为防止日本兵捉鸡，事先就把鸡捉起来放在一个口袋里，又将口袋藏在秆稞中，以为就此可以躲过一劫。不料，鸡多了，在口袋里挣扎，又有叫声，结果被日本兵发现了，就将口袋拎走了。

采访于2005年8月3日上午

[张 桥]

陶友山：没有"三要"就"三光"

陶友山，张桥陶家塘村人。1927年7月18日（农历丁卯年六月二十）生，属兔。初中文化。长期从事农村基层工作，1987年从张桥公社卫生院退休。现住辛庄镇嘉菱社区嘉菱村陶家塘。

1937年，我十岁，上海发生了"八一三"事变，到秋末冬初，耳闻目睹日本军队兵进羊尖公路，他们以放在天空中的气球为兵进的标志，气球像水牛一样大。那时候我们从未见过气球，看见空中飘着这个东西觉得很好奇，就叫："一头水牛！一头水牛！"当时我家屋背后有棵大树，家里大人就在树的旁边挖个泥洞，听见飞机声音就叫我躲在泥洞里。我亲眼看见日本人的飞机轰炸羊尖市镇，日军的小型双翼飞机从空中竖下来扔炸弹，然后再朝上一窜，发出的"昂——"的声音很响。当地有名的陈佃户（实际是大地主，号称陈百万）家的大房子和"三星茧行"的大屋遭到狂轰滥炸后被夷为瓦砾堆和潭池。

当年张桥属练塘区管辖。张桥市镇上不驻日本鬼子，到张桥来的日本兵都是从羊尖过来的,张桥到羊尖有五市里。我们陶家荡村是个自然宅基,四家人家都姓陶。我祖父年纪最大,他是从清朝过来的,六十来岁,还留有胡须,看上去格外老。凡日本兵进村时,老百姓要做到三要:一要举旗迎接。举的旗帜是青天白日满地红,旗的上面还有一块黄颜色的三角形布条,写上"和平反共建国",出去举旗迎送的都是些花甲老人。二要弯腰鞠躬,并要呼"先生"。说起鞠躬,还有件事:我堂兄陶阿巧比我大六七岁,当时有十八九岁,是个青年农民。1938年春,他去羊尖上街,当时街上都有巷门,他走进巷门,因未向两个站岗的日本兵鞠躬,被他们抓住后,不但打耳光,还被抓手抓脚抛起来摔了三次,摔得路都不好走。回家后,照理要吃些伤药调理调理,因家里穷,只好虚挺。三要送礼。因为我祖父年纪最大,村上人就推他出去应付日本人,说你年纪最大,日本人不会拿你怎么样的,事先各家各户要拼凑好鸡、鸭和蛋,供日本人挑回去享受。当时只要得到日本兵要到村里来的信息,男女青壮年都迅速到田野、秆稞里藏身,一旦抓住,就"男的挑物品,女的打水炮(被奸淫的意思)",如果没有达到"三要",日本兵就要实行"三光"政策。

我们这地方,朱家湾的农民朱关芳三十多岁,在场上遇到日本兵被活活刺死,还放火把他家的稻萝给烧了,那时我还小,还跟着大人去看死人。还有树家桥王大阿弟当时三十岁左右,被日军拉去摇船,船到常州奔牛,不慎将船上行灶打翻,被一锅烫粥烫烂手脚,日军不但不救护,反而感到碍手碍脚成了讨厌人,就将他活活刺死在庙里,可怜他尸骨未回。再有滕家河沿的朱根元到羊尖镇上陈氏典当拿当物,被日本兵当街刺死,也是有去无回,尸骨未见。后来他母亲领养朱阿虎为继承人。

另有葛氏村孙××的新婚妻子,已逃避到小潭浜田野里,但还是被日本兵抓住后拉到坟上"打水炮"。新娘子受到羞辱后逃回苏州娘家,新婚夫妻就此拆散。还有孙家塘朱××妻子已逃匿在秆稞里,不料日本兵用枪头上的刺刀朝秆稞里一阵乱戳,朱××妻子被吓倒在河滩边,惨遭奸淫。常熟城里的张家小姐逃难在塘庄下张寿根家,未及时逃避,也遭到日本兵奸淫。

当时为了逃避日军危害,一些城里人逃难逃到张桥乡下,如常熟南门四丈湾俞恒信米行的小老板就逃难到我村陶坤寿家,陶坤寿有一只船长期为米行运输。因这层关系,小老板才逃难到这里。羊尖镇上人称"秤鸡老通"也逃难到我家里,我祖父为他挤出房间,供他无偿居住。

沦陷时期的社会一片混乱,日本人、汪伪政府、伪保安队经常到乡村里来骚扰,鱼肉百姓。汪伪政府的官吏多次号令,要伪保长向各家各户摊派上交各种铜、铁金属物资,还要收缴竹木税等各种苛捐杂税,对老百姓家中的大树贴上封条,称为"军树"。华家坟上的几棵大柏树被锯光,华家在张桥街上开南货店,这个坟是华家的家族坟。1941年,伪保安队在"清乡"期间到我家中翻箱倒柜,见我一只书箱也不放过,以为里面有啥好东西,用枪柄砸坏书箱后,见里面都是书才悻悻而去。

采访于2016年3月2日

[唐　市]

钱翠娥：百姓泪送徐青萍

钱翠娥，女，唐市镇上人。1927年9月4日（农历丁卯年八月初九）生，属兔。文盲。1979年唐市商业中心店退休。现住唐市镇金庄浜。

我从小住在唐市镇上河西街，父亲叫钱老魁，和母亲一道开爿豆腐店，父母生育了五个子女，我是第四个，前面几个在小时候就死了。我五岁那年，母亲就过世了。不长远（没多久），我就有了后娘，后娘带过来两个小孩，和我父亲生了一个男孩，现在都勿在了，就剩我一个。

1937年农历十月十一，老百姓开始逃难。我父亲喜欢攀蟹，那天攀了勿得了的蟹，看见人家都在逃难，我急来，就去催父亲赶紧逃难。父亲说，我看好了俚，中国军队正在白茆塘里往南跑，勿要紧了。我家是十月十二早晨逃难的，是亲眷人家摇了船，乘我俚一道逃难。先是到倪家村，村上只有六七户人家，躲了几天又到芦苇荡里躲了两天，芦苇盛来，船航进去要掰开芦苇才能进去，船到里面，外面根本看勿出。后来又到泽善村，共跑了三个地方，逃了八天。在农历十月廿四回到家中。出去逃难时，我父亲没逃成，他被中国军队拉夫去抬伤兵，要把伤兵抬到船上。这边抬完，他就跑了，走了一段，又被另外一拨中国兵拉去抬伤兵，走了一段又拉去。有个军官过意不去，对他讲："你把作裙脱下来，打成衣裳包背在身上，就当你是逃难人，就不会拉你了。"

逃难回来，父亲仍旧开豆腐店。唐市不通公路，古里人都逃到唐市，逃难人多来呀，豆腐店生意特别好。当时，父亲还要造房子，家里养了四头猪，就用猪和人家换砖瓦建材，造房子的时候，日本人到唐市来，泥水匠吓来逃干净，房子也没造成。日本人来时乘大的木套头船，船上扯了太阳旗，耀武扬威。听见日本人来，女人吓来逃干净，我当时十多岁，也跟着逃，有时候逃到乡下，有时候逃得蛮远。开米行的老板叫冯仲华，他见人就讲："做亡国奴是苦的，有铜钿的逃来远点，没铜钿的乡下避避。"他儿子冯子佩和伙计永泰出去逃难，结果一去未回。

抗日英雄徐青萍（原名徐锡生）是我"爷叔"（叔父），我好婆（祖母）与徐青萍的娘是亲姐妹。徐青萍的娘叫顾全全，我称她"全婆婆"。徐锡生参加抗日工作才改名徐青萍，他搞抗日地下工作蛮出名的，他人不长（高），中等身材，眼睛小黝黝。他爷（父亲）是教书先生，在徐青萍九岁那年就过世了。他爷死后，长兄为父，家中生活，既要照顾娘又要带大徐青萍，还有自己的子女，都靠阿哥徐伟生。徐伟生比徐青萍大十一岁，在唐市镇河东街（现名繁荣街）上开爿"协盛"布店。抗战开始后，阿哥徐伟生对徐青萍参加抗日工作蛮支持的。他家房子有四五进，第一进沿街店面开布店，最后一进叫望贤楼，"江抗"东唐市办事处就成立在这里。这里还是"江抗"交通站,传递情报和抗日的同志接头的地方。这些抗日的同志来了要吃饭,都是徐伟生帮助提供的。他还掩护过唐市常备队队长诸敏。有一次,日本人到唐市扫荡,封锁唐市镇,诸敏在镇上没处跑,就到徐伟生布店里。徐伟生叫他假扮账房先生,将他手枪藏在灶肚里。日本人来看勿出破绽,因此诸敏一直感激徐伟生的救命之恩。

以前,日本人在唐市没有驻军,只是来来去去,到1941年"清乡"时,才有日军常驻。他们驻扎在河西街育婴堂内。门口有只亭子,有日本人站岗,老百姓走过都要脱帽鞠躬,不鞠躬就要被"啪啪"打耳光。"清乡"中,共产党大部队都走了,徐青萍扮作裁缝,在乡下做抗日工作。一天在彭家段被坏人告密,徐青萍被日本人捉牢,关在育婴堂里。农历八月初六,日本人把徐青萍插了斩旗,五花大绑,有四五个日本人拖了指挥刀在后面押着,徐青萍一路跑,一路喊口号:"打倒日本鬼子!""中国共产党万岁!"沿路老百姓听见喊声都从家里跑出去看,整条河西街有里把路,另一头是育婴堂,一头是唐市小学,我家在中段中心桥堍。我看见了眼泪都滚出来,沿路老百姓也都落眼泪,都说他是个硬汉。徐青萍被杀死在唐市小学后面的空场上,事先挖好个坑,人被杀了就推在坑里,听说还洒了硝镪水,以后由徐伟生去捉骨安葬的。徐青萍被日本人杀头,我是吓来不敢去看,是听大人讲的。

日本人杀忒(掉)徐青萍后,又把徐伟生捉到巴城南横泾,双手反绑后吊在屋梁上拷打,要他说出同新四军的关系。徐伟生啥都不承认,后来家里人出钱买通翻译才被放回来。

一次,日本人从南横头打炮,打死了三个人,他们都是到唐市街上办嫁妆的农民。还有一次,日本人从几里路外向唐市镇上打炮,记得一炮打在人家房子里，床上的镜子玻璃都碎干净，另一炮打在人家烟囱里，共打了六炮，一炮都没打中唐市镇热闹的地方。唐市镇上有座周神堂庙，日本人打炮没有打中河东街，老百姓都说是因为有了周太太保佑，不然的话，唐市镇上要扫光哉！

采访于 2017 年 3 月 14 日下午

[藕 渠]

钱全唡：血腥"清乡"关打杀

钱全唡，藕渠老浜村人。1919年10月25日（农历己未年九月初二）生，属羊。读过三年私塾。务农。现住虞山镇梦兰村老浜。

日本人打来时，杀人、放火、困女人、抢东西，全套格，都要做。我娘叫钱妙金，和我乘何礼福的船逃难，逃到大塘隔对过，船上一共五六个人，吃在船上，睡在船上。当时我十九岁，我老子钱根云六十八岁，他是做裁缝的，我也跟他学裁缝。我娘和我出去逃难后，日本人来抓我老子去摇船，他勿会，就被日本人开枪打杀。

日本人到库上后，将当地老百姓排成队，拿机关枪一齐摇（扫射）杀，死了二三十人。日本人困女人蛮多格，烧房子也有。抢东西时啥都要，捉鸡、猪，连衣裳包也要。还要到茶馆里拉人去找大姑娘，有个"小客"说"呒没"，就被推在河里开杀。

1941年7月，日本人大"清乡"时，把我捉到藕渠镇上关在"清乡"队队部，先把我打了一夜，把我往地上掼"沙包"，要我说出新四军工作队的人藏在哪里。我哪能晓得呢？"清乡"以前，新四军林甘泉、钱达夫、老宋都到过我家，向我宣传抗日，了解日本人的情况，有时讲到夜深了就住在我家，我也不怕，晓得共产党好，全为了我俚老百姓。我在藕渠被关了五六天，又解到古里关了五天，再解到白茆关了五天，一共关了十六天。看我实在说不出啥，古里警察队队长姚坤就叫老浜乡乡长把我领回去。

我被关在藕渠日本人的"清乡"队队部时，看到里面关了十几个人，有的被掼"沙包"，有的被灌水。何礼福承认自己是自卫队大队长，被解到苏州枪毙。还有一个承认自己是小队长，被解到上海，后来放出来格。

我被放转来后一点也勿怕，还是唱抗日歌曲，那些两面派拿我呒办法。

采访于 2016 年 2 月 20 日

钱妙林：屠杀发生在庙堂

钱妙林，女，藕渠老浜村人。1922 年 9 月 6 日（农历壬戌年七月十五）生，属狗。文盲。务农。现住梦兰村梦兰苑。

日本人打到藕渠来时，我俚吓来呀。当时爷（父亲）已经过世，家里就娘和我两个人。娘三十四岁，我十六岁，依靠种田和帮佣过日子。一次，听到日本人要来，娘和我先是躲到一户人家里，这家人家勿肯，怕我俚会连累他家。我俚只好奔到田里一个棚棚后面。娘关照勿要响，被日本人听见要拉去格。我俚看见日本人在宅基上搜查、抢东西，后来听见吹号哉，七八个日本人就排队走了。我俚要紧回到家里。

日本人来来去去，经常下来，有时三四个，有时五六个。一次，我被日本人拉住，吓来呀，我对日本人讲："先生，我有样啥事体，跑一跑马上就回来。"日本人倒答应格。我还勿敢往家里跑，跑到一个野田横头（荒野里）躲起来，日本人也没来找。

藕渠街上有座庙，里面躲了二十多人，被日本人杀干净，有些小人

（小孩子）小了呀，只有三四岁或者五六岁，也被杀掉。有个十四岁的男小人同日本人讲："先生，麭杀我。"日本人讲："不可以。打！"把这个男小人打了一顿又杀掉，总共杀了二十多人，作孽呀！

采访于 2016 年 2 月 20 日

钱永根：一枪毙命四五人

钱永根，藕渠三进头屋人。1926年9月6日（农历丙寅年七月三十）生，属虎。文盲。务农。现住虞山镇梦兰村梦兰苑。

日本人打来时，我俚住在藕渠三进头屋，这房子以前是大人家的房子，主人是钱祖根，后来卖给我好公。日本人打来那年，三进头屋住六家人家，我家里有好婆、娘、阿姐和我共四人。当时阿姐钱妹妹十六岁。听到日本人要打来时，家里先把阿姐送到男家（未婚夫家）去，男家姓冯，在厍上村，离家勿远。好婆在城里庆福银匠店帮人家。我爷（父亲）在我两岁时就过世哉。

逃难时，我俚一个墙门里的三四家人家一道乘船逃难，船是我家的，但娘和我都不会摇船，因此，摇船人是其他人家的，一共乘了十四五个人，船摇到靠近古里的苏家漊，停在河里，人吃住在船上。船上带有行灶，人多呒办法睡觉，只能相互背靠背打个瞌铳（瞌睡）。为啥不上岸呢？一是当地不认得人，二是一有动静就好摇船转移。听见日本人到杨树漊哉，我俚赶紧摇船到横泾塘河边上，过了横泾塘就是东湖南横泾。日本人到杨树溇时，老百姓吓来在田埂上拼命跑，日本人一枪打过去，穿过四五个人的身体，这几个人都死了。那次，幸亏日本人没到苏家溇，离开苏家溇四坵田时吹号回去了，否则损失还要大。我们在苏家溇逃难有一个多礼拜。我好婆跟随主人家逃难去了甘露荡口，过了半个多月，局势平稳点了，回到常熟后，她就回到藕渠老家。

局势平稳后，日本人还是经常到乡下来骚扰，有时三四个人，有时六七个人。开杀"小克"那次只有一个日本人。当时老百姓在库上扁岸头石俊生老子开的茶馆店里吃茶，石俊生当时十六岁。有人喊"日本人来哉"，那些吃茶的老百姓说勿睬他，我俚归我俚吃茶。其中有三十多岁叫"小克"的农民说："我已经当过差哉，勿吓哉。"他说的"当差"就是被日本人抓去摇船。因此，他只管回宅基上去。这个日本人在藕渠镇上喝了酒，在库上抓了个叫"小乖人头"的青年农民，要他带路去找大姑娘。"小乖人头"呒办法，只好领了他到村里去。到村里后，他趁日本人勿注意，就在宅基上七绕八弯逃走了。这时刚好"小克"回转，被日本人一把抓住，要他带去找大姑娘。"小克"吓来呀，一边回答"呒没"，一边拉住河边上的柴萝勿肯跑。这个日本人就把他推到河里，又开了两枪，把"小克"开杀在河里。

藕渠镇上有座"大祖堂"，是只庙，供大祖老爷。1941 年，日本人"清乡"时，把抓到的新四军民运工作队关在大祖堂里，后来这些人被杀掉了。

采访于 2016 年 2 月 20 日

[城　区]

顾锦珊：家产痛失居无定

顾锦珊，女，常熟城区人。1913年9月15日（农历癸丑年八月十五）生，属牛。1981年8月从虞山镇城东服装厂退休。现住虞山镇大步道巷。

1937年时，我们家在北寺心（现工人文化宫旧址），与慧日寺贴邻，当时我们家房屋较多，有七开间四进，属祖父弟兄三人（三房）共有。当年8月17日，日军飞机第一次轰炸虞城，我们就开始逃难，先是将母亲谭素英（东塘市儒浜人）和我姐姐顾藕冰、妹妹顾明霞、弟弟顾治平送到北门外五丈涧顾家祠堂避难。我祖母在此之前已先行送到五丈涧。当时我已婚嫁，家中所有房屋及财物均在日军进犯常熟时被悉数炸毁、烧毁。家中财产全部损失后，我们就流离失所，居无定日，生活极为拮据。我祖母、母亲和阿姐于1938年避难上海，因我姑夫在上海邮政局工作，依靠姑夫帮助，艰难度日。不久，祖母在上海去世，享年七十五岁。

母亲与阿姐于 1939 年回到常熟，住在我家，当时我丈夫家在北门新公园对面。

采访于 2005 年 10 月 16 日上午

毛德新：布庄百家劫毁多

毛德新，常熟城区县东街人。1917年2月19日（农历丁巳年正月廿八）生，属蛇。常熟市民主建国会退休干部。现住虞山镇泰安街。

1933年至1936年，我在永昌布厂学生意。1937年初结婚。同年2月，我与亲戚归钧和联合开办和丰盛布号，向乡间小厂收购厂布，销往上海。同年夏，日军飞机第一次轰炸虞城，炸弹落至益勤布厂，距我家仅隔一条前辛巷。日军飞机要先俯冲再投弹，俯冲时发出"昂——"的怪叫声，以后又轰炸过几次。市面上人心惶惶，生意清淡，布号已无业务可言，我也不敢在家居住，先后借住于大东门鸭潭头岳母家中或九里友人处。当时我父母亲在谢桥市镇开办毛元记绸布号，身边带有两个妹妹、一个弟弟。十月间，我将存货装船运至张桥乡村避难，同去的还有几个亲眷。半月后，亲眷先行避居无锡甘露，我则在原地等候父母亲到来，不久弟弟、妹妹先来张桥。两周后，日军飞机大肆轰炸谢桥镇，我父母疾速奔出，俯伏于河边有小半天时间，待日机轰炸毕，谢桥市镇已面目全非，苦心经营的毛元记绸布号也不复存在。当天，父母相依为伴，徒步至张桥乡间，与我们会聚一处，然后连夜雇船赴无锡甘露，在此旅居一年半之久，直至1939年春天才重返常熟。

在此一年半中，我有时也回常熟了解些情况，或至浒浦乘轮船去上海，与原有客户联系，兼带做些小生意，谋取薄利，艰难度日。我家在前辛巷口三上三下的私人住宅，楼下已成为日军马厩，家中财物荡然无存，房内因结婚新置的家具不知去向，一片狼藉。

抗战爆发前，当时全县城乡有大、小布厂一百余家，其时大部分均已改用人力铁木机，少数工厂开始购置电力铁木机，抗战爆发，连劫带毁，损失重大。李硕年建办在南门外四丈湾的立丰染织厂，在抗战初期被烧毁厂房三十余间、脚踏织布机一百台，损失布匹纱线等共约六万余元法币，折合棉纱三百件左右，致使工厂无力复工。当时城区有十多家绸布业，集中在总马桥大街和县西街、南市心，如乾太恒开设在县西街，黄顺泰开设在南市心，都是具有较大规模和较高知名度的绸布业。吴鸿范是绸布业同业公会理事长，他在南门大街开办有协茂盛棉布批发庄。所有这些绸布业、布庄均随着日机轰炸、日军进犯而损失殆尽。

我有个叔父，往乡村避难时与之分别，以后就音信全无。返回常熟后，有人告知被日军抓去了，估计也难逃厄运。

采访于2002年1月30日下午

吕恩：亲友被杀悲和仇

吕恩，本名俞晨，女，常熟城区人。1921年5月27日（农历辛酉年四月二十）生，属鸡。1941年重庆国立戏剧专科学校毕业。戏剧表演艺术家，北京人民艺术剧院离休。现住北京市方庄芳古园。

1937年抗战爆发后，虽然我们家人并无伤亡，但我的亲戚和同学中所遭受的苦难就比我家痛苦多了。我的父亲俞子久，苏州省立师范学校毕业，抗战爆发时在无锡安镇小学当老师。我的母亲蒋苹贞，属猴，生于1884年。母亲的父亲叫蒋志范，也就是我的外公。蒋志范有兄弟四人，他是老大（蒋子范于清朝末年科举考上"拔贡"，在京城当小京官，在20世纪30年代他在上海同济大学当国学教授，该校校长翁之龙是他的学生）；老二死于清末；老三蒋东扶，他的英文和数学很好，在孝友中学任教务长，抗战爆发前就已经过世了，蒋东扶的夫人是常熟徐市人，我们称她三婆婆；老四蒋瑞平留学日本，回国时带回一个日本太太和一个女儿，那日本太太姓田中，我们称呼她日本婆婆，她的女儿叫蒋莲熙，我们称呼她熙舅舅。熙舅舅始终独身一人，抗战期间患肺病去世。蒋瑞平回国后，在民国元年又生了个儿子，叫蒋人，而那个日本太太在产下蒋人后得病去世。蒋人抗战爆发前几年，已从复旦大学毕业，在上海中南味精厂任工程师。蒋瑞平曾任县政府官产处处长，日军进犯常熟后，知道他通晓日语，就把他找去，要他出任伪职，他不干。日军很恼火，就将他绑架，以后再也没有回家，连尸骨都没有看到，就此失踪。

1931年，我在学前小学毕业，随即考入县中。初中毕业后，至上海正风中学读书。时间是在1934年至1937年，20世纪30年代的县中分设男部、女部，男部设在西仓前，女部设在石梅，我在县中读书时有个同学叫谭圭珍，就住在石梅，她父亲是常熟城里有名的律师。我去县中上学，天天经过谭圭珍家。当时我和谭圭珍读初一，谭圭珍有个哥哥叫谭乐汶，在县中男部读初三，我们很熟悉。1938年夏天，我考取了在重庆的国立戏剧专科学校，这是当时全国唯一的戏剧学院。我在重庆读书期间，一天，谭乐汶穿着一身军服来找我，告诉我，他父亲被日本鬼子杀害了，他立志要为父亲报仇，所以就投笔从军了，参加了国民党的陆军部队。又一个熟悉的人被日本鬼子杀害了，我除了哀伤，就是对日本鬼子的仇恨！

采访于2009年5月15日下午

陈森元：欺行霸市征军粮

陈森元，兴隆九里油车泾人。1922年8月13日（农历壬戌年六月廿一）生，属狗。初中文化。服装二厂工作，1982年8月退休。现住虞山镇五星七区。

我出生在兴隆九里油车泾，九岁时全家人搬到城里引线街瞿桥头居住，所住的楼房是水果店老板造的，我们出一笔钱向他典租。我父亲陈君莲，娘顾静珍（原名桂林），父母生育五个子女，我是第二个，上面一个是阿姐，下面是两个妹妹、一个弟弟，弟弟小时候就死了。家里有近两百亩田，靠收租过日子。迁到城里后，我开始上虞阳小学读书，校长张汶，为激励学生认真读书，学校规定凡成绩前几名的学生可直升孝友中学，用不到考试。孝友中学校长张鸿和张汶是兄弟两人。我在虞阳小学的成绩是全校第四名，得以直升孝友中学，但只读了一年半，日本人就打进来了。学校迁到西塘桥，离开城里有几十里路，家里大人不放，我尽管想念书，也只能辍学在家。

日本人在常熟掼炸弹后，人心惶惶，逃难的人就多起来了。在米行附近有个商团，商团里有个叫蒋炳华的宜兴人，他提出可以逃难到宜兴去，说他老家是水网地区，交通不便，便于隐居。于是我们就跟着他去宜兴，一起逃难的有四只船，一直摇到离和桥还有十几里路的村子里。蒋炳华的弟弟在村里比较有威信，所以安顿吃住比较方便。当时，刚好当地一所小学不上课，学生都放在家里，所以就安排我们吃、住在学校里。

刚才说了，我们逃难去的有四只船，其中我们家是一只船，去逃难的有父母亲、两个妹妹（九岁、七岁），当时弟弟已经夭折了。还有外公、小娘舅和两个子女，舅母已经过世。还有一只船是北门开磨坊（小面粉厂）的叶松和家的夫妻两人和两个儿子、一个女儿。在这里刚住几天，看见日本人在和桥方向烧房子，火势大得不得了，叶松和不定心了，就带着两个儿子另觅生路，把妻子和女儿留在船上，让她们跟着我们走。我们家商量下来，认为小孩子多，逃难不方便，还是留下来住段时间再说。我们在这里住了个把月，感到局势太平一点了就开始回转常熟。在经过常州铁路桥时，我们拼着命摇，摇得喉咙头都是血腥气，生怕被日本人看见了会开枪。从常州回来，一路上的河里，浮尸余满。随着船橹摇动，死尸有浮有沉，心里有说不出的味道。

我们第一站回到张桥乡旺倪桥，聚集在这里的逃难船蛮多。一天，从其他船上传来女人的凄惨哭声，晓得有日本人在那里强奸作孽。我们不敢再停留，就直接回到兴隆章郎桥外婆家。到外婆家后，我和表兄一起进城去看看城里情况，进大东门时，要向日本人鞠躬，表兄慢了一点就吃着一记耳光，我吓来赶紧鞠躬。回转时情愿多跑点路，从东市河那边抄远路也不跑大东门。

我们到瞿桥头一看，我家典住的楼房连同屋里的家具财物已经全部烧光，水果店老板也找不到，典租房子的钞票也就损失了。在东市河的过街廊棚里拴了许多又高又大的东洋马。记得当时还没有张贴安民告示。

瞿桥头房子被烧掉后，我父亲就向大东门白场头河对岸的姚家租房子住。十八岁那年，我在大娘舅开的盈大米行里学生意。当时学生意，样样生活都要做，又要掮又要扛。兵荒马乱，老百姓东逃西逃，家里租也收不到，父亲就做小生意，在大东门向农民收些糠、麸皮，然后摇了小船到王市一带去卖给养猪人家。那时候日本人经常要下乡骚扰，只要听见"啪啪啪"的挂机船声音，我们就往周行渔家阁方向逃，小娘舅的儿子当时只有五六岁，跑不动，每次都由我驮着跑。

我所在的盈大米行的贴隔壁是公大米行，那老板看我老实能干、肯吃苦，就把女儿嫁给我，我二十一岁结的婚。一次，老丈人家的麦囤被日本兵放火烧着了，他要过去看看，被日本兵拿枪对准了他，吓得赶紧缩回去。

日本人在常熟开有洋行，规模很大，每年大熟起身就要征购军粮，并且欺行霸市，蛮横规定，只准日本洋行收，其他米行一律不准收，要等洋行征购军粮的任务完成了，才允许本地米行收购。各家米行虽然心里有火，但敢怒不敢言。

采访于 2017 年 3 月 30 日

顾定宇：虎口逃生入"民抗"

顾定宇，常熟城区人。1923年2月18日（农历癸亥年正月初三）生，属猪。1984年从上海港医院离休。现住上海市四川北路。

1937年时，我家住在大东门外吊桥堍月城弯二号，吊桥后改称泰安桥。父亲开长源春鲜肉庄，家中共有七个人，即父母亲、姐姐、哥哥、弟弟、妹妹和我，我是第三个小孩。当时姐姐顾荣华，大我五岁，已经婚嫁。哥哥大我两岁，他先是读的私塾，后改读塔前小学，我一开始就读颜港小学初小，老师蒋传珍，因没高小，故改读塔前小学。1937年六七月份，哥哥和我同时在塔前小学毕业，又一起考取了孝友中学。上海"八一三"淞沪抗战爆发后，日军开始轰炸常熟，孝友中学就停止开学，我们也就没法上学了。

"八一三"后，日军轰炸常熟，一次把大东门内青禾街桥的几座房屋炸掉了，都是比较好的房子，其中一家还是比较富裕的。炸得人心惶惶，生意萧条，再加上四十四岁的母亲得了伤寒症，四十六岁的父亲要为她求医煎药，日夜照顾她，因此，肉庄生意也不做了。为安全起见，父亲就把我送到森泉杀猪老师傅家中，四岁的妹妹顾润华送到吴家市婶娘家中，父母亲和哥哥、弟弟在城里。有点太平了，我和妹妹就回到城里住些日子，轰炸了就跑到乡下去。

当年11月19日，常熟城区沦陷。在此之前，我9岁的弟弟被送到森泉杀猪老师傅家中，妹妹还是送到吴家市婶娘家中，哥哥和我则随姐姐一家逃难到桃源涧附近的老百姓家中。但这里也不太平，日军经常来骚扰，找花姑娘。人多了家里不好住，我们就经常躲到坟窠中，像捉迷藏一样，躲来躲去，提心吊胆。过了一些日子，哥哥和我就与姐姐一家分开逃难，我们到了菜园村娘舅家中，帮娘舅干些农活。我父亲则在邻居一再劝说下带着重病的母亲雇了条打鱼的小网船，到冶塘大河农村避难，直到1938年开春后才回到城里。

日军进城后，无恶不作，各种罪行，随处可见。我娘舅家附近有个中年妇女被日军抓住后，在光天化日下，遭到五六个日军的轮奸。一次，日军不知在什么地方抢到了许多龙头细布等物资，就逼迫我和哥哥将这些东西扛到辛峰亭，那里住着日军一个小队。大东门外白场头原来像南门坛上一样繁荣，有船码头、茶馆、面饭店、百杂货店等，是条商业街，日军进城后就全部烧光了。我亲眼看到有个青年农民给日军抓住后，就绑在白场头柱子上活活烧死了。那时福山塘、梅塘、环城河里的死尸随时可见，尤其是福山塘里的尸体随着潮水涨落而氽进氽出，令人惨不忍睹。大东门有水、旱（陆）城门，进出旱城门必须向站岗的日军鞠躬致敬，谁要不鞠躬，就要被打耳光。有一次，我看到一个进城青年被日军抓住后被剥光了衣服绑在城门口庙场上的电线杆上用冷水浇，当时是严寒的冬天，把那个青年冻得浑身发抖，受尽折磨。

局势有所稳定后，我和哥哥就回到大东门家中了解情况，一看家中住着看守城门的一个班的日军，我们就打着手势和用写中文的方法跟他交流，告诉他这是我们家，我们回来了。通过交谈，知道带班的日军叫本岛千秋。我们家有六七间房子，回去后发现家中家具物品都被抢劫一空。如杀猪和卖肉用的大小砧墩、刀具都没了，客堂里悬挂的关公画像和画像两边翁同龢写的对联（真迹），画像下面的条案和条案上供奉的关公的塑像（放在一个四面镶嵌玻璃的红木盒子里）还有饭桌子都不见了。隔了几天，住我家的日军搬到城里靠近城门的纸作店去住了，当时还有许多日本兵住在大步道巷一个大地主家中。

我和哥哥回家后，就先把家里整理整理，没有吃的，就到菜园村娘舅家去背一点米。不久，父母亲回家了，我们才知道，他们一直逃难在冶塘大河那个地方。再以后，弟弟、妹妹也回家了，一家人终于团聚了。虽然生命没有受到伤害，但家中财物已经没有了。父亲只能摆个香烟摊，母亲病稍愈后，设法缝几条被子，靠出租被子赚几个小钱勉强糊口。为了生存，我和哥哥分别到蛋行、米行当学徒，我在蛋行待了一个多月，因生意清淡，就只身走到苏州、上海投亲谋生。上海两家亲戚吃碎米，睡小阁楼、亭子间，生活也很艰难，无法解决我的出路，在亲戚劝说下，给了我路费回到常熟。在上海寻找亲戚过程中，我睡过马路，枕在头下的小行李也被偷掉，幸亏一个好心人给了我三元钱才买些大饼充饥。当我过外白渡桥时因未向日军鞠躬，被打了两个重重的耳光，我敢怒不敢言，增添了对日军的仇恨。

日军的种种暴行，坚定了我参加抗日的决心。1939 年 10 月，我来到森泉，参加了任天石领导的"民抗"常备队，开始了我投身抗日斗争的革命历程。

采访于 2005 年 8 月 14 日上午

程民：辗转逃难苦与泪

程民，常熟城区人。1923年11月15日（农历癸亥年十月初八）生，属猪。中学毕业。虞山林场离休干部。现住虞山镇枫林路枫林苑。

我家世居常熟城区颜港，是个大宅院，有两进房子，前面一进是六间平房，后面一进是一幢两层楼房，六上六下，另有侧厢两上两下，共住十四人。我们一家是父母亲加上我和妹妹，还有好公程易洲和好婆两人、大叔叔夫妻和两个儿子、二叔一人、三叔夫妻两人，有两个姑妈，一个在四川读书，一个和我们住在一起，终生未婚。父亲程景伊在电灯公司收电费。生活来源主要靠田租和父亲的工资收入开支。

1937年，我在学前小学毕业。农历九月初，日军飞机轰炸常熟城区后，人心惶惶，在练塘警察局工作的大叔叔就叫了只船，将我们一大家子十个人接到张桥邹氏义庄，父亲和三个叔叔都有工作，未去。我们在义庄住了一个多月，听说日本人已经在野猫口起岸，就转移到无锡荡口。逃难到荡口的人很多，房子都不容易租。一大家子就分开住，我们一家四人和二叔叔住一起；好公好婆、姑妈和三叔叔夫妻住一起；大叔叔一家四人先是转移到练塘，不久又与警察局的七八个兄弟逃难到溧阳。

我们在荡口一直住到1938年的三四月里才回到常熟老家。回到常熟是分两次跑的，先由我父母亲乘脚划船进城看看局势，看到日本兵在水城门检查，母亲吓得躲在船艄里不敢露面。到家一看，除侧厢外，前后两进房子连同财物全部烧光、抢光。一大家子没有办法再在一起居住，就只好分开住，好婆和姑妈住侧厢，家中连只凳子都没有，好婆就拿石鼓墩当凳子坐，没有床，就睡地铺，勉强度日。三叔叔夫妻住到他的丈人家里，我们一家在老家附近另行租房。大叔叔一家也是在1938年春天回到常熟的，住到已经出嫁的姑妈家中，他警察不当了，另谋职业。在荡口逃难时，好公客死异乡，他原来就患有痨病，逃难在外，衣食无定，有病难医，加上心境不好，在荡口病逝时才六十多岁。父亲进城后又隔了段日子，再去荡口，把好公的棺材运回常熟，安葬在西门外落星港山上的家族墓地。全家回到常熟后，生活无着，只能依靠以前的一点积蓄维持生活。以后，父亲仍回电灯公司工作，三叔叔回到金城银行工作。我先是读县中补习班，后转入县中读书。

从荡口回到常熟后，满目凄凉，到处房坍壁倒，经常可以听到家破人亡的伤心事，我家的邻居浦姓一家，夫妻俩和三个子女在逃难途中被日机炸死。附近还有两个人被日本鬼子枪杀，其中一个人是颜港桥东面开篮篓店（销售用竹材编制的家用、农用物品的小店）的男主人。

采访于2009年6月6日上午

徐家骥：日机疯狂掼炸弹

徐家骥，常熟城区人。1924年3月14日（农历甲子年二月初十）生，属鼠。大学文化。教书为业，1987年2月退休。现住虞山镇东门大街。

我的老家在常熟东徐市街上，太公邵月樵在城里东门大街买房子后就搬到城里来居住。太公是招女婿，入赘徐家后改姓徐，叫徐月樵。我祖父徐岳峰和我父亲徐树松都是常熟县田粮处的小职员，兼职经漕。在我两三岁时，我父亲得肺病过世了。父亲过世后，家里由祖父当家。祖父过世后，由我阿姐当家。我母亲是无锡甘露人，姓华，1891年生，婚后叫徐华氏，新中国成立后起了个名字叫华醒香。父母亲生育三个子女，第一个是女儿，叫徐德贞，她是1915年生，大我九岁，前几年过世了；第二个是儿子，叫徐家驹，1919年生，大我五岁，现仍健在，在上海；我最小。1937年抗战爆发前，祖父过世。我阿姐小学毕业就跟随祖父去徐市收田粮，她很能干，几年下来，情况熟悉了，祖父过世后，阿姐顶替祖父进田粮处继续收田粮，收田粮后提取百分之几作工资养活我们一家人。在田粮处工作的职员世代相传，如我太公、祖父、父亲、阿姐都在田粮处工作，直到新中国成立。在田粮处工作的有两种，一种是要坐班的，像我父亲就是坐班的，专门造册；另一种像我阿姐就不要坐班，专门收田粮，称经漕。

  我家在东门大街东横板桥西侧，有三进，第一进一开间，第二、第三进都是三开间，我家是坐南朝北，南面围墙隔壁就是燕谷老人张鸿的宅园，在未购置燕园之前，他就住在这里。当年我家门口有条城河，西面连接琴川河，东面出水城门连接颜港河。1937年"八一三"事变后不久，日本人就来常熟轰炸，城里第一颗炸弹就扔在我家西面不远处程老元（程元鼎）家的附房，时间是8月下旬，是双翼小飞机，俯冲轰炸时的声音很大。城区遭日本人飞机轰炸后，老百姓人心惶惶，都在担心下一次轰炸会不会炸到自己家里，因此逃难的人很多。我祖父、父亲都已过世多年，家中全仗母亲做主，她就雇了条船，由她带着我们三个子女从家门口乘船到无锡甘露娘舅家避难。当时我阿哥孝友初中刚刚毕业；我是虞阳小学毕业，已被孝友中学录取；阿姐虞阳小学毕业后跟随祖父在田粮处学习征收田粮。虽然外公、外婆已经过世了，但母亲对娘家宅基上的人都熟悉，不是长辈就是小辈。我们在这里租住了几个月，直到常熟城里"自治会"成立，局势平稳一些了才回到常熟家里。到家一看，不大好搬的家具都还在，衣服大多也在，一些值钱的拿得动的东西都不见了。我家西面古里铁琴铜剑楼主人瞿良士、瞿凤起家的房子，和我表阿姐家的房子，表姐夫姓胡，在银行当职员。瞿、胡两家及附近还有几家人家的房子都被炸被烧，成为一片瓦砾堆。以后表阿姐全家八人就借住在我们家里，一起借住到抗战胜利才搬出去住。

采访于2016年7月12日

俞炳夏：千里逃难幸与祸

俞炳夏，常熟城区人。1924年8月3日（农历甲子年七月初三）生，属鼠。常熟国营棉纺厂退休。现住虞山镇虞园新村一区。

1937年"八一三"事变爆发时，在安镇当教师的父亲回到常熟家里。父母亲生育四人，老大俞晨，老二炳蟾，老三炳夏，老四炳文。那年我虚岁十四岁，当时我们家住在忠胜巷，而常熟电话局也在忠胜巷，因此日机经常在这里转。8月23日，日机第一次轰炸常熟城区，当天晚上，母亲就带着我们三个儿子住到大东门外亲戚家中去避难了。父亲和姐姐俞晨仍旧住在忠胜巷老家。我们在亲戚家住了个把月，形势更加严峻，我们又举家逃难到莫城殷庄，向一农民人家租两间房子。当时外公蒋志范一家也逃难在莫城，住在莫城镇上陆家，那是一家地方士绅，同外公相熟。

俞晨是我们三兄弟的大姐。抗战爆发时，她刚从上海一所学校毕业，本来已安排在上海南汇小学当老师，还未到任，"七七"事变爆发了，她就回到常熟，参加了后方救护队。当时国民党部队的第十六伤兵医院设在学前小学。医护人员不多，院长姓应，一个医官姓许，他们都是安徽人，还有一个医官叫汤俊，一个司药姓吴，大家都叫他吴司药，他们两个都是浙江人。我姐姐在那里帮助工作了一个多月，和他们都熟悉。可惜的是，许医生在8月23日日军飞机轰炸学前小学时牺牲了。我们住在莫城殷庄的日子里，伤兵医院的汤医官和吴司药来看望过我们，我母亲热情地招待他们。11月上旬，形势越来越危险，我们家和外公一家又转移到张桥旺倪桥陆家。我们刚到陆家住下，只见来了只快船，船头站着吴司药和一个卫生兵，他告诉我们，第十六伤兵医院奉命迁往内地，现在船队停在无锡东湖荡。他特地赶到莫城，又从莫城赶来告诉我们，准备带我们一起往内地逃难。母亲听后，就同外公商量。外公说，你们就跟医院跑吧。当我们随吴司药赶到东湖荡时，看到医院留下的字条，称船队已经出发，要我们赶到南京去会合。这样，我们又急匆匆赶往无锡，乘火车赶到南京下关，住在旅馆里。吴司药出去联系，当时一片混乱，这么大一个南京，也不知往哪里去找。好在吴司药找到军政部一个朋友，那朋友告诉他，军政部交通器材库正在招人。吴司药就介绍我父亲去当了一个管理员。当了没几天，军政部内迁衡阳，可以带家属一起走。由于吴司药没有找到第十六伤兵医院，就和我们一起乘船走长江，溯江而上。船到武昌，适逢日军飞机轰炸，我们又乘船到汉口法租界避难。

我母亲在汉口青年会门口碰见结拜姐妹叶德珍，叶的丈夫高剑英在汉阳兵工厂当会计师。熟人相见，格外亲切。叶德珍就劝我母亲"不要再走了，就住到我家去吧"。这样，我们就住到叶家。父亲到武昌后，先是被派在武昌机场附近的油库当管理员。1938年春节过后，调往湖南沅陵辰溪当交通器材库库长。大姐俞晨经人介绍到长沙某汽车公司当职员，去后感到不满意，就到沅陵去找父亲。1938年夏天，她在重庆考进了国立剧校（一年后更名国立戏剧专科学校），走上了演艺道路。

在汉口期间，我哥哥炳蟾已经与在上海的表姐夫俞树麟（外公蒋志范的外甥婿）取得联系，得知外公已经回到常熟，舅舅、舅妈都在上海。表姐夫要我们回上海去。而且逃难在外，就依靠日常积蓄艰难度日，所以母亲总感到寄人篱下，急着赶回常熟。就在这时，我们在汉口碰到了曾经在我们家住过的国民党盐警部队的营长李重欣，他是福建人。李重欣告诉我们，他已经脱离部队，要回福建老家去。我们离家几个月了，也正想回家，于是他就把我们带到香港，然后我们坐船到上海，同舅舅、舅妈等相聚。各自讲讲逃难的经历和见闻，住了几天，我们就回到常熟家中，时间在1938年农历五月。

到家一看，家中只留几件破旧家具，其他财物被劫掠一空，日常生活只好依靠外公接济。我家左右两隔壁的王家、屈家的两造楼房都已烧光，我家居中得以保存，已属大幸。王家是个大户人家，住过国民党部队，日本鬼子冲进去看到墙上挂有国民党军官的照片，就一把火把楼给烧了。

采访于2009年6月4日上午

宋以天：至今难忘大搜捕

宋以天，宜兴市鲸塘镇人。1925年1月26日（农历乙丑年正月初三）生，属牛。高中文化。长期从事新闻工作。1985年5月离休。现住虞山镇枫泾二区。

我原名陈培初，出生在宜兴鲸塘桥，那是个蛮有名的小镇，靠近溧阳。家里是小商。我七岁那年父亲过世，娘就带着我迁居到常州局前街。在常州时，有个叫顾本（又叫顾怀宗）的上海人认得了我娘，我娘为了生活有个依靠，两人就同居了。我被改姓顾，叫顾培初，但我在感情上始终不能接受，从未称呼过他。在常州一年勿到，顾本就带我们到常熟。他先是在警察局练塘分驻所工作，后调唐市分驻所任职，我们一起到唐市，住在镇上金庄浜（街名）。顾本的儿子顾曒生比我大三岁，和我一起在唐市小学读书，在同一个年级。日本人打到常熟前，顾本已调县警察局工作，我们仍住唐市。看到局势越来越紧张，娘就带着我和顾曒生一起乘由好多人家合租的米包子船到宜兴逃难。一路上往宜兴张渚去的逃难船络绎不绝。到宜兴后，我们回到鲸塘镇上，住在我父亲的二哥家。过了几天，顾本和陆亚雄也一起来到鲸塘桥。陆亚雄是国民党部队的一个军官，穿军装、带手枪。顾本看到我娘带着顾曒生一起逃难，很感激。因人头多了，伯父家住不下，我们经人介绍租住在东渚村的村民家中。到东渚没几天，陆亚雄就回到安徽部队里去了，属国民党第三战区。我们在宜兴住了一个多月后回到常熟，当船经过昆承湖时，只见湖里氽了好多死人。逃难回来，娘和我、顾曒生仍旧住在金庄浜。乡邻人家只有母女两人，女儿是个二十来岁的女大学生，人蛮长大（高大）。一次，我们在议论日本人的暴行时，她母亲告诉我俚，她们往宜兴逃难时在太湖边上被日军捉住后，女儿遭到强奸，事后，还在她脖子上戳了一刀，好在未中要害。

  我们回常熟时，常熟已经成立县"自治会"，会长沈炯，警务处长王昆山。顾本早就认得王昆山，王昆山也需要他，所以顾本就被任命为警务处督察长。顾本任督察长后，住在水北门滑石桥堍一所石库门房子里，我们也从唐市上来住在这里。顾本还将留在上海嘉定罗店老家十几岁的女儿顾娓娓接来常熟，和我们住在一起。大约在1940年，娘和我从滑石桥堍的顾本家中搬出，另外租住在南门南头巷六号。为啥勿住一道，因为顾本将一个姓王的妓女公开领到家里吃住，娘一气之下就搬出来住。回到城里后，我先考入北明慧小学，读了一段时间又考入北门大街孝友中学。读了一年不到，就经人介绍，跟随饶少鸿先生学中医，学了三年。1946年9月，为了自力更生，我去报考《新常熟报》练习记者时改名为宋以天，一直到现在。

  1941年7月，日本人搞大"清乡"，凡担任过抗日政府区长、乡长、抗日团体的负责人被统统捉起来，送到城里，主要的关在宪兵队，其他的关在章家角口的县警察局。那年我十七岁。有一天，顾本不知以啥理由在警察局里领了两个女新四军到家中吃住，其中一个是上海人，另一个是常熟农村里人。1942年过春节时，上海口音的女新四军就跟他说要回上海去看看老娘，顾本就说你过了春节要回来。隔了几天，另一个叫周行的女新四军借口帮娓娓买丝线，也跑了出去。到大东门城门口有女警察站岗，周行说："小姐做刺绣，要的丝线城里没有，我到城外去看看。"女警察知道她是从顾督察长家里跑出来的，就没加阻拦，放她出城门去了。结果两个新四军，连一个都没回来。

听说汪伪特工队与警察局有矛盾，顾本私放两个女新四军的事情就被他们盯住不放。在1942年春夏之交的一天夜里，日军搞大搜捕，共捉了三十一个人，都被认为是"不良分子"，顾本也在里边。还有一个叫江北阿四，是南门坛上的帮派头子。不久，又抓过两次所谓的"不良分子"，共计四十六人。这些人的名单在汪伪办的《常熟日报》上公布过，我就是从报纸上看到消息后才晓得。顾本被抓的时候有四十多岁。这些人被解到外地后惨遭残害，一个都没回来。至于顾本为啥要领那两个女新四军到家里，又为啥要放她们走，他同地下党有没有关系，我都不清楚。顾本被抓不久，顾娓娓就得了伤寒症，不幸早逝。

顾曒生于1941年春节结婚，老婆是福山人，叫朱似蓉。婚后顾到南门米行学生意。当年秋天正在大"清乡"期间，顾曒生去南乡收粮，被游击队当作奸细处死。顾曒生死了以后，他老婆就回福山去了。顾本一家3人就这样死在日军统治下的社会里，这种不幸遭遇既悲惨又可恨。

常熟最大的日军慰安所在寺后街鸿云楼，这是常熟有一定规模的客栈，里面有好多小房间，进进出出的都是日本军人。慰安妇都是日本人和朝鲜人，她们都穿夹趾拖鞋。晚上，她们会到天然池去泡浴，把男浴客吓得逃干净，看见男浴客逃，她们还要骂人。

日本宪兵队占用的县南街上的房子是杨家的，里面很大。房子被宪兵队占用后，听说被关的抗日分子大多是竖着进去，横着出来，也有的根本没有出来，人被打死后就埋在杨家大院后面的空场上。

在我印象中，日本鬼子根本不把中国人当人看待，何谈人权？他们不但对抗日志士如此，对普通百姓也是这样，拳打脚踢，习以为常。我十二岁时学骑脚踏车，在经过北门大街原集善医院门口时，听到有日本兵"哇啦哇啦"的叫喊声，我就停下来，才知道这里成了日本兵营，门口有日本兵站岗。只见日本兵过来朝我头上就是一枪柄，然后要我鞠躬。我两眼直冒金星，一阵头痛，只好鞠了一躬，他才挥手让我离开。回来时，我情愿骑车过小路也不愿意再去向日本兵鞠躬。从我的经历就可看到日本鬼子的残暴是连小孩子都不放过。

采访于 2017 年 2 月 13 日

庞炳汉：石狮子庞家蒙难

庞炳汉，常熟城区人。1925 年 2 月 25 日（农历乙丑年二月初三）生，属牛。大学毕业。当过教师、工人，1985 年 10 月退休。现住虞山镇虹桥下塘。

1937 年时家中有父亲庞树昕（字玉麒），常熟西塘桥（现属张家港市）人，1902 年生，属虎，无固定职业，喜爱诗文，是个旧文人；母亲张秀珍，1904 年生，属龙，家庭妇女。当时父母已生育三个小孩，我最大，第二个是妹妹庞耐芳，1926 年生，属虎，现在美国；弟弟庞炳彪，小我五岁，现在北京，交通部退休；妹妹庞素芳，1936 年农历十二月生，属鼠，已过世；到 1941 年，又生了小弟庞炳奭，小我十六岁，属蛇，现在镇江。

我家住荷香馆 1 号，因大门口有对石狮子，老百姓就称之为石狮子庞家。我家共有五进房子，前门在荷香馆，后门在虹桥下塘。第一进是墙门间，第二进茶厅，第三进是大厅，第四进外后堂（比大厅小一点），东面有大书房，用来接待男宾。第五进才是主人家的住房，实际大一半房子是空关的。整个宅院占地四亩。前面四进住了四五个佣人，逃难时留在家中看房子。

　　日本人第一次掼炸弹是在暑假里，是农历七月十三，在南泾堂、黄仓桥、午桥弄和小塔前一带，离荷香馆较近，那时我正和妹妹庞耐芳在第五进房子的侧厢书房里听一个叫程企翰的家庭教师给我们授课，我们称家庭教师为先生。先生的年龄比我父亲大，有四十多岁。书房东面有座荷花池，池上有曲桥，我们先听到飞机俯冲时的怪叫声，那声音从未听过，听上去汗毛凛凛，程先生就和我们一起到曲桥上看飞机。不一会儿就听到附近传来爆炸声，我们赶紧跑回书房。此后很长一段时间，只要听到飞机声音，就联想到当年飞机俯冲时的怪叫声，心里就有种惶恐不安的感觉。日机轰炸后的两三天，就由父亲租了条船举家逃难到张桥施家桥。因为我祖母、母亲都是张桥人，在老家有规模较大的张家祠堂，我们到那里后就住在祠堂里。住祠堂里的还有从城里去逃难的另外两家张姓亲戚，是各人家一条船。当时脑筋比较简单，认为到了这里就太平了，因为交通也比较闭塞，日本人不大可能会来。一直住到天冷，听见日本人在常熟东乡沿江起岸了，我们又继续逃难。先是想往宜兴去，由于船都是靠手摇的，比较慢，走到半途听说日本人已经到宜兴了，我们就逃到常州附近乡村里的农民人家。当时和我家一起逃难到常州去的还有一家姓张的表亲，我称呼两位大人"伯伯""伯娘"。我们两家在常州乡村住了几个月。到1938年春天，我们又一起回到无锡甘露，住在开米行的朱家。逃难时没有想到会住这么长时间，除带了些钞票，其他丝毫未带，冬衣、春装都是就地购置，也呒啥讲究，将就度日。天热之前，在荷香馆开竹匠店的田姓人家到甘露来看望我俚，说："你家住房的最后一进（也就是第五进）已经烧毁了。"在第五进房子中，有父亲的书房，藏有他读的书籍，作的诗文作品的手稿，收藏的文玩古董，还有日用家具、财物，所有东西都毁于大火，损失惨重。由于每进房子都砌有风火墙和厚实的塞门，所以前面四进房子未曾殃及。

我家与表亲张家一起于1938年初夏回到老家。从甘露回常熟的路上发生了一件险凛凛的事情。我家和张家各乘一条船，张家除伯伯、伯娘外，还有三个儿子，两个女儿，大女儿十四岁，长得蛮长。当船到嘉菱塘时刚巧遭遇日军的巡逻汽艇迎面驶来。伯伯、伯娘看见日本人汽艇驶来极为害怕，马上用船上的行灶灰蘸了水，把女儿的面孔抹得一塌糊涂，见到日军又跪下苦苦哀求，才逃过一劫。

回到城里后，由于家中第五进厅堂已经烧毁，所以我们就住在第四进，将大书房隔成房间。抗战后的收租或交租比抗战前少了不少，日常生活也比较拮据。

我和妹妹庞耐芳的小学文化知识都是请了先生在家里教的，未进过学堂门，我直到十一岁才插班读石梅小学六年级下半学期，那是为了考中学。初中一年级是读的孝友中学，校长张鸿。1936年秋，经过考试，我和其他五个同学一起转学到县中，读二年级。抗战爆发后，县中迁到西塘桥去了，城里还没有其他中学，父亲考虑因为逃难在外，已经荒废了一年学业，因此要我先去读办在县东街中段的虞山补习学社，先生是金老佛，补习学社有三四个老师，教国文的是金老佛，教英语的是尤人豪。金老佛经常印些讲义，讲郑板桥的《道情十首》、文天祥《正气歌》、吴伟业的《圆圆曲》（冲冠一怒为红颜），教育我们要有民族骨气。一年后，我去虞阳里"勤业补习社"读初三，教师有郑宗鲁（数学）、宋梅春（英语）、钱棣荪（国文，钱仲联兄）、蔡卓群（美术）。1940年暑假毕业。同年秋天，我到上海私立民立中学读高中，1943年毕业。

我在上海读高中期间，常熟县政府多次有人去我家动员父亲出事伪职，父亲或者装病不见，或者干脆拒绝，他坚决勿当汉奸。他曾穿了农民的作裙，头戴笪笠，在园子里浇菜、浇花，还请人拍了照，意思是宁做农民也不当伪职。他还请南门坛上的画师为他画过国画，画面上是面对面两个人，一坐一跪，两个人的面容都是我父亲，坐者端庄，跪者求乞，题名为"不求人"，裱成画轴后，挂在大书房里，以明心迹。

妹妹庞耐芳小我一岁，她在常熟初中毕业后去苏州读高中。高中毕业后到南京工作，参加做棉衣支援抗战前线。一次，宋美龄去慰问，走到缝纫机前对她予以表扬和鼓励。妹妹1947年结婚。妹夫屈铸培是常熟城里人，在国民政府外交部工作，曾任国民政府驻日本总领事。

关于日军暴行，我听父母亲和我讲过一些，也有的是朋友讲给我听的。

有个姓邹的大户人家和我家是亲戚，住在兴福街（方塔南大门前的一条小街）。日本人打进来时，男主人已经过世了。家中只有四十多岁的主妇和三个刚成年的女儿，年龄在十七岁到二十岁之间。母女四人不但遭到日军奸淫，还被掳到三峰寺长期霸占。

还有一个我祖母面上的张姓亲眷，有三个儿子、两个女儿，其中一个女儿遭到日军奸污，从此心理一直蒙上阴影。他家的房子就是山塘泾岸的红洋房，这房子是张家在抗战前买的旧房子再作装修。抗战期间被常熟汪伪特工队强行占用，并在里面挖有镪水池，汪伪特工队将抗日志士抓到里边严刑拷打，凡伤重致死者就丢进镪水池中灭尸灭骨。

日军统治常熟期间一般都是集体行动，有时也会有一两个日军单独行动。听说，一次有两个日军闯到人家里，看到几个人正在搓麻将，就让他们每人吞几只麻将牌到肚里。麻将牌很硬，难以吞咽，在日军威逼下不得不熬痛吞下，对这种恶行，老百姓敢怒不敢言。

有次，日军到一大户人家，将家中男女老幼全部集中起来，裸身而立，并胁迫男佣人和女主人交合，还让男主人在边上看。

我有个叫周平的亲戚，比我小三岁，定居上海。他告诉我，他的祖父是开吴恒和茶叶店的，逃难时跑到西门外甸桥附近，有一天他坐在农民宅基间的地上歇歇脚，被冲过来的日本兵一枪打死。

日军在常熟犯下的种种暴行举不胜举，不仅当事人受尽伤害，其他百姓也不时遭受欺压打骂。当年不论大户人家，还是草民百姓都是日本人随意作弄、侮辱的对象。当时翼京门（南门城门）的城门洞口架有铁丝网并有日军和汪伪警察持枪站岗，老百姓进出必须出示"良民证"和鞠躬，否则就要遭到打骂。老百姓每天都在都盼望着抗战早一天胜利，让日军早一天滚蛋。

采访于 2016 年 12 月 17 日上午

缪毓清：女扮男装心惶恐

缪毓清，女，常熟城区人。1926年5月（农历丙寅年四月）生，属虎。教书为业，扬州市荷花池小学退休。现住扬州市大虹桥路。

我八岁时父亲病故，家中只有母亲和我两人，母亲是家庭妇女，日常生活依靠外公接济。抗战爆发那年，我十一岁，正在北明慧小学读书，那是一所教会学校。战争一发生，我伯父缪君良开办的益勤布厂，即不幸毁于日机炸弹，那是日军首次轰炸虞城，受难的都是平民百姓。之后，居民提心吊胆，纷纷迁避，我孤儿寡母也只好到王市镇上外公家避难。外祖父是开染坊的，外婆、我母亲和我是三代独女，外公对我十分疼爱。不久，日军在长江口登陆，一路烧杀，为了逃避日军杀害，外公就雇定了一条船，船上只带了一甏咸菜和盐，当作日常菜肴。我们就在王市乡村河道内漂泊不定，东躲西藏，日夜不安。船上除我家四人外，还有一个船夫。只要听人喊"东洋鬼子来了"，大家就慌忙逃避。由于日军到处找"花姑娘"，为防不测，母亲就要我头上戴一顶笠帽，腰间系了一条围裙，装扮成男孩。但是也不能一天到晚在船上，有

· 266 ·

时就躲到家后竹园里。有一次，日军来了，我随三四位妇女躲在竹园里，只听见日军进来就用刺刀往竹园里捅的声音，大家吓得气都不敢喘。等敌人走远了大家从竹园出来，痛定思痛，真有劫后余生之感，当时有人传告，说某人家媳妇躲避不及，被日本兵在肚子上捅了一刀，将胎儿都挑了出来，血流满地，惨不忍睹。这一幕，至今回忆，依旧心有余悸！

次年，伪自治会成立后，外婆陪我们母女俩一起回城居住，我还是女扮男装。进城时，还要向站在城门口的日军鞠躬行礼，口喊"皇军万岁"，受尽屈辱。待回家一看，家中物什早已被抢劫一空，我们的生活仍旧依靠外公接济。从此，除生活清贫之外又增加许多在外敌铁蹄下度日的艰难。

采访于2002年9月13日上午

戴逸：宪兵队长搜我家

戴逸，原名秉衡，常熟城区人。1926年9月10日（农历丙寅年八月初四）生，属虎。大学文化。中国人民大学教授、历史学家。现住北京市东城区张自忠路。

1937年全面抗战爆发时，我只有十一岁，刚从常熟塔前小学毕业。当时我们家就住在塔前小学附近的新县前二十五号。家中有父亲戴良耜，抗战前曾任常熟县财粮局长，"七七"事变后任县抗敌后援会副主任。母亲王美龄是个家庭妇女。我上面有两个姐姐素琴、素金，我是第三个，是长子，下面还有五个弟弟、妹妹。在1937年至1945年的八年抗战中，我们家同千千万万个家庭一样，饱受日本侵略者的欺凌和苦难，至今想来，记忆犹新。

我第一次体会日本侵略者的凶残是在抗战之初。1937年"八一三"事变，日军进攻上海，开始了淞沪抗战。常熟处在上海的后方，为避战火，我和姊姊、弟妹们搬到乡村森泉我父亲的朋友家里去住。这里，河渠纵横，良田密布，绿树成荫，一派鱼米之乡的好风光。小孩子不懂战争的残酷，我们嘻嘻哈哈地过上了避暑生活。当时，我的父母仍留居城内，因为父亲是县抗敌后援会副主任，难以离开岗位。

8月底的某天，我独自进城探望父母，沿着梅塘一路观赏着田野景色。当走到离城约五里时，突然传来了尖利的空袭警报声，我抬头望去，只见六架日本飞机从远方飞来，霎时飞临县城上空，稍作盘旋，即俯冲投弹。顿时，呼啸声、爆炸声混成一片。我第一次经历这突如其来的袭击，呆呆地站在河边的大道上焦急眺望，只见敌机毫无顾忌地轮番俯冲，狂轰滥炸，扫射的机枪子弹"啪啪"地打在离我不远的田野里。这时候，我忘记了恐惧，只是紧咬牙关，瞪着天空，仇恨之火从眼中喷射欲出。敌机大约轰炸了二十分钟后才缓缓东飞，扬长而去。

这时，我忽然想起了还在城里的父母亲。当时我不懂得炸弹的杀伤力有多大，以为半个常熟城可能已夷为废墟，想到了身处危境的父母亲，不禁哀惧忧伤，饱含泪水，急急忙忙向城里跑去。这时，城里的人群像潮水一样涌出城外，争先恐后，惊惶失措，而我则逆着人流，跌跌撞撞地奔进城中，终于找到了父亲和母亲，不禁相拥而泣。

事后知道，这次日机空袭，除了轰炸南门外热闹的市场外，还炸了南宋时建的方塔附近的民房、学校，南门外市场炸死了很多人，还炸了一座尼姑庵，炸死一位老尼。常熟城里没有任何军事设施，这场狂轰滥炸完全是日本侵略者为震慑和威吓中国平民而滥施的屠杀。当年11月19日，常熟沦陷，昔日美丽的文明古城沦陷为人间地狱。

自1937年日本侵华战争全面爆发，到1945年中国人民的抗日战争取得胜利的8年间，我们家迭遭劫难，细细想来，不堪回首。常熟沦陷后，我父亲任常熟县银钱业公会会长。1942年汪伪江苏省政府主席李士群逼迫我父亲捐献钱财，我家无力承担，父亲被他们抓去后，先是关在寺前街前面一条街上的特工队里，我去看望过一次。以后我父亲就被转到苏州关押达两年之久，关在苏州时，我姐姐去看望过他。为了救他，家里人就要花钱去疏通，把房子和值点钱的东西都卖了。等到放出来，家中财产已基本铲光，从此家道中落，这还只是财产损失。还有生命损失，堂兄戴秉钟因参加新四军，1939年或1940年被日本宪兵队抓获，非刑拷打后枪杀在常熟北郊的半巢居。另外两位堂兄戴秉桐、戴秉鏪因为秉钟哥参加新四军而受到株连下狱，后由本县银钱业公会保释。我姑妈有个独子叫吴田浦（天朴），是个警官，抗战时期是国民党游击队的首领，在南京周围活动。1938年的一天，他去和伪军谈判不成，被伪军出卖给日军，遭到枪杀。我的二姐素金因与大后方（重庆）的同学通信，被日本宪兵队查获后传讯，虽然保释，但勒令不得离开常熟城。又如我的高中同学黄复初因参加新四军，日本宪兵队获悉后来校拘捕，我们正在上课，日本宪兵队闯进教室，黄当场被抓，我和同学们都亲眼所见，无不触目惊心。我还有一位同学陆荫乔，高才生，原为新四军，后在高中读书。1945年抗战胜利前夕，去苏北投奔新四军，途中被日军抓获，关押拷打，直到日本投降才获释。他后来仍投新四军，改名戈平，在新华社工作，退休后居住在石家庄，现已过世。

1941年盛夏，当时正值日伪大"清乡"时期，淼泉有个姓殷的新四军逃到我家，名字我忘了，他是个男的，四十来岁，在淼泉开茶馆，好像是个联络点。他是淼泉人，在地方上比较有威信。他手上受伤了，好在伤不重，敌人在淼泉搜查得紧，他没处躲藏，就设法跑到我家来了。我认识他，因我去淼泉逃难时经常去他的茶馆里玩。

他告诉我，日本人正在乡下搞"清乡"，扫荡新四军和"民抗"部队，他在战斗中负伤了，家里不能待，没地方去。我说那怎么办，就躲在我家门楼上吧。门楼是没有楼梯的，楼梯要从上面放下来，人上去了，再收上去，在下面根本看不出是个楼。也不知日本人怎么知道了消息，宪兵队长米村春喜带着两个日本兵和一个姓陆的翻译闯到我家来抓人。那天正好父亲、母亲都不在家，就我在家，那年我十四五岁。我也不怕，就跟他们闹，我说你们乱闯我们家，不对呀。米村春喜倒也没发脾气，他说我们要找人，要到屋里看一看。我说你们看吧。我知道他们找不着。那人躲藏在门楼上，除了大小便下来，平时基本不下来，我给他送水、送饭有一个多月了，我上学后由其他人送。一个月后的一天晚上，姓殷的就走了，我也不知他上哪儿去了。那次宪兵队来我家幸未搜获，如若搜获，我家必定大祸临头。

日本人在常熟时间长了以后，晚上一两个人也不大敢出来，怕暗杀，所以他出来也很小心。日本人驻在老县场，那里有中国银行、交通银行两所银行。宪兵队驻在跨塘桥拐弯那个地方，那是个禁区，老百姓到跨塘桥都绕着路走。宪兵队里养着狗，汪汪汪地那个叫啊，住附近的人说一到晚上，狗叫的声音、审犯人的声音大着呢。老百姓称那地方为"鬼街"。

回想当年，生活在日军铁蹄下的时光真是度日维艰，心中充满了感慨、忧伤和愤怒。我从小学毕业直到读大学二年级时抗战取得了胜利，整整八年时间，这是我的花季岁月呀，都是在屈辱和悲愤中度过，这段经历，我永远记在心里。

采访于 2016 年 12 月 26 日

韩惠英：亲人无辜遭枪杀

韩惠英，女，常熟城区人。1928年7月23日（农历戊辰年六月初七）生，属龙。常熟色织三厂工人，1979年5月退休。现住虞山镇方塔街。

1937年时我十岁。当时我家中共有八个人：好公、好婆、父母亲、哥哥、我、妹妹、弟弟。好公韩祖福，七十岁，属兔；好婆七十一岁，属虎，双目失明；父亲韩彬生，四十四岁，属马；母亲石桂媛，四十二岁，属猴；哥哥韩根元，二十一岁，属马；妹妹韩玉英，八岁；弟弟才十三个月。我家住在高丘上，有六七代人，住高丘的人都熟悉，人缘很好。好公和我父亲做泥水匠，他们盘老虎灶是很有名的。

"八一三"抗战爆发后，日军飞机经常到常熟掼炸弹，隔几天就要来一次，有时晚上也要来掼炸弹。到了11月13日（农历十月十一）晚上，有隔壁邻居来告诉我父亲：日本兵起岸哉，快点跑吧，今天是一定要跑的了，否则又是炸弹，又是机关枪，吃不消的。我们全家做了商量，决定好公、好婆留下看家，父母亲和我们四个子女就逃往东湖滩

（现属青莲村塘西浜）的一个与父亲相熟的朋友家里避难。决定后，连夜就走。经大田岸、盐公堂，过退媳妇桥、五老峰往南而去。经过锡沪公路洋桥时，我们在桥下经过，只听头顶上面公路上走的都是撤退的中国军队，人很多。父亲身边带两块银洋，抱了弟弟，母亲搀了我和妹妹，哥哥挑了一斗（十五斤）米和两条被子。逃难路上与一家邻居相遇，那邻居说，让我们两家一起走吧，父亲就答应了。

第二天（农历十月十二）开始，日军飞机连续两天轰炸和扫射常熟城区。日机轰炸时，我们全家就躲在一个地潭里，那个地潭好躲七八个人。我父亲躲在东湖滩秆稞中焦急不安，眼睛一直望着小东门莲灯浜的一处高房子，那高房子是常熟有名富户孙七七的洋房，那座高房子后面就是我家。父亲每天都在牵挂着家中的好公、好婆，注意着高房子后面有没有冒烟。因我家的四间瓦房造了还不过六七年时间，造房子借的债刚刚还清。就在当天下午，父亲看到高房子后面在冒浓烟，就着急地说："完哉，完哉！"他想回家看望，母亲担心他的安全，不让他回去，并让哥看住他，说"要看，由我回去看"。

逃难在外的日子真苦。父亲烧了两斤米饭，要十二个人吃，只有一只破碗，没有筷，就折两根芦头梗当筷，也没有咸菜，每人轮流吃一点，最苦恼的是没有盐吃。我母亲很能干，也很吃苦，既要看住父亲、哥哥，又要抱好弟弟，还要烧饭让我们吃。没有菜，就去塘西浜找点葱、韭、大蒜，用水煮了吃，没有盐，也没有油。没有盐，人就没有力气。当时有人到小东门外盐公堂背盐，一路上口袋破了会掉落些盐粒，我就去扫那些盐粒，化成水，在烧菜时放一些，稍微有点咸味。这种日子有半个月左右。当地东湖有人摇了船逃到东湖南横泾，回来时带些盐，父亲就向他们买一些，才对付了烧菜没有盐的苦难。

日军占领常熟城区后，一天半夜，我母亲用黑布扎头，面孔也用锅灰抹黑了，偷偷跑回家去看望，只见好公、好婆都在，但屋前场上两个大稻萝（十亩田的稻子收割后堆在这里，尚未脱粒）给日本兵烧光了，逃难前埋在家里的一些首饰也给人挖了去。匆匆见过一面后，母亲又乘天不亮赶回东湖滩。

农历十月底左右，日本兵也要到东湖滩宅基上来搜查了，主要是捉鸡、拉猪、抢花姑娘。日本兵平均一天下来一两次，有时晚上也要来骚扰。到了冬天，农村里有孵太阳的习惯。一天，宅基上有四五个五六十岁的老太在孵太阳，下乡的日本兵看到了，就威逼她们脱光了站在一起，观看裸体取乐。当时我看到了这个场景就赶紧奔回去，要娘躲起来。当时农村里的码头床都是三面瞒板，只有床背后不瞒板，遇到情况紧急时我们就从床背后钻进去，再在外面放些甏甏罐罐挡住。人挤在床底下，气都不敢透。平时白天，我母亲不但不敢洗脸，还要用灶灰和着面粉，涂在眼角处、面孔上，看到日本兵就将眼睛怩（揉）得红红的，日本兵看到后，害怕红眼睛传染人，就不敢轻举妄动。

离开家里有一个月了，在12月12日（农历十一月初十）左右，我父亲瞒着母亲，一个人偷偷进城看望好公、好婆。在此之前，我已回到城里陪伴在好公、好婆身边，当我看到父亲时，高兴得成天跟在他身边。住了四五天，父亲要回东湖滩去了，我就随父亲一起回去。刚走到门口空场上，就看到一个日本兵过来，对我父亲哇啦哇啦不知说啥，父亲一看不对，转身就回到家里。日本兵紧随其后，在空场用步枪做着摇船的动作，我父亲说"我不会摇船"，好公听到了，也跑出来求情，说"先生，先生，他不会摇"。日本兵一听，就用中文说："不行！"并做开枪的样子，我父亲就对好公说："让我去吧，看来今天不去也不行，去了再说吧！"就跟日本兵走了。走过三四家人家，日本兵又拉了两个人，其中一个叫殷关根，熟悉的邻居。到了晚上，父亲回来了，说"还好，只是要我明天再去"。这样，父亲一共去了三天。12月17日（农历十一月十五），母亲和妹妹进城来，要父亲回乡下去。父亲说，再过一天下去。这样，母亲就把妹妹留在城里，把我带回乡下。

父亲留在城里的目的是要和祖父两个人将空场上的稻萝整理整理。当时日军烧稻萝走了后，好公、好婆提水灭火，因此稻萝底里并未全部烧净，父亲是要将这些烧剩下来的稻谷清理一下，留作稻种，准备开春播种用。父亲把稻谷清理后，又将稻柴堆堆好，就在这时，隔河花园浜有个日本兵练眼锋，"乒"的一枪，把我父亲腰部打了个对穿，接着又是一枪，子弹再次击中腰部，从另一侧手臂上钻出。父亲马上对好公说："爹爹，爹爹，我不好哉！"好公听到喊声，晓得出事了，连忙跑过来，在水栈边跪下来，向隔河的日本兵跪拜，求他不要开枪。谁知，日本兵又是两枪，把我好公打死在水栈边。

第二天清早，在君子弄开羊肉面店的邻居杨佬佬赶到乡下，找到我母亲，说："韩家嫂嫂，你家里出事体哉。"母亲连忙追问："老三官（我好公对我父亲的称呼）怎样？"当她听说我父亲和好公都被日本兵打死后，当场昏了过去。

12月20日（农历十一月十八），天不亮，母亲一个人回到城里老家，找到一个姓罗的老邻居，要他帮助处理后事。姓罗的说："日本兵用铁锵锵我，我用手臂挡了一下，铁锵刺锵到肉里，手根本不能动。"但他帮助找了两个邻居，将我好公、父亲的遗体放到我家住房旁边的一块空地上（原来想造五开间房子，缺少资金，造了四间，还有一间为空地),尸身上先盖一块帆布,再在帆布上堆稻柴,想过些日子再买棺入殓。当天,母亲找了个纸做的"祖祖",请他住到我家,帮助照顾瞎子好婆的生活起居,然后将我妹妹带回乡下。

过了农历十二月初一,高丘上有个懂日语的丁家老伯(六十岁左右)动了恻隐之心,就去找日本驻军,说有两个老百姓被你们兄弟打死十多天了,需要安葬,否则腐烂了会影响环境。日军同意后,他再来告诉我母亲。这样,母亲带着我进城买了两口棺材,将我好公、父亲草草安葬在附近荒田里。

这时来了个日本兵,捐了条被子,拿着扫帚走过来,指着我们邻居家的房子,要我帮他打扫卫生。母亲一看苗头不对,就过去说:"先生,我来扫,先生,我来扫。"日本兵指着要我去扫。我趁母亲同日本兵争夺扫帚的时候,就一溜烟地逃回乡下。当天,我母亲住在丁家老伯家里。住了一夜,第二天清早,丁家老伯对母亲说:"你还年轻,还有吃奶小人,给日本兵看破了不会把你当老年人的,你还是到乡下去吧。"这样,我母亲就又跑回乡下。母亲一下子失去了两位亲人,自己有家不能回,她又气又恨,整日以泪洗面,不思饮食,气出一身毛病,活了六十一岁就过早去世了。

丁家老伯有个女儿,为了避免糟蹋,就剃了个光头,假扮男子,才躲过日兵魔掌。还听说,通河桥弄附近后大田岸有个十三岁的小姑娘,被日本兵抓住后强奸致死。

母亲和我们在乡下一直躲过春节,看到局势有所稳定了,许多老百姓都回城了,我们才回到城里。回城后一看,一片凄凉景象,小东门横街两边除残存一家店面(一上一下)房子和南货店的仓库外,其他统统烧光,直烧到花园浜尚相庙桥止。原来街上的银匠店、桐油店、洪茂酱油店、金德园茶馆店、王四爷住宅等全部化为废墟，空气里弥漫着焦味，听人说烧了几天几夜。

日本兵来后，真是恶事做绝，说都说不完，我们永远不能忘记！

采访于 2005 年 8 月 21 日上午

马金保：杀人拉夫烧稻萝

马金保，常熟南门上塘街人。1928年9月28日（农历戊辰年八月十五）生，属龙。初小文化。务农。现住虞山镇南门上塘街。

我好公马耀庭是莫城荷花浜人（后称建桥大队），荷花浜距莫城市镇有里把路，在市镇南面。我好公去宜兴太湖稍里种客田。娘的娘家在南湖荡，与莫城隔条州塘河，娘的好公也在宜兴种客田，两家人家就熟悉了，之后我父亲马三大就和我娘沈小五结为夫妻。娘、老子结婚时已住在南门外永济桥资福寺放生池贴隔壁。那座资福寺规模蛮大格，正殿供三世如来佛塑像。我好公在宜兴种客田只能是靠天吃饭，因为水一大，田就要淹没，收成不稳定，所以，后来就回到常熟种客田。种的二十六亩客田是资福寺的寺产。刚开始时一无所有，等到生活逐步稳定才买船起屋，在这里定居。老伯伯马林福一家住在我家附近，伯伯、伯娘养两男两女四个小囡。我娘、老子结婚后生育了三个儿子、三个女儿，我是第四个。在我前面是两个儿子、一个女儿，我下面还有两个妹妹。

六个小囡每个相隔两岁。

　　1937年八九月里，日本人在上海打仗时，常熟的老百姓已经有点坐立不安，当时还有日本人的飞机到常熟轰炸。到日本人在常熟沿江野猫口打仗时，城里老百姓已经四处逃难了。娘、老子就带着七个子女先是逃到南湖荡木排厍外婆家，住了三四天，后来晓得老伯伯一家已经回到了莫城荷花浜，我俚一家就也回到莫城老家。日本人打来之前，好公已经过世哉。我俚逃难出去时，好婆马钱氏勿肯跑，她要留下来看家。过了个把礼拜，日本人打到城里了，到处烧杀抢掠，她一个人留在家里有点吓哉，就到元和塘桥附近姚家老太那里去，想两个人伴伴闹热。我家到姚家老太家里只有几十米，很近。就在好婆往姚家老太家去的半路，被日本人飞机上的机关枪扫射打死，人倒在水芹菜田里。姚家老太是个好人，她看到我好婆被日本人打死，就托人带口信到我俚莫城老家。老伯伯就和我父亲摇了小划子船，从周塘河到永济桥，将我好婆的尸体运回荷花浜安葬。

　　刚才说出去逃难时，娘、老子带了七个孩子，怎么会多一个呢？多的一个是隔壁人家寄我娘吃奶的妹囡。隔壁人家夫妻生了一双儿女，日本人打来之前，夫妻两个带儿子逃难到苏州去，因妹囡刚出生不久，就将妹囡放在我家寄奶。而我娘在五月十五生了女儿凤保，两个吃奶小囡差勿多大。逃难时，我娘就带着她一道逃难。以后，妹囡父母一去未回，就由我家抚养成人，改姓马，叫马妹囡。直到20世纪50年代末，妹囡阿哥从苏州回到常熟大东门鸭潭头居住，才过来寻妹妹。当时马妹囡已经和何市庄基村蔡姓人家结婚生子。我家一直将马妹囡当自家人对待，我妹妹马凤保称她为阿姐，因妹囡比我妹妹要大几天。马妹囡七十五岁去世。

日本人打到常熟，除了我好婆被打死外，家中财产也有很大损失。当时二十六亩田的稻收割后已在田里堆成稻萝，结果这些稻萝被日本人全部烧光，颗粒不剩。不但如此，积存在家的一点稻谷也被日本人喂了军马。日本人就住在我家隔壁的资福寺里。当时我家有一只五吨头木船，一只小划子船，搭建了船棚，结果船棚也被烧掉。还有家中的门窗都被日本人拷坏后拿去当作烤火的柴。一天，我父亲正想摇船回莫城，就在河边被抓夫，用自家的五吨头木船为日本人装东西到无锡。父亲说，除拉他去摇船外，日本人当时还拉了两个街路里人，要他们帮助摇船，那两个人都说不会摇船，结果一个被打了一顿，另一个被推到河里，冻了个半死。过了几天，我父亲总算平安回家。老伯伯马林福也在差不多辰光被日本人拉夫去摇船，总算还好，吃了不少苦，还能活着回转。二号桥头有个种田人被拉夫后就一去未回，影踪全无。那个人年纪轻了，只养了一个小囡。

我们逃难去南湖荡前，有日本人飞机在永济桥一带扫射，父亲看到一个娘带个吃奶小孩正在永济桥附近，结果娘被打死了，那个婴儿哇哇直哭，还趴在娘身上要吃奶。我父亲看见了就想过去把小孩抱走，但日本人飞机扫射得太厉害，四周树叶被打得扑簌簌往下掉，人根本无法靠近，他做了几趟势头都没用，不得不放弃，以后也勿知这个小囡命运如何！

我俚全家在莫城老家住了一段时间后，父亲搭我两个人步行上城看看形势如何，一路上看见交关死人，资福寺放生池里也有好几个死人。当时兵荒马乱，有了钞票也买不到东西，我俚亲眼看到有两个四五十岁的妇女在南门十字路口酱园店里拿了点盐，被日本人当场打死。由于形势不太平，父亲和我又回到莫城，隔几天再起来看看。父亲说,种的小麦、油菜要放肥料哉,再不放小熟要没有收成哉,所以我俚来来去去跑了好几趟,等城里太平点哉,我俚就回到城里来住。

采访于 2017 年 2 月 7 日

时文：南泾堂开慰安所

时文，常熟城区人。1928年10月29日（农历戊辰年九月十七）生，属龙。中学文化。企业负责人。1989年2月退休。现住虞山镇琴湖五区。

1928年农历九月十七，我出生于常熟城区南市里邹姓大地主家的墙门间，因我老子（父亲）向邹家租了墙门间开裁缝店。邹家主人称邹魁爷，抗战爆发前已经过世，家里靠邹魁爷的老婆当家。记得后来日伪时期任常熟县长的归子嘉也住过邹家。在南市里住过一段时间就迁移到午桥弄仲家墙门口，老子依旧做裁缝并买了一台洋机（缝纫机）。

1937年，家里有父亲、母亲、阿姐和我共四个人。父亲叫时熬福，他是福山芦浦巷人，娘叫邓翠宝，妙桥乡金家村陶家巷人，两个人都在三十五岁左右。从福山到金家村很近，只有两三里路。阿姐叫时安保，1925年生，属牛。日本人的飞机好几次轰炸常熟城区，第一次轰炸是在8月里。我在仲家乡邻人家白相，听见飞机声音，出门正好看到日本飞机在轰炸，只见掼炸弹就像掼热水瓶一样，一颗一颗落下来。日机第一次轰炸常熟后，就有老子的朋友喊他一起逃难。我家一路逃难，落脚过好几个地方，最后落定在金家村陶家巷娘舅家，当时外公、外婆已经过世。

记得有一次，有个日本兵吃了老酒，肩上掮根枪，枪头上挑着鸡，在宅基上一家一家闯过来，走到娘舅家门口时被一棵大树高出地面的根脉绊了一跤，我们都看见了。只见他恼羞成怒，爬起来后一面拿枪瞄准我俚，一面拉枪机，谁知一拉枪机，子弹跳出来落在身边的石臼里，他捡起来上膛，再拉枪机，子弹又一次跳出来，估计是老酒多吃了，手里没捉摸。他见两次都上不了膛，就做手势，要我俚为他捉鸡，他拎了两三只鸡就跑了，我俚都吃了个吓头。

到金家村后，老子隔两日就要回到城里去看看情况。当时都靠步行，就是乘航船，从金村到常熟城里也要一天，还勿如跑爽气，实在也呒没钞票乘航船。回来后，老子就要讲沿途河里氽满了死人，一片凄惨景象。一次，大约在11月里，老子回到午桥弄一看，仲家天井里吃着颗炸弹，炸了个大坑，墙门间房子坍掉了，洋机头受到炸弹震动滚在门外小路上，拾起来一看已经坏脱哉。过了几个月，老子重新在南泾堂租房子开裁缝店，勿做呒没吃。我俚全家回到南泾堂，因为没洋机，全靠手工做，出货慢，收入明显减少。

我家住南泾堂时，东隔壁就是慰安所，房子是一所洋房，大门口挂一块长的招牌，写明慰安所。有十几个慰安妇，都勿是常熟人，有二十来岁的，也有三十来岁的，慰安妇有的穿日本和服，有的穿中国旗袍，也可能穿和服的是日本女人。进出慰安所的日本兵交关，尤其是礼拜日格外多。慰安所旁边有片空场，场上有个垃圾堆，里面有交关阴茎套。我俚小孩子只是在门口看看、白相相，从来没进去过。大人连看都不让看。记得我家从 1938 年春天搬来就有慰安所了，开了好几年。我家在南泾堂一直住到解放。

  我十岁开始读书，在学前小学读完六年级上学期就不读了，因为家里付不起学钿。校长是个女的，有四五十岁。每个年级两个班，一个班有三四十人，我的学习成绩在班里是数一数二的。到五年级时开始学日语，是强迫学的，学日语的教材是学堂里刻钢板油印的。教日语的老师是中国人。当时重男轻女，娘、老子就送我去念书，阿姐从未念过书。

  记得南门城门口有一个日本兵和一个中国警察站岗，老百姓进出城门都要脱帽鞠躬。那时洋媒头（火柴）、洋油（火油）、肥皂等日常生活用品都靠配给，需要排队买。有日本商人用粉笔在每个人肩胛处的衣服上编好号码。我顽皮，在队伍里跑进跑出，被日本人打了记耳光。抗战中，我俚吃日本人的苦，我都记在心里。

采访于 2016 年 12 月 20 日

朱淑英：积善庵成作恶地

朱淑英（原名花淑英），女，西门甸桥下塘人。1930年4月24日（农历庚午年三月廿六）生，属马。初小文化。服装企业工人，1980年11月退休。现住虞山镇漕泾六区。

我出生在西门甸桥下塘，我家里穷没有属于自家的房子，父母亲都是靠租房子住。1937年时，我家租住在城里东高木桥堍。当时家中就父母亲和我三个人。父亲花仲豪1886年生，属猴，当时已经五十一岁；娘叫赵菊芬，她四十四岁生我，也有五十多岁。东洋兵先是在十月十一丢炸弹。我父亲吃米行饭，那天去无锡甘露讨账回来时，在他前面的一只船被东洋飞机炸沉了，后面的船就不敢再跑，他只能留在甘露。10月12日大逃难，父亲不在家，娘就带着我跟隔壁人家翁家公公、翁家婆婆逃难。翁家的儿子已逃难去了泄水六桥。那天逃难时，我刚好发冷热病，拎把铜茶壶手都发抖。我们先走到颜港里，看见飞机丢炸弹，受了震动后，沿路店家开店卸下来靠在边上的闸板一齐倒干净，翁家婆婆被闸板砸痛了脚，路都不好跑。跑到鸭潭头××

银行的堆栈时,又看到东洋飞机在河对岸轰炸,有个中国兵伏在地上,娘用两只手护住我的头,躲在路边石库门房子的屋檐下。跑到花园大队(老地名忘记了)时,只听见中国兵在喊:"老百姓逃!""老百姓逃!"当地都是坟窠,中国兵在坟窠里钻来钻去,他们穿黄衣裳,头上戴着用树枝条扎的帽圈。我们从上午十点模样出来逃难,一直到天要断暗(黄昏时分)才跑到李家桥的北积善庵,有个六十岁左右的老师太收留我们,在这里逃难的人有是有,但不多。出来逃难时,我们就带了六斤米,吃完后就由老师太提供。

10月12、13、14日,东洋兵轰炸常熟城,我们从北积善庵望过去,只见城里都是红光和浓烟。我们还在庵堂窗户里望出去,看到李家桥打过一仗,只见炮子带着红光飞过,接着"轰"的一声爆炸。在这里住了几天后,开始有东洋兵到积善庵来,他们说话我们听不懂。翁家公公要他写字,东洋兵写"鸡子、鸡蛋、大姑娘",翁家公公回答说:"没有。"正在这时,有个三四十岁的男人刚好跑进来,被东洋兵一把抓住,摸他手上的老茧,翁家公公不认得,但为了救他,就说是摇面师傅,结果被东洋兵打了记耳光,然后将这个中年人推到门外就是一枪,打死后还把他推到庵堂前的河浜里。

东洋兵在李家桥驻有军队。一天下雨,有个二十多岁的女的往长田岸去,路上一滑跌倒在水沟里,被东洋兵看见了,就把她拉起来,拖到庵堂里,将她衣服剥光烤火,烤火时连碗架都扔在火堆里烧了,然后强奸。强奸过后还不许她跑,说要是跑了,就把我们杀光。以后每天来十几个东洋兵强奸她,直到部队开拔,那个女的才脱身。那个女的是小东门陈家市或者是范家市人。

有个十六七岁的大细娘(姑娘)和她的娘在路上被东洋兵看到后,

也拉到庵堂里,她的娘还对大细娘讲:"不要吓,东洋先生替你看毛病。"接下来,那个大细娘就被拉到房间里去强奸了。一次,有个三四十岁的妇女也被拉进来强奸。

庵堂里供有观世音像,边上有两个善财童子,有一次东洋兵进来,用枪柄把善财童子的头给砸掉了。

在北积善庵还看到这样一件事,有个年轻人去城里酱园店拿了点黄豆瓣酱,走到北积善庵时被东洋兵一枪开杀,还推在河里。他娘拿了窠篮来收尸,哭得死去活来,说两个儿子都被东洋兵开杀了!另一个啥原因死,她没有讲。这是我亲眼所见。

我们在北积善庵住了两个月才回到城里,还不敢住自己家里,住到对河永宁巷橹行隔壁的乡邻人家。回城时只见福山塘里死人多得勿得了,有中国兵,也有老百姓,横七竖八地躺着,田埂上也看到两个死人,是母子两人。回到城里后,我家附近的缸甏行、柴行里都有死人跌在门口,城墙内的壕沟里都是死人,是别地方运来堆在里面的,时间长了,臭得不得了,连窗户都不敢开。

回城后,娘和我靠做元宝(迷信品)、编笃笠帽、帮衣装店缝衣裳过日子。我父亲也是安民告示出来后回转的,回来后在东河上钱老二开的米行里做伙计。过了两年,米行关门,他就失业了。最后苦来实在呒办法,只好住到小东门屈家办的养老堂里去。每天吃的是黄米饭、咸菜汤、青菜汤。一年后,跌坏了尾巴桩骨,无钱医治,死的时候只有六十岁。那年我十四岁。我父亲是苦煞(死)的呀!

结婚后,我听丈夫说,他十岁那年,他父亲被东洋兵拉夫出去后,从此音信全无,也不知死在啥地方。

东洋兵侵略我们中国，不知做了多少坏事，杀了多少老百姓，我们不知吃了多少苦。罪恶累累，这些都是大事体（事情）呀！至今在我脑海里，还想得出当年逃难的情景，我一直记在心里！

采访于 2017 年 3 月 29 日

尹元贞：鞠躬留下羞辱印

尹元贞，女，常熟城区人。1930年4月24日（农历庚午年三月廿六）生，属马。中学文化。长期从事机关事业单位工作，1985年12月从常熟医药公司退休。现住虞山镇枫泾新村。

1937年时，我家住在城区翁府前三号，是租人家的房子。父亲是土烟店职工，娘是家庭妇女。当时父母亲已生育四个子女，我是第二个。日本人轰炸常熟不久，我们就举家逃难，除我家外，还有姑妈一家和六爷叔（叔叔）一家，共三家人家有二十多人。我们一起在大东门总管庙乘船过江到靖江，再一路走走停停，人多住不起旅馆，每到一地，都是借住老百姓家的房子，住了一两天、两三天再跑，前后走了二十多天才到南通伯伯家里。这么多人去，伯伯家房子本来就不大，他还是想方设法挤出三间房子，每家一间，大通铺睡觉，带的棉絮毯不够，就铺点稻柴。烧饭时，三家人家各烧各的，是挨着烧，我娘总是让其他两家先烧，我们是最后一家烧。住到第二年，听从常熟过江来的人讲，常熟太平点哉，不再乱杀人哉，我们再乘船回来。经过妙桥、鹿苑到常熟西门湾，一路上河里氽了不少死的人、牛、马，看见了难过来。进西门城门洞要向日本人鞠躬，不鞠躬就不能回家，没有办法，就只好鞠躬。在我心中留下受日本人羞辱的印象。回家一看，只见大门敞开，家里凡是可以用的东西都不见了，连烧饭镬子、筷、碗都空空如也。

回到常熟，为了维持生计，我父亲先是和老丈人在小东门横街上开土烟店养家糊口，以后他又出来到大东门的土烟店当店员。

我八岁进石梅小学读书，一直读到小学毕业，不久就抗战胜利了。我特别喜欢念书。我一年级到六年级的班主任都是周启新老师，当时他有四十岁左右。他经常教育我们，要牢记"我是中国人！我是中国人"，记得有一年，汪伪县政府举行"四四"儿童节活动，在参加过活动回校走进读书里时，他不断地骂："小鬼子！小鬼子！""不把中国人当人对待，还要搞儿童节装门面！""欺负我们中国人，没有好下场！"他一路走、一路骂，给我印象特别深。

归星海同我家是隔壁邻居，抗战前他就是常熟教育界的名人，大家都称他"归先生"。常熟沦陷后，伪政府和其他熟悉他的人多次上门请他出去工作，他都不肯。他就是在家里一天到晚看看书，闭门不出。没有工作就没有收入，只能靠夫人做花边贴补家用。我称归夫人叫归家奶奶。我八岁就跟她学做花边，放学回家就要做。隔些日子，就和归家奶奶到南门外四丈湾去领花边、缴花边，我们多次遇到日本人在南门关城门戒严，搞得人心惶惶。这些对我也是教育。所以我年纪虽然小，但对日本人从来就没有好印象。

采访于 2017 年 4 月 3 日上午

蒋曼美：损失惨重逃难苦

蒋曼美，女，祖籍太仓，生于常熟。1930年8月25日（农历庚午年七月初二）生，属马。中学文化。机关公务员，1985年12月离休。现住虞山镇班巷。

我的祖母王仁采是常熟碧溪西周市人，出生在当地比较有名的富裕人家，她没有什么文化，但人很能干，后来成了太仓城里有名的大户人家蒋家的续弦，生下儿子蒋恩铠，他就是我的父亲。民国初年，当我父亲还在读初中时，我祖母就在常熟城区言子桥购买了几亩土地（原先是染青坊旧址），造了三幢带有民国风格的二层楼房及多间附房，如厨房、储存室、柴间、厕所等，附房都是平房。祖母在娘家是长姐，在她后面还有一个弟弟、三个妹妹，他们家的房子也都建造在离我家不远处。祖母的小妹妹（与祖母相差约二十岁）则一直和我们住在一起。祖母的二妹全家四人也从昆山迁来，与我家同住，他们独住一幢楼。

我父亲大学毕业后赴法国留学，回国后一直在国民政府外交部工作。1937年五六月间，父亲因赴法国里昂工作，将我的两个姐姐和小妹妹送回常熟。小妹妹尚在吃奶，所以在常熟为她找了个奶妈。"七七"事变和"八一三"事变相继爆发后不久，常熟开始遭受日军飞机轰炸，闹得惶恐不安。日机轰炸虞城之后，祖母就带着我们四个孙女、奶妈及祖母的小妹妹和二妹一家一起往兴福寺逃难。我们三家就住在翁同龢削籍回乡后在兴福寺住的那个院子里。不久又感到不安，改为到季家山逃难。日军在常熟登陆后，形势日益危险。到处是逃难的人群，一群群朝夕不断。我们三家和祖母的弟弟一家四人，还有从太仓逃难到常熟的伯父一家七人，共二十多人就雇了两条船到吴县东山避难。因为伯父的几个女儿都在苏州振华女校读书。振华女校校长王季玉与我伯父有亲戚关系，而王季玉的老家在东山，由于这层关系，我们就去东山逃难。

到了阳历年底，先是在西山出现了土匪抢劫，消息传到东山后，人心浮动，寝食不安，再加上日军开始在东山出现，到处抢东西、找花姑娘，还要杀人，感到不太平了，我们又雇船经苏州到上海租界避难。在此之前，我伯父家的两个女儿已先行离开东山，她们一个在清华大学，刚刚毕业，是中国共产党地下党员，还有一个在上海读大学。就这样，我们在祖母带领下多次逃难，东躲西藏，心力交瘁，还要为家里的财产担心，成天在惊惧恐慌中艰难度日，当时的苦难至今难忘。

我父母亲出国前，大概已感觉到战争爆发的危险，在上海爱文义路（后称北京西路）觉园十号租了一幢三层楼洋房，以防不测。我们到上海后就住了进去，几家人家合住在三楼和一间亭子间，底楼出租。在这里住了六七年之久。抗战初期，我们家在常熟言子桥建造的房子连同全套红木家具等所有家产都在战火中被炸毁或烧毁，成为一片废墟，损失惨重，老百姓可以从中随意穿越。到了1943年下半年，祖母请人将塌毁半间的大厅整修,隔成三间,作为住房,用的部分木料是废墟上的烧焦木料。房子整修后,祖母就带了我的两个姐姐先行回到常熟,我因为在上海南屏女中读初中二年级,学期尚未结束,故仍留在上海。待学期结束,再回到常熟。在上海期间,我的小妹妹因病夭折。

抗战胜利后,国民政府登记战争期间民众财产损失情况,说是要进行战争赔偿,就由祖母和她的妹妹口述,我作笔录,详述损失情由,送交国民党县政府,以后就再无下文。

采访于 2008 年 10 月 29 日下午

苏禹：逃难碰到好心人

苏禹，常熟城区人。1930年10月26日（农历庚午年九月初五）生，属马。初师毕业。先后从事教育、群众文化、企业宣传工作。现住虞山镇九里大街小泾社区。

1937年时，家中六个人：祖母苏汪氏八十岁；父亲苏宝林，1905年生，属蛇；母亲吴惠珍，1902年生，属虎。父母先后生育八个小孩，存活了三个：阿姐苏桂芬，大我九岁，属鸡；阿哥苏剑雄，大我四岁，属虎；我最小，当时虚龄八岁。我家里很穷，租勿起房子，住在小东门迎春桥弄底吴家祠堂（现马家观音堂旁边）内，用不着交房钱。父亲在阜安桥堍的申大水果行做伙计，娘是家庭妇女，阿姐在颜港布厂摇纱，阿哥在线香弄小学（坛南小学）读书。

当年农历十月里，日军飞机轰炸方塔附近的纱布厂，尘土飞扬、废墟成片，老百姓心惊肉跳，纷纷逃难。父亲在茶馆里听说日本人正沿福山塘朝城里冲，逃难应向东南方向跑。于是，我家和附近两家乡邻一起往藕渠镇上跑，在藕渠市镇西街关帝庙住了三天。第四天，听藕渠老百姓说:"勿好哉,勿好哉!日本人从杨家桥过来哉!"于是,我们又逃难。父亲背了被头铺盖,阿哥、阿姐拎点零里零碎,我搀了好婆,这次想往大河、王庄方向跑,因为脑筋里想那边都是水网地区,河多,日本人不一定会去。经过寺前大街时只见好多房子已墙坍壁倒,夷为平地,一路上血迹斑斑,死人随处可见。我娘和好婆还缠过小脚跑不快。出西门,我们顺着山脚下朝泄水路桥方向跑,经过往祖师山的上山路那一带时,天已经暗了。黑咕隆咚,只见地上横七竖八一个个黑影,看也看勿清。我吓来一直哭,父亲在前面走,一再说"不要哭,搀好好婆",并不断关照"脚底下当心""前面是门板,跨过""门板,跨过",山脚下那条山路跑了一个多小时,不知跨过多少门板,我心里想哪来这么多门板?第二天父亲告诉我:"那些门板其实都是死人,讲了死人,你要吓的,所以骗你说是门板,好让你少吓点。"

第二天早上,有逃难人指点我俚,过泄水陆桥往王庄跑。到泄水陆桥后,看见河边停好一只船,船上已经乘了点人。摇船人问我俚到哪里去。父亲回答说到王庄去。摇船人说,跟我俚到冶塘去吧。父亲说,我俚呒没钞票呀。摇船人和乘在船上的人催促道,不收你钞票,赶紧上船吧。于是我们六个人就乘到船上。船到冶塘张家坝村上岸,当地百姓问我俚往哪里去?父亲说:人地生疏,也不晓得往哪里去好。有个蒋姓老伯伯说,住下来吧,就住我家厢房里。然后将我俚领到他家,搬点稻柴给我们打地铺,又借我俚一只行灶,父亲身边带几升米,就倒一点米烧点粥,暖暖肚皮。第二天早上,父亲到冶塘街上买了一斗米,再买点豆腐、青菜、白菜,天天烧粥吃。逃难带的一些钞票一个月下来用得差勿多了。一次,父亲上街看见当地一个叫毛生生的农民,因毛生生经常到小东门山地货行去卖青菜,与我父亲熟悉,得知我家困境后就说:"我家里还有五斗米,分点你。"毛生生还给了些蔬菜,帮助我俚度过了那段逃难日子。

我们在蒋家老伯伯家里住了一个半月,有消息传来,形势太平点哉,老百姓可以回城哉。我们就朝城里跑。好婆跑不动,就说:"让我死了吧,不要拖累你们,这个搀,那个扶。"看好婆实在跑不动,父亲就驮了她走。到西门外头,回城的百姓陆陆续续多起来了。城门口有日本人站岗,我父亲驮了老娘经过城门洞时,被日本人喝令他将好婆放下来,然后一枪柄打在我父亲肩胛上。旁边有人提醒:"看见皇军要鞠躬。"于是我俚一一鞠躬后才放行。回到小东门三天,天天有日本飞机来骚扰,虽然不掼炸弹,但总归不定心,市面上还是冷冷清清,呒啥生意,老百姓仍旧人心惶惶。父亲说:"看来不太平,还是到我老家去吧。"我父亲老家在谢桥乡塘口镇。于是,父亲花三十个铜板租了条小船,乘了全家往谢桥去。当航到耿泾塘油仓塘桥时,有日本人的汽艇驶来,要我俚靠岸检查。当年我阿姐十六七岁,幸亏出门时早有准备,穿一条父亲的破作裙,头戴笘笠帽,面孔上抹了行灶灰,冒充男生。看见日本汽艇过来,摇船人赶紧喊我阿姐过去帮助扭绷,关照她不要出声,让日本人听见女声要危险格。还好,日本人没看出破绽,将我父亲拉到汽艇上说是去掮子弹箱,其他人都放行了。我们到塘口后住在姑妈家里,姑妈家是开茶馆的。父亲被拉夫后,全家人都为他担心。三天过去了,还不见回来,好婆天天哭,又受了风寒,得了伤寒症,几天就去世了。到快过三七时,父亲回来了。阿姐在门外头看见他第一句话就说:"好婆死脱哉!"父亲还未进门就放声大哭,我俚都跟着一道哭。娘问他:"这半个多月怎么过来的?"父亲脱下衣服给大家看,只见肩胛上血肉模糊,伤痕累累,人也面黄肌瘦。我娘看见了也失声痛哭。姑妈过来劝，说："人回来了是好事，勿哭哉，一家门就住这里吧，等东洋人跑了再回城里去。"就这样，我们在姑妈家住了一年多。

1939年夏天，我们回到小东门迎春桥弄，这次租住在二十四号缪家大地主家里。父亲到义源盛山地货行做伙计，娘出去帮人家，阿姐到元丰布厂织布，阿哥去县中读初一，我到线香弄小学读一年级，当时我已经十岁。读到五六年级开始学日文，先是学方块字，读了一段时间再连成句子读，教日文的老师姓李。背勿出日文要打手心，但李老师从来勿打。校长晓得后就会把背勿出课文的同学叫出去打手心，也只是轻轻打一记，是警戒，吓吓人。学日文后，进出迎春门时看见日本兵，除了鞠躬，还要喊"嗨！嗨"（日文"好"的意思），表示有礼貌，日本兵就会跷起大拇指。线香弄小学由十二个班级，每个班级有三十五名到四十名学生，校长季峻云。抗战胜利那年，我刚好小学毕业，就到北市心生生印刷所学排字，开始学生意。

小东门城门叫迎春门，进城时穿过城门只见一片狼藉，到处是日本人轰炸后留下的残破景象，出城门在迎春桥、东仓街、竹行街那一带稍微好点。迎春桥弄有个十八岁的叶姓姑娘，一天晚上，她在经过迎春桥时被一个日军拦住，拉到竹行街的厕所里奸污。第二天，那姑娘就上吊自杀了。姑娘父母哭得死去活来，又有啥用？苦水只能往肚里咽！

小东门一带没有听说有慰安所，只听说县南街南面杨家大院是日本人的宪兵司令部，经常有"雌头"（妓女）出入去讨好日本人，有时还会领一些生活无着的年轻妇女一道去，穿了旗袍，抹了胭脂，拿着钞票出来时开心来呀。唉，实在是"商女不知亡国恨"，都是些无知无识的人，有些人也是被生活所迫，才会去卖淫。

日本人投降后，10月10日，全城举行提灯会，老百姓开心来呀，都说:"天亮哉,天亮哉!"大家都有扬眉吐气的感觉。我俚回过头来想想当年逃难的经历,对一路帮助我俚的好心人有说勿尽的感激,要不是他们的帮助,我俚还不知要吃多少苦!可惜我好婆死得太早,没看见日本鬼子投降这一天!

采访于 2017 年 1 月 14 日

王菊生：最是惨痛重阳节

王菊生，常熟城区南门人。1930年11月8日（农历庚午年九月十八）生，属马。初中文化。长期从事新闻工作，1990年10月退休。现住虞山镇枫泾二区。

1930年，我出生在南门缪家湾八号，这是一所坐南朝北的平房。我父亲是做裁缝的，就在客堂间里放块作台板替人家做衣裳。1937年秋天，家中有父母亲和四个孩子，父亲叫王润清（1894年生），娘叫支全唔（她是父亲发妻过世后的续弦，1909年生），我上面有阿姐王金囡（1920年生），阿哥王荷生（1924年生），我是第三个，我下面还有包在蜡烛包里的小弟弟。我父亲的两个学生意也住在我家。叔叔一家住在我家西隔壁，他家是叔叔、婶婶和两个儿子，大儿子十岁左右，叫云宝，小儿子叫耀生，比我小一两岁。叔叔家开糠麸店，实际是买卖猪饲料。婶婶是个家庭妇女。另外，好公、好婆也和我们住一起，但独立生活。三家人家十几个人，是个蛮闹猛（热闹）的大家庭。我外婆支荣氏和我娘舅支金唔住在缪家湾与四丈湾的转角处，是座小楼房，离我家

· 299 ·

很近。娘舅开爿豆腐店。

  上海"八一三"后，常熟一直不太平，经常有日本人的飞机侦察，也轰炸过几次。重阳节（10月12日）上午，我家为已经过世的祖父做法事，做完上午的法事，道士就回去吃饭了。讲好下午再来，为啥不留饭呢？因为感到局势不太平，大家简单点好。那天，表阿姐代表她父母到我家来，既是参加祭奠，又是帮忙。她姓鲍，十五六岁。全家刚吃过中饭，就听见空袭的警报声一阵紧一阵。我急忙跑到灶间里，躲在一张蛮高的凳子肚里。只听见爆炸声由远而近，突然一声巨响，灶间坍下来，我被压在瓦屑堆中就啥都勿晓得了。隔了蛮长一歇，我醒过来，感到额角头上热乎乎，有东西流下来。我一摸一看是血，就喊救命，一只小手从瓦屑堆的空洞里伸出去摇摇。过了一歇，有救火会的人来救，把我挖出来，抱到黄包车上，然后拉到西门大街读书里的县立医院给我包扎。一进去，我就看到地上一只血肉模糊的小手，听人讲是我堂弟耀生的断手。他的手臂被炸断了，仅靠一层皮相连，救的人将他送到医院，医生因无法接活而作截肢治疗。当晚，我和耀生被送到行灶桥王姓亲眷家，我俩在一张床上分两头睡。第二天早上，我醒来喊喊他，没有声音，又推推他，也不动，我起来一看，耀生已经没有气了，他才六七岁呀！后来我知道，那次轰炸，我娘和两个学生意、叔叔家的两个儿子都被炸死了。我娘的头都炸开了，一块带着小木梳的头皮被飞到远处，表姐也在轰炸中无辜丧生。我娘被炸死后，蜡烛包里的弟弟因吃不到奶而日夜啼哭，没几天也活活饿死。我们三家一下子失去五位亲人，还有两个学生意。昔日闹猛的大家庭顿时骨肉分离、家破人亡。我们三家的房子都被炸毁了。我家斜对门马家的房子也被炸成废墟。附近炸毁的房子还有许多，其中剃头店的李姓主人因房子坍塌被压死。这些都是日本鬼子造成的血腥灾难和巨大痛苦，我一辈子也勿会忘记！

我们在行灶桥亲眷家住了一个来月，日本人就打到常熟来了，我们又逃难到莫城和尚甸（现名和甸）我叔叔的老丈人家里，我随外婆逃难到莫城水露里寄娘家避难。寄娘又是我的舅舅（母亲的姐姐），是双重亲。在莫城时，我父亲还被日本人抓夫去领路，过了几天才放他回来。

隔了一段日子，局势平静一点，逃难的人陆陆续续回城，外婆和我先回来，住在娘舅家里。每天夜里，总要听到日本鬼子巡逻时靴子"拓拓"的声音，我一直吓得抱牢外婆睡，听日本兵的皮靴声由远而近，又由近而远。一天白天，外婆和我在烘脚炉，一个日本兵端着长枪进来，看见楼板下挂着一只篮，他一定要外婆把篮拿回来烧掉烤火。外婆不肯，他就拿枪对准我俚，手指头搭在扳机上，我一看吓来，想"今朝完哉"，外婆连忙跪下来求，不断喊"先生，先生"，那个日本兵看看一老一小，杀了也得不到啥，就走了。

我家和叔叔家回到城里后就在四丈湾租房子住。我家租一幢小楼房，楼下出售日用杂货，楼上摆块作台板做裁缝，我阿姐给父亲当下手。阿哥在四丈湾大有米厂学生意。叔叔家仍旧靠糠麸店维持生计。

一次，我在外婆家门口被一个日本兵抓住，要我拎着一双皮靴跟他走，走到四丈湾萨珠弄附近一家姓范的大人家。我第一次来，进去才知道这里也有日本人在办公，屋里堆了许多铅皮箱，箱子里是各种蜜饯茶食，像后勤部门。听大人说，就在范家附近弄堂里有浴室，也有妓院，都是为日本兵服务的。

当时丰乐桥东西桥堍头各有一个日本兵站岗，监视中国人，晚上还要巡逻。在总马桥的城门口，也有日本人站岗，进出都要搜身，还要鞠躬。站岗的也有中国女警察。

我七岁在丰乐镇小学（老地名南头巷小学）读书，初中到县中读，在读小学五六年级或初中时学过日文，被迫接受奴化教育。在县中读书时，校门口门房间隔壁有一间监视室，里面有个穿便衣的日本人在那里监视进出的师生，从无笑颜，也不和人说话。同学们看见他像看见瘟神一样，很害怕。有一天放学时，校门紧闭，同学们聚在门口，心里充满恐惧，不知什么时候能回家。隔了好长时间，终于开门了，大家紧张的心情才得以放松，赶紧跑出校门回家。第二天才知道，昨天关闭校门是因为有日本人在学校里盘查师生，看他们有没有抗日倾向。由于家里穷，实在没铜钿供我读书，所以，我读完初二上半学期，就去地处上塘街接官亭的聚源米行学生意。

抗战胜利时，看见城里方塔上有个很大的"V"字，入夜光芒万丈，周围都雪亮一片，那个时候心里有说不尽的高兴，感到"日本鬼子总算滚蛋哉！没人来欺负我俚哉"！

采访于2017年2月26日下午

程佩庄：夺命炸弹五人亡

程佩庄，女，常熟城区人。1932年2月27日（农历壬申年正月廿二）生，属猴。高中文化。教书为业，1987年9月退休。现住虞山镇湘江苑。

我父亲程元鼎，人称程老元，安徽歙县人，1909年生，属鸡，1984年过世时虚岁七十六岁。他祖上是徽商，从他祖父起来常熟经商，开布庄、烟草行、经营鱼池，鱼池在浒浦问村。此外，他还有租田三千多亩。我父亲是遗腹子，他出生时生身父亲已经过世了。出生不久，母亲也过世了。他是由亲婆（祖母）亲手带大的。亲婆叶氏，是常熟人。叶家，也是大户人家，在塔弄里，以前县二中在塔弄里，那块地就是叶家和严家两户人家的。我们家有新、老两处住宅，新宅就是东门大街南面、西横板桥西面的那座由英国人设计的洋房。洋房里有电灯电器、全套卫生设备，用卫生设备要用自来水，为此专门造了座水塔，在洋房南面，塔弄北面，就是老宅。老宅占地几亩，有假山、荷花池，还有陪弄。老宅的房子高爽，步槛宽，我小时候可以躺在上面。我过步槛不是跨过去的,是睡在上面翻过去的。

　　我母亲俞澍湘,属羊,是东河上俞家,她十七岁嫁给程元鼎。父母亲生育了七个子女,都是抗战全面爆发前生的。大女儿在十二岁时得盲肠炎去世;第二个是儿子程汝霖,当老师,已经过世;第三个女儿小时候得白喉,夭折;第四个是儿子程汝洪,小时候在上海读书,踢足球被人踢伤,在十七岁时过世;我是第五个;第六个是儿子程汝楫,1934年生,已故;第七个是女儿程珣庄,1935年生,在河南郑州当老师,七十九岁那年过世。

　　1932年第一次淞沪战役时,常熟受到威胁,我们全家逃难到上海租界里。当时我刚刚出生七天。回到常熟时,家里一切照旧,未受损失。1937年"八一三"事变后,日本人在上海打仗,当时我们也不想逃难。但勿知啥原因,没隔几天就举家逃难,去了无锡荡口,住在华氏人家的老宅院里,据老百姓说这是"三笑"中华太师的旧宅。去逃难的人有一个船队好几十人。父母亲和三伯伯(父亲未出嫁的阿姐)带我们七个小孩子,当时亲婆已经过世了。其他都是亲戚、朋友,还有奶妈和服侍奶妈的佣人。

　　到荡口几天后,我父亲说回家看看,就一个人回到常熟。第二天下午他正在老宅大厅的藤榻上午睡,栗里茶馆的老板许承之来寻他汰浴(洗澡),父亲先是勿肯,说要再睡一歇,后来经勿住喊,就起身跟了走。他起身时,在大厅里的烧开水老妈子说:"少爷,你去汰浴,让我来睡。"当时父亲刚走到老宅临街弄堂口,只听见日本飞机来了,"轰"的一声,把一颗炸弹掼在大厅里,当场炸死五人。这五人是,老妈子,姓殷,浒浦问村人,是老亲;仓厅上人毛根,他是沈家市人;账房先生居兴爷,浒浦人,也是老亲;男佣曹生生(兴隆漕泾里人);还有一个看门人。实际上这些人同我家都有点亲戚关系。这些人死后，我父亲就给每家人家送点抚恤金，买棺成殓，分别把后事处理好。当时为了防止日本飞机掼炸弹，我家大厅里两边靠墙用方台两张一叠、两张一叠，方台上面还堆放沙袋，准备在日机轰炸时好躲在台肚里，啥人晓得在大厅里的这五个人还是被炸死了。还有几个养花的、烧饭的……他们在另外的厅堂里倒幸免于难。父亲把五个死人事情处理好后又回到荡口。不久就有人到我家中又是偷，又是抢，又是烧。父亲第二年回来时，老宅院已经成为火烧场。我听父亲说，日本人原来是要炸国民党政府法院的，在洋房马路对面（东门大街北侧），结果炸弹落下来往南面偏了，使我家遭到了毁灭性的灾难。

我家又从荡口逃难到上海静安区安定坊，这里是英租界。我就在租界内的教会学校读书。大汉奸李士群的儿子和我是同一所学校，我读三四年级，他读五六年级。李士群儿子来读书有保镖护送，到时候还有人负责送牛奶给他喝。我在1943年回到常熟，到虞阳小学读五年级。

我们逃难在外，新造的那幢洋房有一段时间被日本人占作慰安所。洋房里有好几间卫生间，当时给我家烧饭的山景园厨师林师就住在其中一间卫生间内。卫生间比较大，里面可铺张小床，床底下放些种花用的花盆。日本人也知道他住在里面。我们回来后，他告诉我们说，那些慰安妇都是中国人，但不是常熟人，都是外地来的，她们到钟点就搽粉点胭脂，穿日本女人的和服。日本军官到这里来喝酒、跳舞、胡作非为。喝醉了酒，就拔出指挥刀，这里桌子劈掉一只角，那边墙上戳个洞。到我从上海回来时，慰安所已经迁走了。

采访于2016年7月27日上午

屈虞生：百姓枪杀在酱缸

屈虞生，常熟城区大东门人。1932年6月5日（农历壬申年五月初二）生，属猴。大学文化。从事企业财会工作，1992年7月退休。现住虞山镇颜港七区。

1937年时，我家六个人：外婆六十多岁，父亲屈师召四十六岁，属龙；母亲陈淑芳，属鼠，小我父亲八岁。父母亲生育三个子女，第一个是大儿子屈琴生，十四岁；第二个是女儿屈丽珍，十二岁，现在仍健在；第三个是我。我家住大东门泰安桥东面桥堍头，开一爿公裕香烟店。"七七"事变后不久，日本人在常熟掼过好几次炸弹，老百姓人心惶惶。大约在11月里一次掼炸弹后，我们全家躲到鸭潭头往东花园浪的农民瓜棚里。我躲在床底下，望出去看到日本人的双翼飞机在山脚下小山台方向掼炸弹。日本人的飞机先是俯冲，然后在机头往上拉的时候开始投弹。我们在这里躲了几天，一天黄昏时，父亲回到泰安桥头去看看，发现周围邻居已逃空，他马上赶回来叫我们回家，说乡邻都逃难去了，我们总不能等死，也逃难吧，往哪里逃也没主张。家里养的两只鸭怎么办呢？与其被日本人吃，或者饿煞，还不如自己吃。于是把两只鸭先杀了烧熟，带在身边，准备路上吃。出门逃难时，天已经黑了，阿哥还在发冷热病（疟疾），只能抱病逃难。我们先向藕渠方向跑，当走到藕渠塘时，只见逃难的人群像潮水一样涌来。我们弄勿懂，那些逃难的人也很惊讶，说："你们怎么还往火线上跑？"我们这才晓得原来前面在打仗。于是又掉头往北门逃。半夜里，跑到李家桥张家牛场，那里地势蛮高，天又冷，我人又小，又吃力，简直是爬上去的。没办法，再吃力也要跑。到天亮快，天有点发白了，看见前面红腾腾的房子，再跑近点一看，是兴福寺的围墙。我们继续跑，一直跑到兴福寺往北有个叫天庭心的地方，那里有个熟悉的坟客，父亲领了我俚想到那里去歇脚。

坟客是个女的，有五十多岁，她的男人已经过世了，家里有个三十多岁的儿子。坟客很热情，看见我俚去就说："覅跑了，就在我家住下来吧。我三亩田的稻刚收，等吃完了再说。"于是我们就住了下来。隔了几天，我去附近白相山沟水，远远看见有十几个穿黄衣裳、戴红领章、掮太阳旗的人，就赶紧跑回去告诉大人："日本人来哉！"话刚说完，日本人已经到了。当时是烧中饭辰光，我父亲正在灶口烧火。日本人过来将我父亲拉到场上，先看头上的帽檐印和手上、肩胛上的老茧，检查他是不是当兵人，然后拉了他朝山上跑，跑到一个平坦处坐下来，叫我父亲转过身去，只听见拉枪机的声音，我父亲想，要枪杀我哉！过了一歇，不见动静。我父亲慢慢从身上穿的长袍里摸出一张香烟店的名片和自来水笔，在空白处写上："我是良民，家有老母、小孩，请放我回家。"然后将名片递给日本人，日本人轮流传了看，然后挥挥手让他走。我父亲刚走了几步，又招手喊他回去，给他一张印好字的路凭，我父亲悬着的心才稍微有点平静。谁知走了一段路，又遇到一队上山的日军将他拦住，我父亲将路凭给他们看，总算将他放过，没有为难他。

隔了几天，坟客家的儿子提了只鸟笼从外面回到家中。一歇歇工夫，来了一批日军将他拉了就走，从此音信全无。过了一段日子，有当地乡邻过来告诉坟客，说在山上望海墩看到她儿子的尸体了。坟客一听，哭得死去活来。

和我们一样住在坟客家的还有母女两人，听说是城里开刻字店的笪家的眷属。那女的三十岁勿到，女儿才四岁。农村里的房子都是暗房亮灶，一天日本人闯到屋里拿刺刀在床上乱戳，她们吓得惊叫起来，日本人就将她们拉到屋外大前头，不一会儿就听到一声枪响。我们出去一看，只见日本人走了，刚才那一枪打在母亲的大腿上，那女儿躲在她身后。到晚上睡觉时，那小女孩的衣裳脱不下来，仔细一看才发现，那子弹从娘的大腿上穿过后，又穿透女孩子的前胸后背，流的血将衣服与身体黏住后已经干结了，还好未曾伤及要害，拾回一条命。当时又不晓得到哪里去找郎中，只能经常清洗伤口，搞些土方草药，让其自然愈合，有些日子，我们都能闻到伤口烂肉的味道。隔了好长一段时间，伤口才慢慢收疤。

我们在天庭心坟客家住了两个多月，到了1938年1月，县"自治委"的安民告示贴出来后，我们才回到城里。回到家里不久，听说住在泰安桥西面桥塌头的王姓父女两人逃难到冶塘乡下，当时新稻刚收，堆了勿少新的柴萝。一天，那姓王的老子拽了女儿从刚才躲藏的柴萝里出来，又碰到日本人，一枪把老子当场打死，那十三岁的女儿也遭到六个日军强奸，差点被折磨死！

屈虞生：百姓枪杀在酱缸

  当时鸭潭头长发隆有许多大酱缸，有些是空的，也有些装有东西，我看到那些缸里至少有七八具尸体，那都是日本人欠下的血债！

  日本人欠中国人的血债总也还不清，如再有抗日战争，我虽然年纪大，抗日我第一个！

采访于 2017 年 1 月 10 日

杜伟根：住房被炸逃难苦

杜伟根，常熟城区人。1932年11月16日（农历壬申年十月十九）生，属猴。大专文化。1992年12月常熟市电讯器材厂退休。现住虞山镇七弦河。

1937年时，我家住在常熟水北门大街，原衡器厂北面，家里有所三开间的两层楼，这所房子是我家和伯伯家合住的。父亲杜俊儒，是南门大街衣装店店员；母亲孟秀金，新中国成立后是常熟县第一届人代会代表；妹妹杜惠玉，当时三岁；伯伯是老茂林皮货店店员，伯伯家四个人，也是养一双儿女，是我的堂姐、堂兄。我家房子是被日本人的飞机炸毁的，幸未伤人。房子炸掉后，我们两家开始逃难，逃难的第一站跑到泄水陆桥，是我舅公公的亲眷家。跑去一看，发现人太多，吃住都有困难，于是就分开逃。娘带了我逃到北门外下场村外婆家。伯母逃到淼泉孙家宅基，伯伯和父亲逃到另外一个地方。因外婆家离常熟城太近，感到不安全，娘又带我逃到淼泉孙家宅基姨母家，和伯母住在同一个大院子里，这里离淼泉镇不远。局势稍微稳定点，我们两家就回到城里租房子住，我家租住在萧家廊下，伯伯家租住在县东街。日本人打进来后，我们家的房子、财产以及父亲的职业都没有了，为了养家糊口，在亲友帮助下，父亲摆了个卖小百货的地摊，勉强维持生活。后来，又在亲友帮助下，在县西街口开了爿华洋百货商店，苦苦经营，生活才逐步好转。

我小时候读的是学前小学，从一年级到六年级，当时所学课程中有日语，从假名开始学，有专门的教材。在我记忆中，看见日本人一直很害怕，家中父母也关照我，放了学赶紧回家，不要在校外白相（玩）。

我丈母娘家在彭家桥（浒浦），因房子被日本人烧掉后，才流落到城里。

采访于 2016 年 10 月 23 日

陆文灏：逃难客死在他乡

陆文灏，老家在白茆市镇庙弄。1934年7月22日（农历甲戌年六月十一）生，属狗。大专文化。安徽省泾县经济工作委员会干部，1983年4月退休回到常熟。现住虞山镇枫林路清枫和院。

我老家在白茆市镇上庙弄，祖父陆宝树（字枝珊）曾自费创办白茆泖江小学。他在城里南赵弄购置了一所大宅院后，于1909年迁居常熟城里。我就出生在南赵弄。1937年日军轰炸常熟时，我只有四岁，趴在宅院中的假山上看飞机，家人急得不得了，到处找我，看到我在假山上，赶紧将我抱下来。

日机轰炸后，全城百姓纷纷逃难，我家也加入逃难行列，由父亲陆熊祥（字孟芙）雇了船。

祖父陆宝树，祖母陆龚氏、陆沈氏；我父亲陆孟芙、母亲李婉英、生母徐文娟。由于我母亲李婉英婚后七年未曾生育，所以父亲又娶了我生母徐文娟。结果徐文娟生了我姐弟九人。第一胎是双胞胎，属龙，老大陆慧珠（现年八十九岁）、老二陆颖珠，第三个陆明珠（现年八十七岁），我是第四个。船上除了我们一家十个人（六个大人，四个小孩）

外，还有一个女佣，她原来是大姐的奶妈，以后一直留了下来，她在我家住了五十三年。此外还有两个叔叔，当时都未结婚。

因为阿婆陆沈氏有亲戚在无锡蠡涢镇，所以我们逃难就去了那里，住在一户地主家的空房子里，时间是 1937 年 11 月。到 1938 年 1 月 5 日，母亲生了第五个，是我妹妹，因为生在蠡涢，所以起名蠡珠。又因时值兵荒马乱，民不聊生，希望她能健健康康地成长，所以乳名叫康康。我阿婆陆沈氏逃难期间病死在蠡涢。我们在这里住了将近一年，才回到常熟，当时阿婆的棺材就寄放在当地的一个祠堂里。1940 年 7 月祖父去世，在家里停放三年，1943 年在宝岩购买坟地定好祖父母的棺穴后，将阿婆的棺木从蠡涢迎回常熟，安葬在祖父的坟旁边。

我们家的宅院很大，前门在南赵弄，后门在山塘泾岸，除我们家住外，前、后门还住了两家人家。前门住的是岳姓裁缝一家三人；后门住的是拉黄包车的，男主人叫王同泰，他们一对夫妻和三个小孩，由我家提供住的地方，也有灶间，给我家看门，我们也不收房金。我们逃难出去后，他们还住在那里。等我们逃难回来时，发现我们家的前面半所宅院给汉奸、日伪政权的第一区区长屈重光占住了，屈重光一直住到抗战胜利才搬出去。

此外，家里的坛坛罐罐少了许多。我两个母亲每人都有一张红木床，回来后发现我生母徐文娟房里的红木床不知被谁搬走了。

我六周岁开始在槐柳巷由教会办的北明慧小学读书，读了三年，转到报本街的塘南小学读书，直到小学毕业。在这里要学习日语，有专门的日语课本。

采访于 2016 年 10 月 28 日下午

王惠珍：日寇枪杀我好婆

王惠珍，女，常熟城区人。1934年10月22日（农历甲戌九月十五）出生。小学文化。花边经理部工人，1984年退休。现住虞山镇报本街。

1937年前，我家有五个人，好公（祖父）王永金，好婆（祖母）王周氏，父亲王元生，母亲王姚氏（新中国成立后起名姚淑珍）。父母亲就生育我一个。我家住花园浜，家里开木匠店，主要做棺材，有一个学生意的，大约十七八岁。东洋人打来时大家都逃难，我家六个人分两处逃。好公、好婆带个学生意的往祖师山逃，都想寺院是太平安全之地，因为有菩萨保佑。好公脚大跑得快，他从西门外七十二个透气栈朝山上去，到半山腰，不见好婆、学生意的跟上来，就又往山脚下去接。哪晓得，这时东洋人已经占领了祖师山，机枪子弹像落雨一样朝山下扫去，从山上到山脚下已经有交关死人。好公冒着危险，慢慢从死人堆里往山脚下爬，枪响他就装死伏在地上一动不动，枪不响再往下爬。一直爬到山脚下二条桥附近，只见好婆和学生意都跌倒在血泊里。学生意挑的被头、米和米粉都乱在身边。本来想这些东西是到祖师山庙里后，要烧来吃和睡觉用的。好公摸摸学生意的鼻头底下，已经勿透气哉，喊喊好婆，也没声音，再喊喊，好婆醒过来哉，对好公说："我中了枪子，勿来哉。我袋袋里有屋（家）里大门的钥匙你拿去吧。"好公本来还想在她身边陪一歇，没想到好婆说完就死了。好公伸手往好婆衣裳口袋里去拿钥匙，摸来一手血，原来枪子中在腰里。好婆为啥跑来慢呢？因为出门逃难时，好婆将家里积蓄的银洋钿缝在衣裳口袋里，银洋钿滞重，又是小脚，出来逃难时正下小雨，穿双套鞋，所以跑勿快。见两个人都死了，好公就拿学生意的挑的被头盖在他们身上，四周再用石头压住，想等东洋人过了再去收尸。

当时路上还有东洋人经过，好公只能躺在死人堆里装死人，东洋人来就一动勿动，东洋人过哉，再一点一点朝城里爬。山上还时不时有枪子扫下来。整整爬了一两天，才回到家里，几天下来，粒米未进。到家里后，先用藏在空棺材里的米烧了饭吃，缓一缓气。然后到塘南寻我俚。再说我呢，是由娘、老子带了我逃到外婆家里。外婆家住在小东门三步两条桥东面一个叫塘南的转水墩上。外婆家有条专门用来帮人家运输"夫碳"的大船，我们和外公外婆及娘舅家的人都躲在这只船的船舱里，白天摇到东湖里，停在湖当中，夜里再悄悄回来。娘舅家有个小男孩叫姚兴喃，小我两岁，在船上一直哭，娘舅生怕岸上东洋人听见了会开枪、开炮，几次想把他沉死在湖里，被我娘劝下来。姚兴喃今年八十一岁，还健在。

等局势稍微平静点，我们和外公外婆一家仍旧回到塘南，总想勿要紧哉，谁知有一日，东洋人寻来，要我外公摇船把他们送一送，结果连人带船一去不复返。当时外公和外婆都差不多年纪，都在四五十岁。好公 1950 年过世，七十六岁，推算上去，逃难时已经六十多岁了，好婆年纪也差不多。

  好婆死了一个多月后，形势平稳点了，好公搭我父亲，还请人扛了两口棺材去山脚下收尸。好婆和学生意的尸体几乎认不出来了，面目模糊，盖在身上的被头和缝在衣裳口袋里的银洋钿都没有了，好公凭着好婆一双小脚和脚上穿的套鞋才认出来，她身边的年轻人就当是学生意的尸体一起装在棺材里，运回花园浜，祭祀后葬在虞山公墓。

采访于 2016 年 6 月 18 日

杨增麒：兵灾降临常熟城

杨增麒，常熟城区人。1934年12月6日（农历甲戌年十月三十）生，属狗。常熟理工学院副教授，1995年退休。现住虞山镇草荡。

我父亲原名孙国祥（1910—2003），江阴人，他十几岁时为谋生来到常熟，先在南门一家小店学生意，入赘我家后改名杨继良。常熟沦陷后，他在寺前街益源祥百货店当职员，说是百货店，里面也卖五金，父亲是划玻璃的。慧日寺附近有个救火会，父亲还是救火会成员。当时我家住在含晖阁底朝北的一座大宅院后面，里面住四五户人家。母亲杨素珍（1916—2006）是家庭妇女，料理家务，带带小孩。父母亲小时候读过几年私塾，识一点字。外婆和我们住一起，外公在抗战前已经去世了。我是1934年出生，抗战爆发时虚岁四岁。我下面还有两个弟弟、两个妹妹，他们都是沦陷后出生的。因此，抗战爆发时，我家里有外婆、父母亲和我，一共四个人。常熟沦陷前，日本人多次轰炸常熟。日机轰炸时先要俯冲，发出"昂－——"的怪叫，接着就是"狂——"的爆炸声。

· 317 ·

听到日本兵要打到城里来了,外婆、父母亲就带着我逃难到藕渠塘划船浜,我外婆的娘家就在这里。记得外婆娘家有个船棚,停有几条船,我们就乘外婆家的船逃难,船往僻静处行,停在死煞弯堆里,总算未遇到日本人。过了一段时间,局势稍微平静,先由大人回城试探性地看看,见平静后再带我们一起回家。家中一片狼藉,后来母亲告诉我,家中挂的祖宗画像(称"真则")也被日本人当作好东西,把画像撕走,将轴头甩在地上。这时,白粮仓小学西面的民房已经炸成一片瓦屑,老百姓习惯上将日本人炸毁或烧毁房屋称为"坍屋基"。我家所住大宅院前面的民房也被炸掉了。之后在清理废墟时,在塔场上、慧日寺东南角、老县场(现街心花园)等处留下了许多小山包一样的瓦屑堆,其中塔场上的瓦屑堆最大。听我父母说,当年日本兵打到城里时,城里已基本是座空城,剩点没有办法逃难的老弱病残。老百姓把日本人打进来叫作"兵灾",与水灾、旱灾、蝗灾相提并论,称为天灾人祸。老人每每忆及那段历史,都会说"某处房子是兵灾时里烧忒格""某人是兵灾时里死忒格"。

日军在北门大街景道堂和辛峰巷炳灵公殿(火神庙)后面养了不少军马,白天就将军马放到虞山上。水北门圣公会是日本人的兵营。

我虚岁六岁开始读书,在白粮仓小学读了两年。1939年,我的大弟弟出生,第二年,我家就搬到塔后街。我就在琴东镇中心小学(原名虞阳小学)读书,读到高小毕业。在常熟沦陷期间,汪伪政府将日语教育列为中、小学必修课程。我在读到五年级时,学校开设日语课,由日本翻译教授日语,每课必背,而且让学生一个一个到办公室背给他听,背不出的同学很多。凡背不出者,他就用小竹条打手心,很疼。同学们都心生畏惧,不知哪个同学想个办法,说去背书前先用生姜擦手心,擦得辣麻辣麻的可以减轻疼痛的感觉，于是同学中擦生姜的很多。抗战胜利前夕，我小学毕业考了省七中，因为这所学校是汪伪政府办的，胜利后被国民党政府视作"伪学堂"，将省七中撤销，恢复孝友中学。对考取省七中的学生，政府要作甄别考试，实际是做个形式。考试后，我进孝友中学读书。也有些同学隔了一个学期转学至刚迁到常熟的省中（从重庆北碚迁来的国立二中）读书。

记得沦陷时期，进出城门都要向站岗的日本兵鞠躬。当时，日本政府因资源匮乏，为制造军火，就通过汪伪政府向百姓家摊派勒索，要每家每户"捐"多少铜，哪有那么多废铜呢？结果就将铜勺、铲刀、铜钱、铜板等一起凑足分量"捐"出去，实际是明火执仗地抢。

采访于 2016 年 5 月 20 日

殷惠芬：六人逃难五人亡

殷惠芬，女，常熟城区人。1935年2月11日（农历乙亥年正月初八）生，属猪。医生，1990年退休。现住虞山镇草荡。

1937年抗战爆发前，我家有曾祖母、祖父母、父母和我，是个四世同堂的家庭。此外，伯父母、堂姐和尚未婚嫁的叔叔、姑妈也和我们一起住在城区塔后街。我们家的老宅基在淼泉梅塘南岸，小地名叫石边塘岸。老宅基是座家族大宅院，属曾祖父的四兄弟共有合住，他们都是当地农民。我祖父从小去上海学了做纸板盒子的手艺，慢慢积攒了些钱，以后就在常熟城区塔后街与文昌弄口买了所五开间的老旧房子。这样，我们家就迁居城区，因曾祖父已经过世，曾祖母也随我家一起住在塔后街。这所房子沿街是五间平房，三间是祖父做卖纸板盒子的店面兼工场，还有两间租给中医邓倬云全家居住。经过平房是个天井，再到里面是座二层小楼，小楼的东西两头还有一上一下侧厢，这是我们整个大家庭一起吃住的地方。据说这房子还是明代民居，用的柱础不是石鼓墩，而是楠木。日本人打到常熟来之前，我们举家逃难，一起回到淼泉老宅基。

我父亲殷士标，拜中医邓倬云为师，当了中医，日本人打来时他正病卧在床，他给自己开了药方，但兵荒马乱，无处撮药，病情日重。日本人冲到我家里搜查，见我父亲躺在床上，身边只有太太（是我曾祖母，所以称呼她太太）陪护在旁，威吓了一阵就走了。我父亲本来病重，又受了日本人的惊吓，没几天就死了，年仅二十二岁。父亲死时，我娘正怀着七个月身孕，带着我逃难在老宅基附近的转水墩上，进出都要用船，我们在转水墩上挖了个地潭躲在里面。偏偏我娘又得了痢疾，连续腹泻，引发早产，生下一个男性死婴。我们逃难在外，连父亲死的消息都无从知晓。当时家里虽然人多，但都分散逃难在外，太太孤身一人，也无法告知。我娘比父亲大四岁，父亲死后她终身守寡，直到1987年过世，享年七十六岁。

我家从塔后街逃难回森泉前，祖父用硬纸板当砖头砌住门窗。局势稍微平静回到塔后街，一看沿街三间店面兼工场已经烧成废墟，后面一进房子，因纸板砌得严严实实，没能烧起来。于是就将全家的食宿都挤在楼上，楼下做店面和工场，我娘也一起做纸板盒子，以此维持生计。我祖父在1950年过世。这是我们家当年逃难前后的一些情况。

再说说我母亲娘家的一些情况。我母亲叫鞠凤娟，娘家是森泉塘坊村人。我两个娘舅都是大道士。其中小娘舅鞠尚安的老婆叫张凤凤，她的出生地是兴隆镇北面的张家荡村，结婚后嫁到森泉我小娘舅家。舅母娘家有父亲、母亲、阿哥、阿嫂、妹妹张林林、弟弟和侄女，共有七个人。她父亲（名不详）在大东门外常发隆酱园店工场当工人。

1937年日军侵华时，舅母的父亲带了儿子、媳妇、女儿张林林、小儿子，还有一个吃奶的小孙女，共六人一起乘船逃难。当时小儿子年龄还小，不过十岁左右，且养了只山羊，他特别喜欢，所以不肯离家逃难，是被父亲硬劲拖走的，仅留下舅母的母亲看家。数日后，在一个不知名的乡间，遇上鬼子，鬼子把船叫住，将他们全部驱赶上岸，在河边排好队，然后朝他们开枪。不知隔了多久，舅母的妹妹张林林醒来，见鬼子已离去，家人都倒在地上，赶紧一一查看，看到除嫂子还活着外，父亲、阿哥、弟弟都已死了！姑嫂二人和嫂嫂怀里的侄女（嫂嫂还不知女儿已经死了）就漫无目的地在荒野里走。嫂嫂还对林林说："妹妹，我们不要紧了。"可过了一会儿，嫂嫂也倒地死了。这时才发现子弹是穿过小侄女身体再钻进嫂嫂身体的。一歇歇工夫，六个人死了五个，张林林哭得昏天黑地，不知过了多久，她就一个人经过千辛万苦边讨饭边问讯，过了蛮多日子才回到家里。从此，张家仅剩母女两人相依为命，以后母亲就为张林林招了个女婿成家。现在还住在当地的张金福就是张林林（已病故多年）的独子。

日本鬼子无端枪杀她家人这件事，在张林林心中留下了极大痛苦，几十年中，她只要一想起就哭，一提起就哭，旁人都不敢深问逃难途中的具体细节，尤其在她年纪大了以后，生怕再提逃难之事会影响她的身体健康，所以我也只知道大概情形。

采访于 2016 年 6 月 2 日

李绪龙：家父抗日终殉难

李绪龙，常熟城区人。1935年6月16日（农历乙亥年五月十六）生，属猪。苏州冶金机械厂工作，1995年6月退休。现住苏州市彩香二村。

我小时候住在南门坛上浴春池西隔壁，是一幢二层小楼。父亲李韶伦是独子，母亲孙桂娣是常熟港口镇（今属张家港市）人。我上面有一个姐姐叫兰兰，一个哥哥叫龙龙，兰兰比龙龙大两三岁，比我大五六岁。我父母婚后多年未孕，就领了一男一女两个小孩，本想让他们长大后结为夫妻的。后来母亲就怀了我，称我"家宝"。家中开个小饭店兼小茶馆，以此维持一家生计。日本兵打到常熟那年我虚岁三岁，按理说还不懂事，所以我小时候的经历主要是母亲说给我听的，也有一些是我渐渐长大后所经历的，脑子里有印象。日本兵打到城里后到处烧房子，当时母亲带着我躲在家中楼上，忽然闻到木头烧焦的味道，感到不对，就抱着我不顾一切地从楼上冲下去。刚跑出家门，楼梯就烧断了。我们捡了两条命。哥哥龙龙就在那个时候不见了，从此杳无音信。当时我爸爸不知为什么被日本兵抓走了,关在宪兵队里。周边邻居对我们都很同情。母亲抱着我去求日本兵放我爸爸出来。一个多月后,我爸爸被放回家了,是我寄爷、寄娘托人花钱保出来的。我寄爷叫韦洪海,是个很有名的伤科郎中,在小庙场开设诊所,他穷困不计,碰到没有钱的人去看病,他也一样送医、送药。寄娘名字忘了,是个苏北人,为人豪爽,说一不二,威信很高,听说新中国成立后当选过政协委员。

  我父亲被保出来后,一家人就投奔港口镇外公家中。我外公是个文人,我印象中他就是穿着棉袍的教书先生。外公家离港口镇不远,在镇郊一个弯煞堆里,小地名叫水潭里(新中国成立后叫东南村),这里距公路有一里多路。为了躲避日本鬼子,父母将一口大水缸和一口洗澡用的铁镬子翻过来,人就躲在下面,成天提心吊胆。吃饭有一顿没一顿,没有菜就蘸一点盐。这样躲了一个多月,看看局势平静一点了才敢出来。我们回到常熟后,家中的房子已经被烧了,怎么办呢?真的是无家可归呀!父母亲只能在北门外面开个老虎灶,想借此度日,可毕竟很困难,实在活不下去了。父母亲又带着我和兰兰到江阴长泾镇上去开饭店,做老本行,开办的资金是外公资助的。饭店开出来后,父亲就经常不在家,老是去十二圩港、江阴、无锡、常熟、宜兴一带,说是去"斗鸟",也不知真的假的。隔一段时间,父亲就回家来向母亲要钱,母亲说他不务正业,他也不吱声,只要把钱给他,如要不给他就和母亲吵嘴,拿到钱他就出去了。店里全靠母亲操持,另外请了一两个帮工。1939年,日本兵到长泾来抓我父亲,得信后父亲就带着我和兰兰乘航船逃走,母亲留在长泾饭店里。航船驶到常熟西湖里时,被日本兵截住了,父亲又一次被日本鬼子抓走了!我哭着、喊着要和父亲一块去,摇船人急忙拦住说:"小孩子,不能去,小孩子,不能去。"姐姐把我抱住了，眼睁睁看着父亲被抓走。

我和姐姐从常熟西门上岸后，就沿着城墙走，一直走到总马桥。我人小，走不动了，就由姐姐背我走，一路上都由她照顾我。我们来到君子弄寄爷、寄娘家里，一看到他们，我们就哭了。我寄娘没有孩子，她家里的孩子都是她收养的穷苦人家丢掉的孩子。当时我的小名叫"狗狗""家宝"，寄娘看到我就说："狗狗，不要哭，狗狗，不要哭！"接下来几天，又是寄娘托人将我父亲保了出来，后来知道，日本兵抓他是因为怀疑他是抗日分子。

寄爷的家在君子弄，伤科诊所在小庙场，两地相距一百多米。诊所有八间地板房，门口铁牌子上写着"韦洪海伤科"或者是"韦洪海诊疗所"，诊所里有好几个寄爷的徒弟帮着看病。每天都有专门的人在家里烧饭做菜，烧好后就挑到诊所去供他们用餐。我和姐姐住在韦洪海家里，帮着干些小事情。父亲住在另外一个地方，每天晚上或是早晨，寄爷家里人不多时他就会来看望我们。隔了一个多月，他不来了，寄爷、寄娘派人去找也没找到，隔了十多天，说我父亲被日本鬼子抓走了，这次关押在渭泾塘日军队部，说他是抗日分子，每天严刑拷打，上老虎凳、灌辣椒水，还放狼狗咬，受尽折磨。寄爷、寄娘又是托人又是花钱，但还是这样关了一两个礼拜，好不容易将我父亲保出来，只见他一瘸一拐，浑身是伤，寄爷每天给他贴膏药、做针灸，帮助他疗伤，从不间断，这样过了些日子才渐渐康复。身体稍好，父亲就带我去浴春池洗澡。父亲和浴春池老板也是好朋友，两人很熟悉。过了段日子，父亲伤情还没全好，就去了白茆，时间是1940年或1941年，他在白茆市梢上开个小饭店兼茶馆。这样过了一两个月，父亲将我和姐姐一起接到白茆。当时白茆镇上新四军和日军、汪伪部队你来我往，交替出现。日本

· 325 ·

兵巡逻时，老远就听到皮靴的"拓拓"的声音。当时我有六七岁了，没事就去白茆塘边玩，时常看到伤痕累累的尸体在河里一浮一沉，心里充满了对日本鬼子的仇恨。我和姐姐去白茆时间不长，父亲就不见了。过了几天，姐姐在镇郊荒野里发现了父亲的尸首！父亲从江阴到常熟后，就和母亲断了联系，我们也不知道母亲的情况如何，现在又失去了父亲，真是举目无亲呀！我和姐姐哭得很伤心，当地百姓对我们姐弟俩的处境都深表同情，捐了一口薄皮皮棺材，将我父亲埋在白茆塘边。还有好心人问我们是从哪里来的，家在哪里，家里有什么人。我们告诉他："从城里君子弄来，寄爷是伤科郎中韦洪海。"于是就有好心人帮我们与寄爷联系。寄爷、寄娘得信后就派人把我们接回城里，又设法与我母亲取得联系。没有了父亲，我老是哭，寄娘教育我："狗狗，不要哭。记住了，长大了一定要给爸爸报仇。"这句话，时时印在我的脑子里，我知道父亲是因为抗日而被日本鬼子杀害的。我母亲到常熟后，与寄爷、寄娘商量，姐姐就留在寄娘处，当时她已经十一二岁了，我随母亲回到港口镇，当时外公已经去世了，我就在港口小学读书，与母亲相依为命，直到新中国成立。

1952年春天，我报名参加中国人民志愿军，在方十军十八师五四二团八连（尖刀英雄连）当卫生员。我参加过东线战役（883.7无名高地战役）和中线战役（又称金城战役），立了三等功。1953年10月回国，在安徽宿县、全椒、滁县等地参加营房基建工作，由于努力，又立了一次三等功。1955年提干，任五四二团卫生连司药长（排级干部）。1956年转业到地方，先后在兰州、沈阳、苏州的冶金企业工作。1995年6月在苏州冶金机械厂（部属厂）退休，退休前职务是安全环保处处长。由于几十年工作在外，与寄爷、寄娘、姐姐都失去联系。我母亲自 1965 年起一直和我生活在苏州，直到她于 1997 年 4 月去世。前几年，我去过港口、长泾、白茆，寻找父亲参加抗日斗争的史料，但已物是人非，许多老人都找不到了。我每年清明节都要去烈士陵园扫墓，虽然父亲没有被评为烈士，但我知道他是为抗日而死，他一直活在我心里。

采访于 2015 年 12 月 24 日下午

沈惠英：炸死一家十二人

沈惠英，女，常熟城区人。1936年6月9日（农历丙子年四月二十）生于儒英坊，属鼠。半文盲。常熟服装二厂工作，1986年7月退休。现住虞山镇报本街。

我好公（祖父）姓沈，名字松松，九里石墩人，1937年时他四十多岁。好公从小在常熟的陆稿荐肉食店学生意，后来老板就把这店盘给好公。他为人和善，朋友很多，小名猪头松松。店里除我好公外，还有大公公（好公的阿哥）、账房先生（姓陈，宁波人），另外有四个学生意。店开在寺前街，坐北朝南，上午卖生肉，下午卖熟肉。我父亲属蛇，1917年生，2002年去世时八十五岁。母亲陶翠媛，北门外王家宅基（今明日星城旧址）人，1992年过世，虚岁七十五岁，是个家庭妇女。

1937年11月，东洋人打到常熟来之前，我们全家逃难，共有十一个人，老太太（好公的丈母娘陆氏）、好公、大公公、父亲（沈根和，后改名沈生）母亲和我（当时我只有两岁），还有账房先生和四个学生意。我俚先坐船到母亲娘家（王家宅基），然后再往北，到谢桥市镇不到点的地方，那是我娘的娘舅家。老太太因发冷热病（过去老百姓称"三日头"，现在叫疟疾）跑勿动，就留在王家宅基我母亲的寄娘家，当时她已经七十六岁。当我们离开王家宅基，朝北嗨（北面的意思）跑的半路上，看到东洋人的飞机在天上转，我们就躲在农民竹园里，一起躲在竹园里的还有十二个人，也是逃难的拖大带小的一家。攀谈中，晓得他们要往福山去。隔了一歇，他们看看飞机飞过了，以为太平了，就出竹园往大路上去，我俚大人还对他们说："不要急，再等等看，我俚也要跑格。"他们说："勿要紧哉，我俚路远，先跑哉。"结果，他们刚刚跑过两条田埂，东洋人飞机又回转来哉，对他们扫机枪，眼看着他们一个个倒下去。等飞机飞远后，我俚就跑出去，看看有没有救，结果发现他们一个不剩全部倒在血泊里。最小的是在躺篮（旧时窠篮的上面一层）里的小宝宝，也吃着子弹死了。我娘在世时，经常提起这桩事体，讲着就伤心！

我们在娘舅家躲了一段时间后，就坐船往王家宅基外婆家去。一路上无论福山塘里还是小河浜里都汆满死人，横七竖八，各种姿势，伤心惨目，河里的水都是红的，船都航不动。船上的老年纪人都在拜，嘴里念着："阿弥陀佛，你们都是好人呀，望你们早点投人身，过上好日子。我俚都是逃难人，在你们身边过也是呒办法，请你们发发慈悲让我俚过。"就这样，船在死人堆里一点点航过。

好不容易来到王家宅基我娘的娘家里，发现老太太披头散发一个人在灶间里烧东西吃，冷热病给她挺过来了，但耳朵上的金环子、手上的金戒指都不见了。我家从城里带去，藏在床前踏脚板底下的一小包金银首饰和城里带去的二十条被头也都不见了。我们逃难途中，好公将一只手提箱藏在王四酒家东面一里路模样的城隍坝茅柴堆里，我好公隔了不到半天时间去拿，再也寻不着。手提箱不大，里面装些比较值钱的东西，关键是有一张存在上海银行里的三千银圆的存单一道不见了。由于取存单的号码找不到了，致使遭受重大损失。这是我好公许多年的积蓄，他连自家住的房子都舍不得造，宁愿租房子住，也要发展业务，存单不见了，对他是个巨大打击。

逃难回到城里后，发现店面、工场都破坏干净，已无法开店，家中东西也一扫而光。账房先生每年春节回宁波探亲，回来总要送我好公两打西湖牌毛巾，他舍不得用，存了二十四打，回家后也一打不剩都被人拿去了，也不知是东洋人还是那些发国难财的坏人。好公回来后，眼看生意难以恢复，账房先生就回宁波去了，四个学生意也回家了。好公从此一蹶不振，每天只在上午卖生肉，下午熟肉生意已经做勿像哉。在我七岁那年他就死了，死时只有五十多岁。当时家里穷得好点的棺材都买不起，是买的松树棺材。

我外婆家王家宅基有个姓言的男青年当时三十来岁，被东洋人拉夫后一去未回，丑下三个小人，他老婆把眼睛都哭瞎了，三个小人中的大儿子叫言福生。

采访于 2016 年 7 月 16 日

钱文辉：小日本兵初中生

钱文辉，常熟城区人。1937年4月26日（农历丁丑年三月十六）生，属牛。教书为业，1998年退休。现住虞山镇颜港街。

我父亲钱锦元是冶塘大河人，十一岁进城学生意，做箍桶匠。结婚后就一直在城里居住、工作。他1981年过世，享年七十二岁，推算出他是1910年生人。母亲朱金凤是退休职工，1918年生人，今年九十九岁了。

我出生于1937年4月26日，同年11月，日军打到常熟时，我刚出生半年多一点，父母亲就抱着我逃难，逃到王庄附近的沙河头（音）。听娘说，许多逃难的人都躲在荒野芦苇丛中，听日本兵的皮靴声一阵阵从路上经过，大家吓得响都不敢响，如果让日本兵听见小孩子的哭声，就端着枪朝有声的地方扫射过来，因此也有大人用乳房堵住小孩子的嘴活活闷死。这样做不只是为了保住大人自己的命，还要保护一起逃难的其他人。娘说："你算是乖的，抱在怀里，一声不响。"我们在那里躲了三个月，到避过日军进城时烧杀淫掠的风头后才回到城里。

我家就租住在西门大街，西隔壁是驻常日军的警备队队部。1944年下半年，我当时虚岁八岁，因经常在家门口玩，有个看上去只有十四五岁的小日本兵也来和我一起玩，估计他已经在常熟有一段时间了，会用"犟嘎嘎"（生硬）的常熟话和我交流，他告诉我他正在读初中，是从学校里征兵征来的。我也不晓得他叫啥名字，做啥事体。他有时会给我两三片日本饼干，有时带我到警备队大门对面一片蛮大的废墟上去看日本兵养的军马。那片废墟没人管，我们小孩子常去那里打弹珠。

到了1945年八九月里的一天早上，我看到日本兵带着木制面罩在警备队门内的院子里拼刺刀，隔了一会儿，有人吹哨子，只见他们放下拼刺刀的木枪，集中排队，我也就回到家中的二楼上，从半开着的窗户朝外望，突然传来"连生、连生"（我的乳名）的呼喊，一连喊了十几声。我听出是那个小日本兵在喊，声音蛮焦急，有种声嘶力竭的感觉。我在楼上听见了，不知啥事体，也不敢答应。只听有个当官模样的人将他训斥了几句，他就回到队伍中去了。日本兵共有五六十人，都一起整队走了，那个日本小兵也随部队离开了常熟。后来想想，这应该是日本宣布投降，那些日军要回日本去了，那个日本小兵可能是来和我告别的。那么一个初中生就被征召出来当兵，也可看出到抗战后期，日军兵源严重紧缺。

采访于2016年6月8日

[常 州]

吴忠林：我险遭日军杀死

吴忠林，常州市区人。1929年10月20日（农历己巳年九月十八）生，属蛇。高中文化。1951年从无锡调常熟工作，1988年从常熟轮营处退休。现住虞山镇紫金街。

1937年，我虚龄九岁，当时我们家住常州市周锡巷岳家弄。父亲杨寿生原在上海交易所工作，收入不错，我出生在上海，但不幸父亲得肺病过世得早。父亲过世后，家中生活拮据，娘做绣花，另外依靠姑夫接济一点，一家人勉强度日。我姑夫在常州市区开寿康药店，有五六间门面，生意不错。但药店被日本人炸掉后，他也就无法接济我们了。父母生育了三个儿女，我的阿姐叫杨祥珍，十二岁，弟弟叫吴忠涛，四岁。

当年阳历十一月，日本飞机轰炸常州城区，炸得一塌糊涂。轰炸前拉过两次警报，老百姓纷纷逃难。那天下午四点钟光景，娘要我先吃点饭，甭做饿煞鬼，我吃不下，说就做饿煞鬼，然后一家人躲到岳家弄防空洞里。总算还好，没有炸到。隔几天，娘就雇了条船拿家中所有值点钞票的东西都装到船上，逃难到了漕桥外婆家。到那里一看，大门锁着，家中没人，外婆家也都出去逃难了。娘就把船上东西寄放在附近的豆腐店里，托老板娘照看。第二天早上，我们先去漕桥镇上看看，只见没有一家店开门，冷冷清清，景象凄惨。然后娘带我们去了二十多里外的三洞桥大姨娘（母亲的妹妹）家，在这里住了一夜。第二天，姨娘、姨夫帮助去漕桥豆腐店里取寄放的东西，谁知回来时两手空空，说豆腐店老板娘被日本兵戳杀（刺死），东西抢光。从此我们家一无所有，娘和我们抱头痛哭。三天后，日本兵到三洞桥"扫荡"，我娘躲到尼姑庵里逃过一劫。隔了几天，五六个日本鬼子又来了，端着长枪来找花姑娘，这次我娘躲在另外一个地方。就在那天，躲在尼姑庵里的两个妇女遭到摧残。

我们在大姨娘家住了几天后，村上老百姓都知道了。看我娘要带三个小人，都深表同情，也有人出主意，要认我阿姐做干女儿，实际是领去做童养媳，还有人劝我母亲改嫁，找个依靠，不然在大姨娘家也不是长久之计。我娘先是不答应，经过日本人两次"扫荡"，成天担惊受怕，思前想后，迫于无奈，也就同意改嫁。

继父家在离三洞桥三里路的周铁桥镇上，继父姓吴，人称"老娘舅"，家中基本维持生活。我和弟弟原来姓杨，到继父家后就改姓吴。阿姐则被周铁桥镇上一家人家领养，虽然在一个镇上，但很少见面，因为被人家领养的日子也不好过。失去母爱后，阿姐对我们有抱怨，认为母亲偏爱我们。当然她长大后也理解母亲的苦衷，和我们还是很好。

我逃难前读过书，到周铁桥后，我在竺西小学重读一年级。镇上有日军驻扎，镇上有桥，上市的老百姓经过时要先向站岗的日本兵鞠躬，然后放下菜篮子，两手向上伸直，让日本兵抄身，受尽屈辱。读五年级时，有日本人来教日语。我有个同学就在学校附近家里开酒作坊，盛酒的都是七石缸。一天，我正在他家玩，有个日本军官拖着指挥刀喝了酒跟跟跄跄地进来，看到我，就举着指挥刀朝我走来，嘴里喊着"八嘎呀路""死啦死啦"，我吓得绕着七石缸走，他绕着七石缸追，追了几圈，我赶紧逃出店门，否则就可能被他杀掉了。

我小学毕业后，镇上有个医院院长看我读书用功，就推荐我读中学，学校离周铁桥两里路，叫棠下中学。读了一年，他无力资助了，我也就失学了。失学后，就摆个小摊头，卖吸旱烟的烟丝、火柴，弟弟在十二三岁时到宜兴的丁山学做香。阿姐先是给人家当丫头，长大后就在人家里当女佣，帮人家。

1949年新中国刚刚成立，我看到《新华日报》招收苏南农村土改工作队队员的启事，就去报名，录取后先去了无锡，1951年被派到常熟，直到现在。

八十年过去了，但想起日本侵略中国的罪行，就恨之入骨。日本侵略者使我们家倾家荡产，妻离子散，我永远不会忘记痛苦和屈辱。

采访于2016年10月23日上午

后　记

　　笔者从事党史地方志工作有二十多年，以后虽然转岗，但对常熟抗日斗争史的研究始终没有放弃并渐渐入门，但过去的主要精力放在中国共产党如何领导抗日武装和广大人民群众开展抗日斗争的历史、成果与贡献的研究上。因此，所作口述史征研工作大多局限于对抗日老战士如何投身抗日斗争的忆述，虽然也有对日军暴行的口述史征集，但不全面也不深透。1990年6月，《常熟人民革命斗争史》出版，标志着对新民主主义革命史的研究告一段落，虽然还有许多深入研究和宣传利用的工作要做，但对新中国成立后的史料征集、研究与编纂工作已成为新的研究课题。20世纪80年代从事党史工作的老同志渐渐离开工作岗位，对日军暴行口述史的征集研究历史性地交到笔者的手里。

　　2002年，由笔者主编的《常熟·1937》出版，这是一部以史料文献为主的专著，其中当年日军暴行受害者的口述档案以"历史追忆"为题作为一个"编"首次出现在常熟抗战史的著作中。著名评论家陈辽先生对此书给予高度评价，认为"比之同类题材的著作，《常熟·1937》具有勿忘国耻、永怀国殇、牢记国仇的三大特点，实现了对同类题材著作的超越",同时,他"希望该书再版时,尽可能充实有关勿忘国耻、永怀国殇、牢记国仇的史料,将对常熟大屠杀的研究提高到一个新水平"。也就在该书送出版社之际,我转岗至市政协工作,一年后又调市委宣传部工作,又一年后奉调至市档案馆工作,虽然频频转岗,但对日军暴行口述史的征集研究一直系念于心,经数年努力,一部真正意义上的日军暴行口述史专著《警钟长鸣——侵华日军常熟暴行口述档案》由上海社会科学院出版社出版,全书八十九篇口述档案中,由我采访整理的有二十二篇。原中国史学会会长戴逸先生在书评中说:"《警钟长鸣》这本书编得很好,因为它都是亲历者的回忆,就是口述历史吧,好就好在都是亲历者的回忆,很真实,很生动,也很具体,他没有很多的议论,讲的都是亲历亲见亲闻的事实,尤其记录了许多具体过程的细节,具有很高的历史价值……这些口述档案具有丰富性、现实性、直接性等特点,是研究日军暴行的第一手资料,很感谢采访的同志,抢救了这许多宝贵的资料。"该书是2007年岁末出版的,我也结束了四十二年工作生涯,步入退休行列。按理我可以放松、轻松、宽松地安度晚年生活,但我不能,多少年的积习难改,所思所想、一心投入的还是对常熟抗战史的研究和对日军暴行口述档案的征访工作。2015年秋,《日军常熟暴行录》出版,这是常熟第一部对日军暴行作专题研究的个人著作。虽说该书也是以史料文献为主,但信息量更大、内涵更丰富,有些是首次公布,如日军的情报工作、建办慰安所等,八十多幅由日军随行记者拍摄的照片首次集中披露,应该说超越了《常熟·1937》,也超越了《警钟长鸣》。省社科联副主席、省历史学会会长、中华口述史学会常务副会长周新国教授为之作序点评,他认为:"这是一部真实记录侵华日军在常熟所犯罪行的专门史书,是一部别具匠心的地方抗战史料的编撰集成，是一部颇见功力的抗战研究的科研汇集。不但对研究揭露侵华日军在常熟所犯罪行，而且对深入研究常熟地区的抗日战争乃至整个江苏地区的抗日战争均有重要的参考价值。"

他还指出："这既是对侵华日军在常熟罪行的挖掘，也是一部生动的当代人口述史。它大大丰富了该书的内涵，不但对研究揭露侵华日军在常熟所犯罪行，而且对深入研究常熟地区的抗日战争乃至整个江苏地区的抗日战争均有重要的参考价值。"不久，他又在全省口述历史学会成立大会上对该书作了郑重推介，并推举我为省口述史学会常务理事。在深感荣幸的同时，我决心再作努力，在适当时候出版一部常熟百姓对日军暴行口述档案的专集，目的是不忘历史、抢救历史、研读历史。

经过十五个月的辛苦征访与写作，《铁蹄下的江南名城——常熟老人口述日军暴行》一书交付中国社会科学出版社出版。此时此刻，我快慰与感恩同在，义务与责任共存。我可以毫不自谦地说，我确实是把别人喝咖啡的工夫都用在对老人的走访上。每篇征访稿的完成，少则跑两三次，多则跑七八次，力求真实、准确、清晰，因此快慰是必然的。同时，我感念不忘的是那一百多个接受采访的老人及其亲属，还有许多为我提供线索、介绍甚至陪同采访的朋友，没有他们的热情帮助和支持，我的采访虽然也能完成，可势必要花更多精力和时间。自2002年1月20日完成第一篇采访稿，至2017年3月，已有十五载寒暑更迭，在一百位老人中已有二十多位辞别人世，而他们的口述史稿就是对社会的贡献，对后人的告诫，所以我要以感恩之心对每一位帮助我、支持我的前辈、师友表示由衷谢忱。

我自2002年10月离开史志办公室，按理征集口述档案史料、从事抗战史研究已不是我的分内之事，可我认为工作职责没有了，社会义务

后 记

和责任还在。常熟是国家历史文化名城,历史悠久,文化底蕴深厚,其璀璨之处,吸引了邑内外文人墨客及专家学人的目光,为之歌以咏之、手舞足蹈,这并无不当。但我却甘愿聚焦于对那段民族屈辱史、名城沦陷史、百姓苦难史的研究。这段历史,时间不是很长,分量却很重,离现实很近。虽然那场全民族抗战终以人民的伟大胜利宣告侵略者的失败,但全国人民所付出的生命与财产的代价极为巨大。面对胜利,人们往往会陶醉于欢乐而淡忘痛苦。对生活在当今世界的人们,尤其是那些"八〇后""九〇后""〇〇后",能熟悉抗战史,能了解人民群众在外敌入侵岁月里所蒙受巨大痛苦与灾难的青少年只怕是凤毛麟角,因此作为曾经的史志工作者、宣传工作者、档案工作者,我有义务,更有责任将那段不堪回首的屈辱史、血泪史予以抢救和记录并继续做好研究与宣传工作,发挥好历史教科书的作用。往事不可追,今夕犹可待。历史不可淡忘,更不容遗忘,特别是在日本右翼集团一再兴风作浪,肆意歪曲历史,否认罪行,妄图再燃战火的今天,我们更应知耻而后勇,知苦而惜甜,知难而奋进,真正实现中华民族伟大复兴梦的丰富内涵、深远意义和庄重使命。我为能将自己生命的光和热奉献给抗战史研究感到满足,因为我爱祖国、爱家乡,这也是我一生的追求和信仰。

在本书行将面世之际,我十分感谢国家清史编纂委员会主任、中国史学会原会长戴逸教授为之拨冗作序,对我的付出与收获予以肯定与好评。感谢市关工委俞惠良主任的支持和帮助,为征访工作的顺利完成提供了许多方便,感谢家人对我开展日军暴行征访工作的理解和大力支持。要感谢的人还有许多,这说明,本书的采访整理者虽然是我一个人,但实际上有许多朋友提供了各方面的帮助与支持,使我感受到团队的力量和温暖,这也是我从事这项工作得以坚持、坚守的重要原因之一。最后，我要感谢中国社会科学院张剑研究员对本书的推荐和中国社会科学出版社的支持，使本书得以在中华民族全面抗战爆发八十周年之际与读者见面，使我对日军暴行口述史的征访工作终于有了理想的成果，额手称庆，幸甚至哉！

2017 年 4 月